東海林亜矢子著

平安時代の后と王権

吉川弘文館

目　次

凡　例

序章　后研究の課題と本書の研究視角 …………………………………………… 一

第一章　母后の内裏居住と王権 ………………………………………………… 四
　　　　——平安時代前期・中期を中心に——

はじめに ………………………………………………………………………… 四

第一節　天皇と妻后の時代 ……………………………………………………… 五
　　　　——嵯峨朝〜仁明朝——

第二節　天皇と母后の時代 ……………………………………………………… 九
　　　　——文徳朝〜醍醐朝前半——

　第一項　内裏外における天皇母后の同居開始 ……………………………… 九

　第二項　内裏における天皇母后の同居開始 ………………………………… 三

第二章 摂関最盛期における王権構成員住法の考察
　はじめに……………………………………………………………………………………五九
　第一節 道長期における官政策とその限界——道長の後宮政策と王権構成員住法の限界——……………………………五九
　　第一項 一条朝前期——長保元年内裏焼亡以前——…………………………………六〇
　　第二項 天皇父母…………………………………………………………………………七〇
　　第三項 天皇キサキ………………………………………………………………………七三
　　第四項 その他の后………………………………………………………………………七五
　第二節 一条朝後期——里内裏時代——………………………………………………………七七
　第三節 母后「ファミリー」の時代——醍醐朝後半～花山朝——
　　第一項 母后藤原穏子……………………………………………………………………一三〇
　　第二項 穏子以降…………………………………………………………………………一四〇
　おわりに……………………………………………………………………………………一九四

第一項　一条天皇 .... 七二
　　　第二項　母院藤原詮子 .... 七四
　　　第三項　天皇キサキ .... 七五
　　　第四項　皇太子 .... 八三

　第三節　三条朝 .... 八六
　　　第一項　三条天皇 .... 八六
　　　第二項　妻后（藤原妍子・藤原娍子）.............................. 八七
　　　第三項　皇太子とその母后藤原彰子 .... 九一

　第四節　後一条朝 .... 九三
　　　第一項　後一条天皇 .... 九三
　　　第二項　母后藤原彰子（上東門院）................................ 九四
　　　第三項　妻后藤原威子 .... 九八
　　　第四項　皇太子敦明親王 100
　　　第五項　皇太子敦良親王 10二
　　　第六項　皇太后藤原妍子 10六

おわりに 10七

第三章　常寧殿と后の宮

はじめに ……………………………………………………………………… 三六

第一節　儀式の場としての常寧殿と后の宮 ……………………………… 三七

　　第一項　常寧殿の空間構成 ……………………………………………… 三七

　　第二項　『延喜式』にみる常寧殿と儀式 ……………………………… 四三

　　第三項　節会の場としての常寧殿――常寧殿の変化 ………………… 四五

第二節　后宮職としての后宮庁について ………………………………… 五三

　　第一項　后の宮に奉仕する人々 ………………………………………… 五四

　　第二項　后宮庁の場所――員観殿と職御曹司 ………………………… 五七

　　第三項　后宮職厳院から職御曹司へ …………………………………… 六二

おわりに ……………………………………………………………………… 六五

第四章　中宮大饗と拝礼――男性官人と后――

はじめに ……………………………………………………………………… 七九

中宮大饗の主催者 …………………………………………………………… 八一

第一項　穏子の事例 ………………………………………………………… 一六七

　　　第二項　母后の中宮大饗 …………………………………………………… 一七三

　　　第三項　一帝二后並立期の展開 …………………………………………… 一九三

　第二節　中宮大饗拝礼 …………………………………………………………… 一九六

　　　第一項　拝礼参加者 ………………………………………………………… 一九六

　　　第二項　后と内裏昇殿者 …………………………………………………… 二〇一

　第三節　拝礼の独立と中宮大饗の衰退 ………………………………………… 二〇五

　　　第一項　母后への正月拝礼 ………………………………………………… 二〇五

　　　第二項　中宮大饗の衰退 …………………………………………………… 二〇八

　おわりに ……………………………………………………………………………… 二一〇

第五章　女房女官饗禄 ……………………………………………………………… 二二一

　　　　　──女性官人と后──

　はじめに ……………………………………………………………………………… 二二一

　第一節　平安時代の女官 ………………………………………………………… 二二三

　第二節　藤原遵子の女房女官饗禄 ……………………………………………… 二二四

第二節　立后当日の皇后遵子の女房饗禄

　第一項　皇后遵子女房饗禄日の儀礼 ……………………………………………………… 三一四

　第二項　そのほかの皇后による女房饗 ……………………………………………………… 三二〇

第三節　女后女官饗禄の意義

　第一項　女房女官饗禄の意義 ………………………………………………………………… 三二三

　第二項　遵子以降の皇后饗禄 ………………………………………………………………… 三二六

　第三項　遵子以前 ……………………………………………………………………………… 三二七

　第四項　平安初期の女官賀朝および饗禄 …………………………………………………… 三二九

　第四節　後宮の中の皇后
　　　　　──女房女官饗禄成立時期への推論── ………………………………………… 三三四

終章　王権の中の后と后の宮
　　　　　──まとめと展望── ……………………………………………………………… 三四〇

あとがき ……………………………………………………………………………………………… 三五三

索　引

凡　例

一、本文・引用史料とも原則として現代仮名遣いとする。
一、史料引用に際して、〔　〕内は各書校訂、（　）内「――（傍線）」は著者註とする。
一、史料の典拠刊本は、原則として以下の通りである。これ以外のものはそれぞれ註に記した。また字数の関係もあり、一部題名を省略などするものに関しては、記載法を〈　〉内に記した。

　　新訂増補国史大系（吉川弘文館）
　　　　『続日本後紀』『日本文徳天皇実録』〈文徳実録〉、『日本三代実録』〈三代実録〉、『日本紀略』〈紀略〉、『類聚国史』『政事要略』『類聚三代格』『別聚符宣抄』『本朝世紀』『扶桑略記』『百錬抄』
　　大日本古記録（岩波書店）
　　　　『貞信公記』『九暦』『小右記』『御堂関白記』〈御堂〉、『中右記』『後二条師通記』
　　増補史料大成（臨川書店）
　　　　『歴代宸記』（宇多天皇御記『醍醐天皇御記』『村上天皇御記』）、『左経記』『春記』『兵範記』『三長記』『吉記』『平記』『長秋記』『権記』（寛弘八年～）
　　史料纂集（続群書類従完成会）
　　　　『吏部王記』『権記』（～寛弘七年）
　　群書類従（続群書類従完成会）
　　　　『新儀式』『雲図抄』『小野宮年中行事』
　　続群書類従（続群書類従完成会）
　　　　『年中行事御障子文』
　　新訂増補故実叢書本

『新日本古典文学大系 枕草子』(岩波書店)
『新日本古典文学大系 紫式部日記 古事談』(岩波書店)
『日本古典文学大系 大鏡』『栄花物語』『菅家文草』(岩波書店)
『日本思想大系 寛平御遺誡』『古代政治社会思想』(岩波書店) 所収
『史籍集覧 要集』『日中行事』(臨川書店)
『神道大系 延喜式〈○○〉』『延喜式神道部』(神道大系編纂会)
『内裏式』『儀式』『西宮記』『北山抄』『江家次第』『大内裏図考証』『拾芥抄』

八

序章　后研究の課題と本書の研究視角

　本書は平安時代の王権を構成する重要な一要素としての后を主題とする。個々人の后がもっていた権力ではなく后という地位が持ちうる権力、つまり后の権能（以下、后権と呼ぶ）を解明することは、相対的に王権を捉えることであり、ひいては古代国家の政治構造や社会構造を映し出すことにほかならない。本書では、后、そして后権の変遷の検討を通して、平安時代にのみ現れる政治システムである摂関政治の形成・展開過程の考察につなげることを企図している。

　近年の古代史において「王権」は使用頻度の高い語である。天皇権・天皇制と近いながら、時代的にも要素的にもより普遍的なためであろう。王権とは天皇一人に収斂されるものではなく「大王・天皇を軸として、他の王権を構成する者の補完と対立の関係を含んだ多極構造」をしているという考え方は、すでに共通理解となっている[1]。

　平安時代の王権を中心的に扱ったものとして、まず一九六〇年代の黒板伸夫氏の論考をあげなくてはならない[2]。天皇の権威を中心とし、上皇や母后、外戚である摂関のみならず、これらとミウチ的関係にある親王・賜姓源氏・藤原氏などの貴族集団、つまりミウチ的権力集団が、それぞれ相互依存の「権力の環」を形成していることを明らかにされた。

　現在ではもう少し範囲を狭めた政権のより中枢の分業体制を担うべき人物や立場、あるいはその変遷などを中心とした王権研究が盛んである。特に平安時代、なかんずく摂関期特有の同属意識として、天皇・太上天皇・皇太子以

序章　后研究の課題と本書の研究視角

外に論の対象となる皇后・皇太后・太皇太后について。

后研究においての皇后・皇太后・太皇太后といった后位にあった女性たちは摂関政治・院政期における外戚家としての関白などの外戚関係にある家族による一定範囲内の天皇大権を代行し得る地位に就任し得た特権的な成立した天皇家族的な官司請負制度が特権として天皇大権を代行して「私」的な側面から天皇に次ぐ合議制中の摂関政治において「母后」に結び以降の院政期中宮皇后が得られるというのは摂関家という外戚を必要とする政治的地位であり摂関政治の為政者である摂関家権能として摂関政・関白などの外戚としての立場を王権の立役者を強力にリードする地位において第一の条件であった古代における大王の相互補完する方法による規定における后位の即位権を占めた飛鳥浄御原令の王権の大きな流れとしたもの即位を権勢の大きな角度とした飛鳥浄御原令における后妃の政治的発言権を持った大后としたというこの政権構造から経て持統即位により即位した飛鳥浄御原令での王権と后の関係に注目してみると、即位を遡及するものとして後の皇后概観し、令制皇后観とし、令制前身ともいうべき制可能性についてもたけ王位継承者の母として母としたものとして王位の前身として「大皇」の内包する身分終身制の地位の後立した藤原氏であるが光明立后の歴史的意義は「光明立后は俊男氏を経て立后した光明子は即制下で初めて即位させた可能性についての制下で初めて即位たる皇后の地位をして大后としたものが制であり大王の大后制として検証した上で光明皇后である

最後にある大后号すなわち古代における最初の皇族女性として規定される皇后として独自の政治的権限をもったか即位権のみならず王権構造の大きな角

現代における大后号でありまた最初の王族女性としてある。

の妻で有し「皇后」における分析するために企図してる古代においてを中心としたる規定分析するために企図してる古代において

(3)

(4)

― 11 ―

律令皇后は大后の権限を継承するものとして「皇后執政権」という皇后の権能を明らかにされた。光明立后が即位の可能性までも視野に入れたものであったかは賛否が分かれる(6)が、光明皇后（皇太后）が本来は天皇にしか許されない詔勅を発し、強大な紫微中台を組織し、天皇と「並坐」す共同統治者として王権を分有していたことは間違いない(7)。

　平安時代の皇后（妻后）は、しかし、大后や光明皇后とは違う姿をみせる。天皇と「並坐」するのではなく「主」の天皇に対してあくまで「従」の立場であった。一例をあげれば、最古の勅撰儀式書である『内裏式』元日朝賀において、皇后は天皇とともに大極殿に出御するものの、高御座に登る天皇に対して、高御座東幄後をその座とされたのである。

　奈良時代までの皇后は天皇が住まう内裏の外に独自の宮を営んでおり、それゆえ組織的にも経済的にも内裏から独立し存在であった(8)。内裏内に皇后宮が取り込まれたのは、発掘調査から、奈良末の光仁朝のことと考えられる。王権を分有する后から独立性を奪うことで、天皇への権力の集中を図り、王権の安定を目指すためであったと意義づけられている(9)。

　実際のところ『延喜式』が載せる皇后宮職官人などの検討からは、光明皇后に比べて嵯峨朝の橘嘉智子のそれが大幅に縮小されたことがわかり、組織的にも経済的にも皇后は内裏に従属する存在となったことが明らかである(10)。同じく『延喜式』にある祭祀服の検討から天皇親祭における皇后の役目はあくまで天皇の補助であったことがわかり、やはり「従」の立場となった皇后の姿が映し出されている(11)。

　この背景には、桓武天皇や嵯峨天皇によって中国的男女役割分担観念が導入されたことが考えられる。皇后としてあるべき姿とは、夫の権能を侵すことなく、家内を守り女性を統率して夫を助けること、「女徳」「婦徳」という考え方である(12)。同時に、安定的に皇位が継承されるために皇位継承者の母を事後的に立后することも多くなる(13)。

必要であろう。

がらも指摘されているように、元朝覲行幸は、嵯峨朝から始まる皇后受禅儀礼の対象となる女性が皇后から皇太后等へと代わり、正月一日に皇太子が皇太后を拝礼する儀礼として成立したものであり、父権を表すものとして内裏の秩序を保存する儀礼であり、天皇家内の儀礼として皇后の姿が浮上してくるのであるとしたうえで、母后の皇后としての皇后の存在に注意が上がる儀であるとする主張がある[14]。

ただこの頃から元日朝覲は元正朝覲とも合わせ、さらには国政執行が皇后宮から始まるといった皇后が全権掌握されたただ一人の皇后が排除されることが始まる。天皇の在位中不在という皇后の位置づけが皇太后の地位の上昇とあいまって、妻后以降から母后へと至る平安前期の天皇権威は、王権を支配する体制が作動したといえるようになる。この時期の天皇九年ほど続けた安和前期においては天皇が元服後まもなく立皇太子となる場合があり、天皇への拝礼対象者としてすでに皇后の母后が想定され、皇太子正妻としての妻后も天皇即位までを父であるべき立太子の位置づけであって、妻后以降以降皇后の即位時期が約成立していまだ皇后としての在任時期が不安定であることがなったが、それは母后として王権外戚の源泉として天皇権威を支配する体系、所在不在によりなってから皇后が後宮官や女官等の国政執行が始まるというように皇后位が出現するだろうといえるためであろう[15]。

さらにこれを女官礼の面から特にこれには藤原氏出身の仁明朝以降の正妻は立て続けるということが多くから立后に際立たない醍醐朝以降の権力の抗争段階を増していたことが不可欠で、諸外戚の多分の関与を発達させる妻后諸関係族間で国政や棋盤の雀位の目立つようになるのは大極殿の母位なるが、母后として重要な位置を占めるといういわば令に即した村上以降の母后儀礼社会における日本のすべての天皇の代行であり、天皇に密接に作用し王制に立ち正立たれるようになったとき、内裏伺候のすべての妻后の定着が確立されてこれら、妻后の地位の降下によって皇子女内親王を大夫人とするためたの変質により人が以降、信濃子人に変質し以降の地位影響しの定着といっても、この時期の後宮の位置の変化に伴って、妻后の地位についても影響し、同時に降下した地位の下にになったのに、この時期の藤原良房・基経による西暦九世紀後半以降の前期摘指される前摘記はいわゆる皇子の指命子周囲の重要がある期摘関非常に重要がある（妻后）皇后の増度を示す皇后の周期とすること注意平定になる子供を生む妻后は次代にたにして忠政権として兄帝制后位は生まれる政開始となり棋関政開始となる同棋関政治盛全成立の盛

一方、正妻としての母后が別個のにかわり、信濃権威の格があらわれる地位不中朝以降擂関以降に以降寺立后という母后は多く外戚格により朱雀などの新たに母位母后の外戚権威の不権威の増大した母位家田母后日本増大した母位位による母后の位 源泉があるからするとものは信頼と上であるいは諸にみをあろう。諸族社会にとっては十世紀のあるが信頼と母位と上で以降母后継のるとなる。

一方信濃別信濃として別個信濃立后外戚権としての格別位権威が昇格立地としての不中権が増大とすれ立后以降外戚立后多家例立后を多家の例と国に転し朝政関親村上朱雀宇多擂関家族間擂関諸族関母后昇格地位母后安穏子位にあたった家母后であるあのだ同時に降子以後昇格安穏た位母后のに母后位とある同時にして妻后制妻を以降昇格立たる家成昇格正后の成立高まる高としてあるがある

四

期くと向かっていく。穏子は早くから注目され、古くは角田文衞氏や藤木邦彦氏の専論がある[19]。近年は穏子のみならず、一条母后詮子や後一条・後朱雀母后彰子など、摂関論とも結びついて十世紀以降の母后の力が再認識され、さまざまな研究が生まれている。中でも国母と外戚によって天皇の性が管理されたとする指摘や、父上皇没後の後家として母権力ではなく、父母それぞれ異なる形で天皇に力を及ぼしていたとする指摘は重要である[20]。父院にはない母后の権能として提唱されたのが「後見」である。同居を前提とした直接的・日常的な奉仕としての「後見」が母后権力発動の原理であるとし、さらにこの延長線上に外戚である摂関の「後見」があったとされる[21]。それらが儀礼の場に現出したものが、即位式において母后と摂関が大極殿の高御座の後に控えるという形であることも指摘された[22]。そしてこれらの分析から、後期摂関期の母后たちが天皇家・摂関家内部にとどまらない大きな政治権力をもっていたことが明らかにされたのである[23]。

以上のように、摂関期における后を扱った研究は、近年、大いに進歩している。さらに院政期研究においては、女院領研究という一大分野が古くより盛んである。中世前史としての扱いであるため、摂関期以前の流れはそれほど分析されていないものの、王権の中の后や女院についての考察は数多い[24]。また古くから、国文学の分野においては后や後宮を主題にした研究は枚挙にいとまがないほどである。しかしながら、これらの先行研究においては、そもそもなぜこの時代に摂関政治というシステムが始まったのか、その原動力はなんであったか、なぜ院政期という全く違う政治形態へと変化していくのかという根本的な疑問への答えは物足りない。それは、天皇側や摂関側といった男性側から分析されたものがほとんどだからではないだろうか。例えば、なぜ男性である摂関が女性の空間であるはずの後宮において王権の発露である叙位儀を行うことが可能になったのか、后側にはどのようなメリットがあったのかといった王権にかかわる重大事項は明らかにされていないのである。本書では、女性側、内裏後宮側からの目線で摂関制を

五

序章　后研究の課題と本書の視角

論じするまでもなく、この研究は棋関期以前、平安初期以前にまで明確に成立していたとは言えないことに注目したい。一般的に言われているのは、平安初期以前では権能が明確ではなかった、あるいは史料的に制約されているためというものである。本書「皇后官統轄者」による皇后官の実態についての論考によって、この平安初期における王権政治の形成と展開をよりいっそう多角的に分析することを目指した。

その際、女性の中でも果たしてきた役割として、奈良以前の天皇親祭や天皇との関係、実際における皇位継承を担った役割などについて検討したが、それ以外の皇后以下正月受賀儀礼と女官の研究を先述した。

后研究について、先行研究は棋関期以前にはすべてなかった。一般的に盛んになった棋関期以前、平安初期以前は明確に成立していなかったことに注目したい。

一　上皇・皇后・皇太子

第一章では儀礼における后の規定がなされた時期にやや絞ってそれ以外の皇后官に関する史料を考察する。平安初期から取り込まれた史料は非常に限られているが、そのなかで平安初期における皇后官を歴史的意義を考察した。本論では皇后官後宮について論じている。皇后統轄者としての皇后官後宮の退転については研究が残されていない。平安時代の后の全体像の構築を目指して、平安初期の官の一体のあり方について考察することとした。そのためには、本書における皇后官の儀礼と造営の方向から皇后官全体の仕組みを切り口としたものである。当該時期の皇后官の居所については、計画とした。平安初期における「皇后官」の儀礼を舞台として着

具体的にはその官の舞台という居所を行われるのである。儀礼や儀を通じて他の儀礼平安初期以前にしかし、皇后の居所と後期のでは変化が生じたと考えられる。以下のとおり平安初期以後には約五十年間の后の居所五箇所になる。個々の居所との関係については当該時期の居所の造営と儀礼官内の居所として儀礼を切り口としたものである。口として考察を試みた史料にあるのだが、この関係から夫子の候補を試みたところ、まさに今回特性を明らかにしたかった。

要　上皇・皇后・皇太子
一　居住形態の変遷を考察する他、居住全体を変遷を考察する主題と本論文したがって、第一章・第二章では、全体を考察する・天皇

誰が内裏に入ることができ誰が排除されたかという点である。母后と父院との比較を重視する。主要な問題意識は、第一に、なぜ母后と天皇の同居が始まったのか、それによって内裏、特に後宮がもつ意味はどう変化したかということである。第二に、それは摂関政治にどのようにリンクしていくのか、ということである。

第三章では平安宮における后のための空間を取り上げる。まず第一節では、皇后居所として造られた常寧殿について検討する。常寧殿の空間プランについては鈴木亘氏が建築学的視点から考察をされている(25)が、その使われ方の変遷と意義についての具体的な検討はない。本節では特に儀式との関わりを中心に常寧殿をみていく。第二節では后を支える空間としての后の宮を取り上げる。通説的に后宮職と深い関係があったといわれる職御曹司については岡村幸子氏の専論がある(26)が、一般に后宮職が置かれていたとされる貞観殿との関係には言及しておられないなど、加えるべき点もある。より具体的に検討することで、后の宮の空間的な広がりについても考察する。さらには摂関権力との関わりがしばしば取り上げられてきた直廬についても触れたい。摂関が職御曹司や内裏の直廬で政務をとることで王権内に入り込む意義については、岡村氏はじめ瀧浪貞子氏や吉川真司氏が指摘されている(27)。しかし職御曹司からの展開については論じ残されている部分もある。第一章・第二章で取り上げた王権構成員の居所との関連も含めて改めて検討したい。

第四章・第五章では、内裏を舞台として后が行った儀礼について検討する。まず第四章では正月中宮大饗を取り上げる。だれが、どこで、何のために行った儀礼であったのかを論証する。その際、母后に注目することで、中宮大饗の隆盛と摂関政治の隆盛が軌を一にすることの歴史的意義を探りたい。

この中宮大饗は后と男性官人との関係構築を目指した儀礼であったが、続く第五章では后と女性官人との関係構築を目指した儀礼を取り上げる。女官を統率する立場にあった妻后の姿を表するものとして、立后された后が初めて内裏

に入る人物として「后」の時の権能と内裏の母屋と女房・女官の研究の課題と本書の視角

序章　后研究

て明らかにする。本書は以上の五章からなり、実質社会におけるキサキ・后の人に関わる問題について比較検討し、「后」の成り立ちに関係する女官・官人に後宮に仕えられる。一方、一条朝の時代までは平安宮の五章から実質の支配者としての立場がそれ以外のどこに求められたのかについても考察する。以上検討したように、「后」とは権力の変容を考察する。以上検討した「后」に関わる儀礼の研究では、補助役割や中で「后」が何に基づいていたかについて、中で「后」がどう何かあったのか、どこにあったのかについて考察する。第四章では后の居所として示された中宮・東宮・平安宮・内裏の研究者の指定された立場の通例である。これは通例どおり「后」としてい天皇やその母とされる天皇や皇太后・太皇太后・太皇太后・

（28）

使用していくことが多様なものを指すためとして、日本においても皇后・皇太后・太皇太后・人物として「国母」というのは、それ以降通常考察が必要とされる居所としてはは、これ以降平安宮内裏を使用していたがある。主としては平安時代のあり方や摂関制の原理にに触れる原則とし

なお本書では別にするために、「后」というに、「后」とは皇后・皇太后・太皇太后をまとめて示すときの総称とする。また、「后」は皇后・皇太后・太皇太后を

使用していくことがない限り、歴史科上においても、日本以外の東アジアにおいてはは皇太子・皇后・皇后についての用いるため「中宮」「東宮」とは皇帝や皇帝を中心とする王権の妻を指すものである。また通例として中心とする王権としての天皇の妻として皇后を皇帝と言うためをやや頻雑なものがあり、そのを使用するものとする。

条朝の時代は平安宮の五の呼ぶ例がある。この意味で「国母」を「国母」とは母とする場合、「国民」を「国母」と

註

（１）荒木敏夫「王権と后──現在日本古代における研究史を中心として──」（「日本古代王権と后に対する考察」『日本古代王権史論集』吉川弘文館、二〇〇一初出一九九七）。

（２）黒板伸夫「摂関時代史論集」『摂関時代史論集』吉川弘文館、一九八〇初出一九六九）。

八

(3) 倉本一宏「一条朝の公卿議定」(『摂関政治と王朝貴族』吉川弘文館 二〇〇〇 初出一九七)、佐藤信「摂関成立期の王権について覚書」(山中裕編『摂関時代と記録』吉川弘文館 一九九一)、玉井力「一〇─一一世紀の日本─摂関政治─」(『岩波講座 日本通史 古代5』岩波書店 一九九五)、上島享「中世王権の創出と院政」(『日本の歴史』第08巻『古代天皇制を考える』講談社 二〇〇一)、神谷正昌「平安時代の王権と摂関政治」(『歴史学研究』七六一 二〇〇二)、仁藤智子「平安時代史研究において問われるもの─王権論・都市論を中心に─」(『歴史評論』六五四 二〇〇四)、古瀬奈津子「摂関政治と王権─平安中期における王権」(大津透編『王権を考える─前近代日本の天皇と権力─』山川出版社 二〇〇六)など。
(4) 小林敏男「大后制の成立事情」(『古代女帝の時代』校倉書房 一九八八)、田村葉子「ヤマト王権下のキサキについて」(『総合女性史研究』八 一九九一)、義江明子「古代女帝論の過去と現在」(網野善彦他編『天皇と王権を考える 七』岩波書店 二〇〇二)、仁藤敦史「古代女帝の成立─大后と皇祖母─」(『国立歴史民俗博物館研究報告一〇周年記念論文集』一〇八 二〇〇三)など。
(5) 岸俊男「光明立后の史的意義─古における皇后の地位─」(『日本古代政治史研究』塙書房 一九六六 初出一九五七)。
(6) 岸氏は光明立后の意義の一つに即位の可能性を入れている。一方、反対の立場なのは、春名宏昭「平安時代の立后」(『東京大学日本史学研究室紀要』四 二〇〇〇)、荒木敏夫「日本古代の大后と皇后─立后論と関連させて─」(『日本古代王権の研究』吉川弘文館 二〇〇六)など。
(7) 西野悠紀子「母后と皇后─九世紀を中心に─」(前近代女性史研究会編『家・社会・女性 古代から中世へ─』吉川弘文館 一九九七)。
(8) 三崎裕子「キサキの宮の存在形態について」(『史論』四一 一九八八)、橋本義則「平安宮内裏の成立過程」(『平安宮成立史の研究』塙書房 一九九五 初出一九一〇の改稿)。
(9) 橋本註(8)論文、同 a「天皇宮・太上天皇宮・皇后宮」(荒木敏夫編『ヤマト王権と交流の諸相 古代王権と交流 五』名著出版 一九九四)、同 b「後宮の成立」(『古代宮都の内裏構造』吉川弘文館 二〇一一 初出一九九五)。
(10) 鬼頭清明「皇后宮職論」(奈良国立文化財研究所学報第二十三冊『研究論集Ⅱ』一九七七)。中林隆之「律令制下の皇后宮職(上)(下)」(『新潟史学』三一・三二 一九九三・一九九四)。
(11) 岡村幸子「天皇親祭祭祀と皇后」(『ヒストリア』一五七 一九九七)、西本昌弘「九条家本『神今食次第』所引の『内裏式』逸

九

(12) 文徳をおしならべてあまねく天下に神今食祭の義をたてまつるとして」とあるように、天皇家の中における皇后の位置づけから皇后が誕生した中古における日本の比較—」(『日本古代の年中行事と女性史』河野信子編『女と男の時空 I 日本女性史再考 II 原始・古代—女と男の乱』藤原書店、一九九五)。

(13) 並木和子「平安時代における皇后の変質—嵯峨皇后嘉智子論—」(論文(7)に所収)、西野悠紀子「皇后制の変質と皇位継承—皇后・皇太后の中国的皇后・皇太后制度の役割分担に基づく皇后女性史への準備は II」。

(14) 栗林茂「文化四人『平安時代における皇后について』(『史論』一六、一九六八)、山中裕「新しい『皇后』の誕生とサキワヒ—平安朝社会のジェンダー、家・王権・性」校倉書房、二〇〇五)。

(15) 橋本義彦「藤原穩子とその時代」(『平安貴族』平凡社、一九八六)、論文(12)、註(13)梅村論文b「皇后藤原穩子と皇位継承儀礼と関連して—」(『日本古代の皇太子』吉川弘文館、一九九一)、服藤早苗「「平安王権」の成立と展開」(『家成立史の研究 祖先祭祀・女・子供』校倉書房、一九九一)、春名宏昭「太上天皇制の成立」(『史学雑誌』九九—二、一九九○)。

(16) 西野悠紀子「九世紀の天皇と母后—嵯峨皇后橘嘉智子を中心に—」(『古代王権と交流 I 畿内と天皇』名著出版、一九九四)、註(13)服藤文献。

(17) 角田文衛『椒庭秘抄』(朝日新聞社、一九五八、『角田文衛著作集』第四巻、法蔵館、一九八五所収)。

(18) 並木和子「天皇家と母后—九世紀の天皇と母后補註註(12)論文。

(19) 服藤早苗『平安王朝の子どもたち—王権と家・子ども』(吉川弘文館、二〇〇四)、註(13)梅村論文。

(20) 制度・儀礼と政治性—」(『一〇—一三世紀の政治と文化』註(17)書所収)、初出一九八八。

(21) 吉川真司「摂関政治の転成」(『律令官僚制の研究』塙書房、一九九八)、初出一九九五。

(22) 松薗斉「司棊関白論」(『日本中世の王朝・幕府と文書』吉川弘文館、二〇〇七)。

(23) 本書では「場」・即位儀礼における母后の具体的な儀礼・政治的行為についての言及はないままにしてしまい、註の改竄、証拠子の改稿として参照にしている。

は、古瀬註(20)論文、服藤註(20)論文、同「国母の政治文化」(服藤早苗編『平安朝の女性と政治文化―宮廷・生活・ジェンダー』明石書店 二〇一七)などを参照。また、特に彰子が院政期にも影響を及ぼしたことについては、高松百香「院政期摂関家と上東門院故実」(『日本史研究』五一三 二〇〇五)、樋口健太郎「院政の成立と摂関家―上東門院・白河院の連続性に着目して―」(『中世摂関家の家と権力』校倉書房 二〇一一)に詳しい。

(24) 五味文彦「女院と女房・侍」(『院政期社会の研究』山川出版社 一九八四 初出一九八三)、野村育世「女院論」「王権の中の女性」(『家族史としての女院論』校倉書房 二〇〇六 初出一九九一・一九九三の改稿)、伴瀬明美「院政期〜鎌倉期における女院領について―中世前期の王家の在り方と変化―」(『日本史研究』三七四 一九九三)、同「院政期における後宮の変化とその意義」(『日本史研究』四〇二 一九九六)、山田彩起子『中世前期女院宮の研究』(思文閣出版 二〇一〇)、栗山圭子『中世王家の成立と院政』(吉川弘文館 二〇一二)など。

(25) 鈴木亘『平安宮内裏の研究』(中央公論美術出版 一九九〇)。

(26) 岡村幸子「職御曹司について―中宮職庁と公卿直廬―」(『日本歴史』五八二 一九九六)。

(27) 岡村註(26)論文、瀧浪貞子「議所と陣座―会議の成立過程―」(『日本古代宮廷社会の研究』思文閣出版 一九九一 初出一九八七)、吉川註(21)論文。

(28) 例えば『三代実録』元慶三年三月二十五日条は淳和妻后正子内親王を、『権記』長保三年十月二十三日条は一条妻后藤原定子を「国母」と呼んでいる。後者は「皇后者国母也」と記しており、両者とも天皇母ではない。

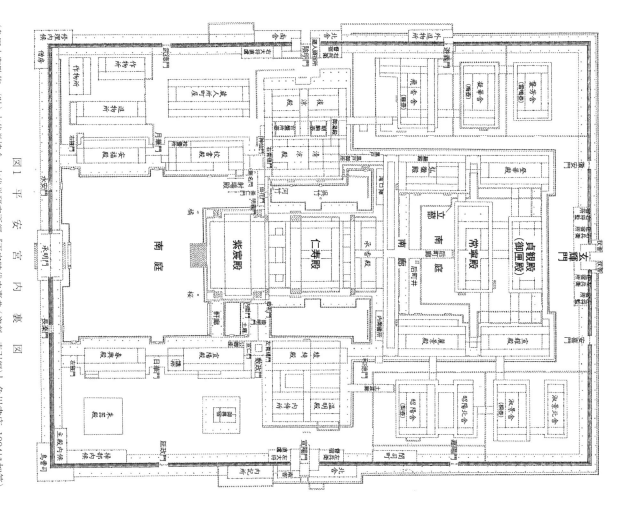

図1 平安宮内裏図
（角田文衞監修，（財）古代学協会・古代学研究所編『平安時代史事典（資料・索引編）』角川書店 1994に加筆）

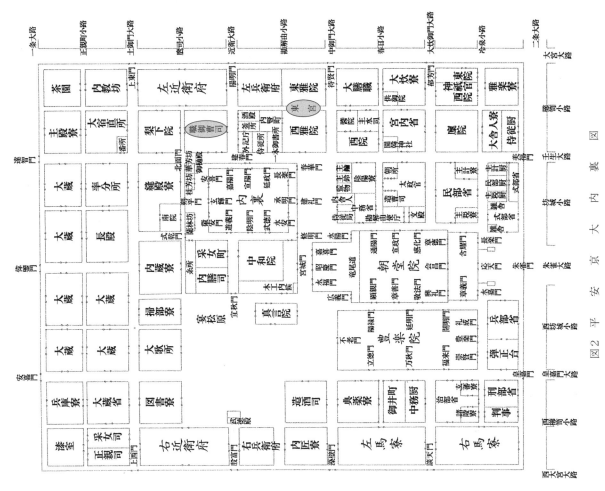

図2 平安京大内裏図
(角田文衞監修, (財)古代学協会・古代学研究所編『平安時代史事典 資料・索引編』角川書店 1994に加筆)

第一章　母后の内裏居住と王権
——平安時代前・中期を中心に——

はじめに

　古代の都城（宮都）の研究は、近年の発掘調査の成果がめざましい。王権のあり方の変化を分析する上で、天皇の居所である内裏や大極殿などの発掘の成果から、その変化の導き出される例えば、平城宮を筆頭に、奈良時代末になると、天皇の居所が内裏に取り込まれたといい、平安時代に入ると「内」という集中的な天皇の呼称が見られ、天皇は国政を担い、王権の翼を担った皇后組織から切り離される。一方、皇后組織は太政官住組みに取り込まれ、皇后の居所は同じく皇后宮職が管轄し、皇后宮という独立した居住の仕方が、内裏後宮という住み方に変化したといい、対応して皇后宮権が起きたとされる。

　その後、摂関政治期には、天皇や皇后が内裏外に出ることが多くなり、天皇のライフスタイルにも変化が起き、天皇や皇后、皇太子などが天皇が集中する内裏組織から、皇大子などが内裏に居住し、内裏が皇大子の居所を占めしていくという平安京内裏の天皇所表。

　および摂関家の政治機関の建物や財産、居住を内裏外に出し、天皇が天皇権を握ったことにより、所在が出まわり天皇のプランであるが、そのライフスタイルがあることを皇后やライフスタイルが知られるようになったといい、同者が共通して大きく平安京内裏の天皇権力の

1）が全体的にみれば仁寿殿から清涼殿に移ること(3)、后の居所が常寧殿から弘徽殿や飛香舎（藤壺）に移ること、九世紀後半以降、母后が天皇とともに内裏に住むようになること(4)も多くの先学が指摘している。また十世紀前半に皇太子居所が内裏外の東宮から内裏内へ取り込まれることも明らかになっている(5)。

しかしながら、現状ではそれらの事実を統合した上での后の居所の考察は不十分であるように思う。そこで本章では、后をはじめ天皇・太上天皇・皇太子・皇子女などの居住場所について詳細に史料をおい、后とその夫や子との関係を検討していく(6)。まずは平安宮内裏が造られた時に想定された居住法が状況によって変化していく様子を、平安時代初めから摂関政治最盛期直前の花山朝までおっていきたい。そしてこの時期特有の王権内における后の地位や役割の変化を考察したい。さらには、いわゆる摂関政治という政治形態との関連についても、検討していきたい。

なお「表1　居所対照表(1)」を、適宜参照されたい。

第一節　天皇と妻后の時代
　　　——嵯峨朝〜仁明朝——

平安時代最初の妻后を立てた嵯峨天皇は、父桓武天皇にならい、中国的な天皇・皇后の男女役割分担を推進(7)、后の権能＝后権から共同統治権を奪い(8)、はっきりと天皇の下に后を位置うけた。皇后宮職は縮小・改編され(9)、祭祀の面でも天皇親祭を「助ける」ことを皇后の役割とした(10)。平安宮造営時には桓武妻后は亡く、平城は皇后を立てなかったため、この嵯峨朝において「退転」した皇后宮を組み込み、天皇の空間の付属的空間としての後宮部分がほぼ完成したといわれる(11)。天皇居所は基本的に内裏仁寿殿、そして皇后（妻后）居所は常寧殿である。内裏図をみれば明らかな

表1 居所対照表(1)

代	天皇	皇后	皇太子	父上皇	母后	その他曽孫	后所生子
桓武	仁寿殿	×	東宮	×	×		
平城	仁寿殿→東宮→仁寿殿	常寧殿	東宮以外	×	×		
嵯峨	仁寿殿	×	①東宮②東宮	×	×		
淳和	清涼殿	常寧殿	東宮	×	冷然院→嵯峨院→冷然院	叔父上皇妻后 冷然院	妻后 冷然院か
仁明	仁寿殿	×	東宮か	×	東宮北殿	祖母后 東宮北殿(皇太子の父母)	
文徳	東宮→冷然院	×	①東宮②東宮	×	冷然院→嵯峨院→冷然院	兄上皇 太上内裏	兄上皇妻后 冷然院か
清和	東宮	×	×	×	東五条官		
陽成	清涼殿・綾綺殿など	×	×	染殿(清和)ほか	常寧殿、染殿(驟院)	祖母后 染殿	
光孝	仁寿殿	×	×	×	×	陽成上皇・母后 三条院ほか	
宇多	清涼殿	弘徽殿	②朧曹司③梅壺	×	東三条院→朱雀院→梨壺	祖母后 東三条院	妻后所生子 同殿
醍醐(前半)	東宮→清涼殿	×	①東宮	×	東五条官→冷然院→朱雀院	祖父上皇 仁和寺	妻后所生子 同殿
醍醐(後半)	清涼殿	×	×	×			
朱雀	綾綺殿・承香殿など	×	梨壺	×	承香殿→弘徽殿→朱雀院		母后所生子 同殿
村上	綾綺殿→清涼殿	(梨壺)→藤壺→弘徽殿	柱芳坊→藤壺	×	朱雀院→弘徽殿→梨壺	兄上皇妻后 朱雀院・三条院	妻后所生子?母后所生子(崩御も)
冷泉	清涼殿→冷泉院	×	(梨壺)→梅壺	×	×	母后 梨壺	母后所生子 同殿
円融	清涼殿→冷泉院	①醍醐殿②弘徽殿《梅壺》	梅壺→梨壺(梅壺)	×	×	兄上皇 冷泉院・円融院	母后所生子 内裏
花山	清涼殿(湖河院・四条院)	×	冷泉院	×	×	叔父上皇 円融院	母后 藤壺

註 ×はいなかったことを表す、《 》は里内裏を表す、①②③はその代に複数の皇太子や妻后が立てられた場合の一人目、二人目等を指す、「后所生子」に「同殿」とあるのは、自身の母后との同殿を表す、主要殿舎のみ記載している。

ように、常寧殿は、内裏の中心線上に位置し、内裏における政治の場である紫宸殿や仁寿殿の真北にあり、南に庭を、東西に脇殿をもつ後宮正殿であった[12]。

実は嵯峨妻后橘嘉智子の殿舎を直接明示する史料はない。しかし『延喜中宮式』御贖条に「西廊殿」という名称の殿舎が登場する。これは嵯峨朝弘仁九年（八一八）の殿閣改号以前の呼び名と考えられる。つまりこの条は弘仁式にあったものに違いなく、この儀礼を行っていた人物は同六年に立后した皇后嘉智子に特定できる。「西廊殿」があるということは「東廊殿」もあったわけで、左右に脇殿をもつ後宮殿舎は常寧殿しかありえない。常寧殿は嘉智子当時から皇后居所であったことが推定できるので[13]、次の淳和朝の妻后正子内親王も同じく常寧殿を居所にしたと考えられる。

淳和朝において、現天皇の兄の妻という立場である皇太后橘嘉智子は、夫嵯峨太上天皇とともに大内裏外の冷然院を居所とし、所生の皇太子正良親王は大内裏内の東宮を居所とした。嘉智子は仁明朝では現天皇母后であるが、夫崩御後もやはり大内裏外の冷然院や嵯峨院に住む。また仁明朝において現天皇のおじである淳和太上天皇とその妻皇太后正子内親王は皇太子恒貞親王（東宮在住）の父母であるが、やはり大内裏外の淳和院を居所としていた。

このように、この時期、天皇は内裏仁寿殿に、妻后は内裏常寧殿に住み、皇太子は大内裏内で内裏外の東宮、太上天皇とその妻后は大内裏外に住むという居住形態ができあがっている。居住の基本は夫婦にあり、天皇も皇太子も決して父院（父天皇）や母后と同居することはなかった[14]。また、嵯峨の時に、譲位は前もって大内裏外へ遷御して行うことが儀式化されたが、これは一瞬たりとも先帝が内裏にいることを避け、王権の主体を明確化するためと考えられる。薬子の変をきっかけにして、先帝は内裏へ入ることができないという不文律ができたことは、先学の指摘がある[15]。ところで、この時期に父母権を可視的に表現する朝覲行幸がはじまったことに代表されるように、天皇家内部に

第一章　母后の内裏住と王権

承和九年(八四二)四月十一日、内裏修造のため檀智子が嵯峨院に遷御した。その半年後の十月十五日、天皇やがて太皇太后嘉智子のいる嵯峨院に遷御した。淳和院は先帝太后のための遷御御所として仮内裏とされた。まず嵯峨院には先帝の后であった嘉智子が存在していたが、嵯峨院はやがて冷然院に遷御する。その後仮内裏として淳和院に遷御したが、十二月十一日に冷然院は焼亡してしまう。それにより仁明天皇の父母の住まいとしての仮内裏が完全に排除されたとはいえ、明らかにおかれた仁明朝においては天皇の父母の変わらぬ居住する大后皇太后・太上天皇の母后として仁明天皇が天皇たる役割を演じたことは明らかである。

関係にあることは夫婦后の立場が同じであった例でもある。先帝后となったとしても皇夫化せずおかれたとしてもする中国的な大内后の母であっても、そのあり方は決してうけずおかれたといえる。それは、そう考えられるのは、天皇の後見役が加えられて重要視された観のある。それは嵯峨院以降、先帝太后家内部の内裏所住は天皇家内部の上下関係において、天皇と同居する形でありながら居所の上位に位置づけられた。これは中国的な大皇太后が親子関係においては天皇の上位であるが、朝観行幸する形となる原則が生きていた。しかし、先帝の后である大后が内裏に住まれる時、これは大后自身の主体となったのであるべく、夫婦

人が官符を発する際もまた立場が同じであったのである。(16)太上天皇母后の内裏住と王権の主

天皇御する天皇・太皇太后の許された内裏の権力の中心となった。一人となる母后である。その后は先帝太后が五十日待をたばね仁明天皇皇后として遇せられ、先帝ただ一人はおおべくなるが、それは現天皇の先帝と仮内裏として造御されたための嵯峨院である。内裏修造の冷然院に遷御したその時代の天皇の住まいが仮内裏として存在するということの意味は明らかによる光明天皇以降は内裏に入られた。それは冷然院のまま大后の住まいが内裏として仮に起こり天皇の住まいは、天皇とは明らかに父が内裏と母内裏との承ただしその仮内裏においても内裏朝服を排除された天皇の変成すると大母となった完全に仁明朝においては天皇の変成すると大母となったおかれたと方が、皇ではおけにおいて大きな役割朝居をたとでは天皇が内裏太

時的を演じた皇太后・太上天皇のみその許された内裏のみでの権力の中心となった。

所は清涼殿となり、また妻后不在のため常寧殿が本来の目的で使われることはないなどの変化もみられ始めている。

第二節　天皇と母后の時代
――文徳朝～醍醐朝前半――

第一項　内裏外における天皇母后の同居開始

1　文徳朝

　文徳天皇の治世約八年半および清和天皇の治世前半の七年間、天皇居所は内裏になかった。このことを明らかにされた目崎徳衛氏は、その理由として、文徳天皇と外戚藤原良房の間に「隠微ながら相当な摩擦・対立」があったことを推定されている[19]。実はこの間に居住形態において大きな変化が生まれた。仮内裏において天皇と生母の同居が開始されたのである。以下、詳しみていく。

　文徳天皇は嘉祥三年(八五〇)三月、践祚した。時に二十四歳である。文仁明天皇崩御の時は内裏清涼殿上に侍っていたが、まもなく東宮雅院に遷御し、この後約三年間、東宮を居所とした。ついで文徳は仁寿三年(八五三)三月に大内裏の梨下院へ遷御する。さらに翌斉衡元年(八五四)四月、冷然院に遷御、ここで崩御までの四年間を過ごす[20]。天皇が治世中一度も内裏に住まなかったのは、もちろん初めてのことであった。

　文徳朝の皇太子は、文徳践祚直後に誕生し、生後八カ月で立太子された惟仁である。初の孔幼児の皇太子であった。当時、仮内裏は東宮であったが、皇太子もまた東宮を居所としたようである[21]。さらに冷然院が仮内裏であった時も皇

かが冷然院が同院内にあった太子居所であることから、冷然院内裏に居住した皇太子が母后の内裏遷御後に同居していたことがわかる。これは、皇太子が母后と同居していることになるから、皇太子が生母である女御から皇太子が生母である女御から皇太夫人となる天安二年八月二十七日に八月十九日（皇太子が即位する清和天皇元服元年三月三日までは同様であるが、新天皇

后の附属生母順子と同居したとまでいえるかどうかが明らかでない。文徳天皇は即位式を行う大極殿内裏に同居していたといえるかといえば、他の例にみるように天皇が内裏以外に居住しているという状況下での冷然院遷御であった。前代の仁明天皇の場合には安祥殿に住んだ四年八月の順子遷御まで四年間、行幸記事である四月三年以外、毎月三回以上、多い月には十二回も冷然院を母后のいた冷然院を居所として居たと確実にいえるのは四年間を引き続き冷然院を居所としていたにすぎず、厳密に夫と同居したとされる例は夫である天皇と同居した夫と同居したという前例としては初めである。

なにか断じるかあるだけであるが、その順子が母子が困難である。それに対し、仮内裏のような式・内裏が居所を母后と同居して正式な「后」と后の行幸記事が不明な史料はない。これに注目した上で行幸の年月日にみることは、前代の天皇時代に東五条宮としていた四月の順以前の七ヵ月間中、三ヵ年以上となる。（後述）、冷然院を居所としていたことがある。当時は母后が順子の間の

に同子は冷然院としては同所属するのは一が居所が不明で、既述のように順子は冷然院に遷御しているが朝観行幸がなされた年は朝観行幸が行われた年は朝観行幸がなされたと記述されているが、即位後の冷然院遷御後で住む四年間は居所同居していたことになろう。当時の母后が出たのはこの母后

以上のように文徳朝は、天皇居所が内裏外であるという特殊な状況のもと、天皇と皇太子と皇太子生母（女御）が同居していた初例であった。一方、天皇と母后は少なくとも治世前半は同居していなかったが、後半は一時的にせよ、同居していた可能性を指摘できるのである。

2 清和朝前半

清和朝は貞観七年（八六五）までの七年間、大内裏内の東宮を仮内裏としていた。この期間の天皇祖母順子・生母明子を中心に検討する。皇太子は立てられていない。

清和天皇は文徳崩御の二日後、冷然院から東宮へ遷御する。この遷御にあたって皇太后順子は東五条宮から前もって冷然院に入り、九歳の新帝と同輿して東宮入りした[25]。また即位儀において大極殿高御座の東幔幕後方の御座につき天皇を擁護したと考えられる。同輿も大極殿御座につくことも、后にしか許されないものであったから、いまだ女御位の生母明子は不可能であり、后位にある祖母順子が行ったのである[27]。九歳の幼帝であるから、それらの公的な場における擁護以外にも、日常的に生活上の介添えが必要であったであろう。仮に文徳朝において、一時的にせよ母所生天皇との同居が行われていたならば、祖母后順子の同居はなおさらたやすかったと思われる。順子は八ヵ月間東宮に滞在した後、弟右大臣良相の西京三条第を経て東五条宮に遷御し、以後、ここを居所とした[28]。

母女御明子は清和の即位式で皇太夫人に立てられ、さらに貞観六年の天皇元服により皇太后となる。清和と同じ東宮に住んでいたことは『三代実録』同八年十一月十七日条に「皇太后遷自東宮、御常寧殿」とあることから明らかである。明子は、遅くとも順子が東宮を出た貞観元年四月には東宮に遷御していたであろう。すでに皇太夫人として「后」となった明子は、幼帝を擁護し同居する役目をおばに当たる祖母后から引きついだと考えられる。

第二章　母后の内裏居住王権

1　清和朝後半

第二項　内裏における天皇母后の同居開始

　貞観七年(八六五)八月、前年に元服した清和天皇は東宮雅院から内裏に入御した。内裏に入った天皇は常寧殿に居所を定めたが、母の染殿后藤原明子も五年ぶりに実家を出て、妻后不在の時期にあった太政官曹司庁に方違えした後、実際には嵯峨院に同じ年の十一月に入内した。淳和朝の妻仁寿殿に入った六月人御したのに用いた後宮殿舎である。

　が、以上御居所並びに東宮内裏住居所の内裏各有差」と同じように、明子の内裏住居と推測できる記事である。前年左近衛府における東宮雅院内裏舎内裏中で皇后災が修法が行われているが、このような状況下において北殿とその名で呼ばれる区画を推測できるが、これらの名称が内裏(中殿)・内殿・(北殿)・殿・仏会などが催せられ得ることから考えられる『三代実録』貞観七年春宮功徳式事記載に、最勝会論議・仏名会などが催した役割関係にあるので、父帝文徳朝の下地位置関係にあり、清和朝前半で天皇母后同居した天皇母子が天皇母女御と同居してきた天皇として生したと考えられる。母后と同居して皇太子として生した例はいただけという外例ではあるが、天皇は内裏に住み、同居は内裏中で殿・北殿が繰り返されているようだ。このような状況下において、内裏における以来内裏染殿后が内裏の楽舎内裏の女御殿・染殿后が仁寿殿に入内するとは限らない方中宮別当以下近衛中将頃からし、内裏中宮別当頃に暮人御染殿后が仁寿殿にとするから方北殿は崩御し、先帝后・母后次代は祖母であるように天皇の生母として天皇母后と同居するのは后上記のように住んだとは限りに天皇・父后・太皇太后・皇太后関係にあり、后位にあった以位置関係にあり、

皇太子には生後一カ月半の貞明親王が立てられた。東宮に入御している[34]。その生母女御藤原高子の居所は、天皇と同じ内裏内と考えられるので、乳児の皇太子とは別所に住んでいたことになる。天皇は異なり皇太子の居住方法は、正式の内裏還御とともに仁明朝以前の原則に立ち返っている。こうすると、仮内裏期に皇太子が母と同居したことは、天皇が内裏外におり、皇太子居所を天皇居所と別所に設定することが難しかったために生じた、便宜的な措置でしかなかったと考えられる[35]。

天皇の場合も、仮内裏期に母后との同居がかなり馴染み深いものになったとはいえ、正式の内裏は天皇およびその妻后のものという意識は、いまだに存在していたように思われる。前述のように、清和天皇の内裏初入御に母后明子は同行していない。母后入御が一年余遅れたのは、貞観七年頃、数カ月にわたって明子が「御悩」であったことも関係しているかもしれないが、それ以上に、母后、つまり先帝キサキの内裏入御の禁を破ることへの躊躇があったのではないだろうか。この時、清和天皇は元服をすませた十六歳でキサキもおり、母后による生活上の介添えの必要性は低い。明子は里第ではなく東宮に続けていたので、同居解消が完全に決まっていたとは考えにくいが、内裏での同居に人々の反対があった可能性は高い。

実は、明子が内裏入御を果たした貞観八年は、応天門の変が起きた年である。閏三月に応天門が炎上し、九月に大納言伴善男が配流された。その最中の八月に明子の父太政大臣良房が臣下にして初めての摂政に任じられる。応天門炎上の真相はともかく、良房がこれを最大限利用し政権を掌握したことは多くの先学が指摘されている。その勢いをかって良房が、平安宮においてなされたことがなかった、先帝キサキの内裏入御を敢行したのではないかと考えられるのである[37]。

この時期、平安宮大内裏の場の使用に関してもう一つ重大な変化があった。良房が大内裏内、それも明子の皇太后

第一章　母后内裏居住と王権

明后の父どうしが相嫡として直盧を賜ったよう直盧を賜って職曹司に関わり（後述）が、母后が積極的に世襲された職曹司の直盧を賜った可能性が高い。同職曹司の直盧を賜った母后として朱雀朝の公卿直盧を賜った例であるが、それが内裏への使勝手がよいとされ外戚すべき場合には母后の関係が現任内裏後宮に支配された形の先駆中の母后稳子であり、稳子の在任にたぐと比すべき摂関[38]

氏長者摂関が職曹司が宮職曹司が置かれて職曹司の直盧を母后が賜ったとして[39]

明子が職曹司直盧を賜るのは貞観十一年七月十一日まで外威すべきでないとするが、仮にそうであれば内裏で外威する機会があったとしても内裏を出る際に直接確認できるものが、内裏を出て斎院で楽院で楽院の時母親明子内親王が貞観十一年三月十九日以前に内裏で所生の斎院子内親王が四月六日内裏の「帝説」を出て楽院を出て『三代実録』説が内裏を移したと考えられる。一方、貞観十六年七月二十三日に至る明子が直盧を賜る事情は左兵衛府が内裏「皇太后宮」に献上された人物が十四年八月十七日に皇太后となれば明子が染殿に退出して数か月に直盧を賜るのも[42]

つまりこれは貞観十四年八月三月三日、明子が内裏大内裏御曹司の職曹司が上記御曹司の職曹司遷任したためで[43]

事実かなく首楽殿に明子が内裏から移居したのは八日条の明子が内裏から近衛府が近衛府直盧の近衛府直盧に遷したのは職曹司へ直盧を解消したため「皇太后」が直盧を賜ったのは明子内裏に入ったのであり、「昭院」に移した太皇太后子が内裏に戻ったのは天皇主催の宴もあった同十一年三月二十日に明子が内裏を出したと催された同十一年の明子が内裏に出していないか、この後は明子はも次代の継承家にとって明子は行われる。それゆえ内裏に戻ってきたそれ以降は、内裏に一切入らず先帝の進んだ女御高なた明子のたキサキや内裏に入ったのではないかというものは見えないたという同十四年四月の記だろう

これにより、明子が内裏大内裏御曹司の職曹司が大内裏御曹司が薄れたため天皇内裏に立て直立されたが内裏に完全に対立して退出して内裏に移したのは太政大臣家と内裏に入ったので明子は内裏を退去したこと以降は内裏主となりゆえに明子は内裏での継承者としてしきれる。それは次代への明子が日十年明子の妹が御外戚である。そのため染殿人となりたことで外戚高子が内裏に戻ってあえて先進んだとしよう

九年月王太子の内裏の禁裏を破るに必要性が薄れたため天皇と対立して立したのだから大政解消しようとしたが、棋消していたのである。あえて内裏はまた内裏居切り入れたがキサキあらた内裏の禁は同十四年夏

か。清和朝における母后の内裏居住は、恒常的なものとして定着していたわけではないと考えられるのである。

　貞観十八年十一月、清和天皇は内裏を出て母后のいる染殿に遷御し、ここで譲位する。嵯峨朝などの譲位の仕方と似ているが、一緒に内裏を退出すべき妻后が不在であり、退位と同時に母后との同居を再び始めている点が注目される。

2　陽成朝

　九歳で践祚した陽成はその三カ月後に東宮から内裏仁寿殿に入御した。譲位までの七年弱の間、その約半分を過ごした清涼以外に、弘徽殿・常寧殿・綾綺殿も使用している。ただ、東宮から内裏に初入御した場所は仁寿殿であり、いまだ同殿は正式な天皇居所としての位置を保っていたとみられる。

　陽成母后高子は即位式において皇太夫人となり、やがて皇太后となる。居所は内裏常寧殿であった[44]。注目すべきは、夫の太上天皇が存命であったにもかかわらず、母后が夫とではなく、子と同居していたという点である。高子は陽成内裏入御直後に「太上天皇染殿宮」に行啓し即日還御していることから、すでに夫清和とは別居していることがわかり、内裏に入ったものと考えられる[45]。また清和太上天皇崩御の翌日に陽成天皇が常寧殿に遷御した理由は、「近於中宮所居也」とされる[46]。高子は夫の崩御にあっても、内裏常寧殿を動かなかったのであろう。

　つまり陽成朝は、天皇と母后、太上天皇とその母后がそれぞれ同居しており、天皇母后と太上天皇は夫婦でありながら同居していなかったわけで、居住形態において母子関係が夫婦関係よりも優先されていたことがわかる。母后が藤原高子という独特の人物であること理由の一つかもしれないが、それにしても母子関係を軸とした居住法および母后の内裏居住が定着してきたといえよう。一方で、高子の内裏退去は所生天皇退位時ではあるが、陽成はこの時ま

3 多朝

三十六歳であり、在位が続き代々の継承も順調に進んでいればやがて東宮が東宮に移御しその翌日に天皇が内裏清涼殿に入御していずれは高子が内裏から退去して太政大臣基経と同衡の紛争は残る可能性

4 醍醐朝前半

醍醐朝は前半と後半に分けられる。境目は延長元年(九二三)四月二十六日で、醍醐の養母にして天皇の祖母である温子が御匣殿に入御したときと思われる。この期間の女御温子が御匣殿に入御したというのは、女御として立后する資格が無かったのは明らかで、立后するためには母后という資格が必要であって、その前までは

宇多譲位とともに即位した後半に内裏を出した。後半は日暮れ時の半ばは経つまで基経女尚侍は前半は御簾越しに指摘され、先学が字多譲位前半に指摘されるように、先学のます子が一時は字多の養女となり、醍醐の養母として取り扱われた可能性があるため、大人として立つまでは血縁関係のない[52]

宇多の東宮即位は清涼殿の寛平九年(八九八)七月三日に三十一歳の字多天皇は践祚の翌日に即位し、九歳の字多太子は東宮太子となり明子大夫人となる。字多は東宮に立ってから完全な東宮になったのは班子内親王女王を北殿に住まわせ、天皇は内裏清涼殿に入って東宮が内裏清涼殿を経て東宮が清涼殿に入って、その後の内裏清涼殿に移御した、入御のまま半年近くを過ごしている。以後、同年十一月四十八日、内裏から藤原の居所の内裏に移御した。それによれば内裏は不明であるが、次の正暦常寧殿だとされる。

子女を産んで平五年字多居所とも呼ばれる[49]三年、字多が皇太夫の居所として清涼殿を過ぎ、皇太夫人は字多同居を実に践祚後も経過としたが同居が先行するのは女御として内裏に遷御は内裏の居所として同居しただけ、以後内裏の居所に遷御した。藤原温子が同居しない。子が明けてに立つことではない。[51]母を経て内侍正殿に以前だが次の皇

い養母は、立后されても内裏に住むことは不可能であった。言い換えれば、内裏在住の資格は后であることや形式上の母であることではなく、まさに血縁そのもので結ばれた実母であることにあったのである。

宇多朝において内裏常寧殿にいた班子女王は、所生の宇多とともに内裏を出て東三条院（洞院）を居所とし、二年半余後、崩御する。宇多上皇はそれ以前に洞院を出て、朱雀院や亭子院・仁和寺・中六条院などを居所とした。譲位後の宇多が大きな権力を握っていたことは有名であるが、それでも内裏には入らなかったことを確認しておきたい。延喜元年（九〇一）の菅原道真左降事件の時、宇多は大内裏には入ったが、内裏入御は阻まれている[53]。やはり薬子の変以来、平安時代の太上天皇は一貫して内裏からは排除された存在であり、それは同じく排除されていた母后が内裏に居住するようになった後も決して変わらなかったのである[55]。

前半期の皇太子は保明（崇象）親王である。延喜四年、二歳で立太子され、職御曹司を経て東宮にいた[56]。延長元年三月二十一日、東宮にて薨去する。いまだ女御の生母穏子の居所は内裏弘徽殿であった[57]。

以上、本章では、天皇と母后の同居が成立して以降、醍醐朝前半期までをみてきた。この時期、内裏における天皇の居所は一定していない。清和・光孝は基本的には仁寿殿、宇多・醍醐は清涼殿を居所にしており、傾向としては、徐々に仁寿殿から清涼殿に変化している。また妻后は立てられず、母后が内裏常寧殿に住むのが例となっている。この天皇と母后の同居は、所生天皇が幼いか否か、夫が生きているか否かに関係なくあらわれ、あくまで天皇と血縁でつながった生母であるということに依拠していた。一方、皇太子は、仮内裏期には生母と同居したこともあったが、天皇の内裏還御後は再び東宮を居所としており、内裏にいる父母とは同居していない。つまり天皇についてのみ母子同居が成立し、内裏の中心は天皇と母后になったのである。

ところで、最近、摂関政治と母后内裏在居の関係についての指摘が相次いでいる。最初に直接言及されたのは吉川

第一章　母后の内裏居住と王権

真司氏で九世紀後半の内裏居住と母后の摂関政治と目される「後見」の内実について、母后が摂関と同居して天皇への日常的な「後見」が可能であったといった事態が指摘されている[59]。しかし、母后が摂関と同居し天皇への「後見」が可能であったとすれば、なぜ母后が摂関と同居することが可能になったか、そのことは太政官を用いた政治的実力者による文徳朝始まで太上天皇や皇后が共同統治者として和清和朝までは母后が同居する可能性があったからである。それを利用したといえる。また、そのような考え方には、王権の不安定な状況を理由とした対立のような考え方があるが、それらの解決策として王権の共同統治者として天皇を支える外戚の同居を前提としてみると、国家の動揺とみるよりは王権の担い手として幼主が立ったことが原因としてみる方がよい。古瀬奈津子氏や服藤早苗氏が指摘しているように、良房の政権掌握が摂関政治の並行し

既述の検討されたと述べる内裏同居をいうなら、氏の評価について目だけが成立した内覧同居という母后と共に九世紀後半の母后が内裏に居住することは可能となる。

また、藤原良房が政権掌握のため、このような事態は平安時代の文徳朝前半までは可能なことではない。王権の実力者による太政官の安定がみられる文徳朝初期までは、天皇と母后が同居するのは母后が大皇后[60]となり内裏に居住している状況によるためで、母后と天皇の同居は非常に憂慮すべき事態とでもいうべき事柄であった。

それが文徳朝後半から文徳・清和朝の「権力」を構成する天皇と「権力」を構成する母后と対立するようになった。文徳朝の文徳と良房・明子との対立はその一例である[61]。ニナカル「権力」対立の中で二度の重要な尺度となるのは母后意識を測る尺度となるのは「権力」内で共同できるかどうかである。そのような尺度を考えるとき清和朝に「権力」を構成する政治者として天皇と良房が存在し、さらに母后となっていったのはなぜかというと、紐帯となる母良房の存在があげられ、天皇と母后の同居と母意識が新たに作られるべきであるという、三角関係の同居形態となっていくまさに母后の血縁関係を生ずべく作られる屈。

子どもが婚姻関係により渡される皇太子時代は天皇時代と同じ考えがあるのは良房から文徳少ないと（文徳の前半からの反省として）まさに「権力」意識が強かった文徳朝後半、文徳朝と対立するのは文徳朝が一良房の同居は母意識が明白であるため、ニナカル天皇と母生母の可能な同居の存在が危険となりうる天皇と母生母の同居を未然に防いでいく、ついに新たな意識を持たせる藤原氏が直結する藤原氏が住居形態をつくり出して生育な住居形態が誕生する。

したのではないだろうか。倉本氏や吉川氏のいわれる「後見」——一般的・理念的な「世話」「後ろ楯」ではなく、同居を前提とした直接的かつ日常的な奉仕(62)——の重要性はいうまでもないが、天皇・母后・外戚という三者の距離感を縮め、ミウチ意識を醸成するためのシステムとして天皇と母后の同居、そして母后の内裏居住が創出され、結果として日常的な「後見」あるいはそれを実際に行う女官を統率する権能を母后が把握し、その象徴である常寧殿を居所としたと考えられるのである(63)。

　これその時の母后を出していた藤原北家の一流に大きな副産物をもたらした。母后が内裏に住み、後宮支配権をもつということは、現天皇のキサキの選定権をより直接的にもつことにつながるからである(64)。つまり母后一族による次代母后の再生産を容易にするわけで、結果として特定一族が母后を独占する状況を生みだしやすく、家流としての摂関家が誕生する一要因となったにちがいない。

　紐帯となる人物として、妻后ではなく、内裏から排除されていたはずの母后が選ばれたのは、天皇に対して親権を行使できる直系尊属であることも大きかったであろうが、そもそも幼帝が誕生した結果、妻后を立てるまでに時間がかかってしまうためである。また同じく天皇に親権を行使できる父上皇は、完全に天皇家側の人間であるから、紐帯としての役目は果たせない。それゆえ、内裏に居住し「後見」を行い、同時に王権内の紐帯として、天皇と摂関などの外戚を結ぶという母后の役割は、父院の代役でもなければ相対的なものではなく、絶対的・自律的なものであり、それこそが九世紀半ばに母后が手に入れた新たな権能であったといえるのである。

　以上のように、母后の同居および内裏居住は、王権の危機、ひいては朝廷の危機を回避するため、天皇と外戚のミウチ意識を育てるという政治的意図のもとに生れたシステムであった意義づけられる。そしてこれがうまく機能しだころで、時期を同じくして一般に前期摂関政治期といわれる時代が始まったと考えられるのである。

第一章　母后の内裏居住と王権

1　醍醐朝後半

第二項　母后藤原穏子

第三節　母后「アシリ」の時代
　　　　　　——醍醐朝後半・花山朝——

　基経を亡くした母后の内裏居住はやがて停止された。宇多天皇親政下の内裏常寧殿に居住させて摂関政治を行うというバチカ意識から起こった結果、宇多が醍醐に譲位して新たに住した母后の内裏居住は良房・基経とは異なっていた。基経は本来という基経女である穏子の入内は状況を一例として基経の内裏居住を阿衡の紛議ともいえる基経死後の勤皇として同居していた。母后の内裏居住は本来母后と妻后を逆体の関係利用にしようとしてもの妻后を内裏に住むことはなかった。内裏に住むことは有力な外戚が定められる上述のように有力な外戚が上述のように有力な外戚が特定の摂関家としてある定の摂関家のもる摂関家によるミウチ意識の時代をみすである藤原穏子によるミウチ意識の時代をみてみたい。内裏居住によって定まる摂関家のある藤原穏子による時代をみてみたい。

延長元年(九二三)四月二十六日、醍醐女御穏子は皇后に立てられた。妻キサキの立后は、淳和天皇妻后正子内親王が天長四年(八二七)に立后して以来一〇〇年ぶりであり、平安宮で三人目の妻后である。所生の皇太子保明が薨去し、他の成人した皇子たちを差し置いて保明の子慶頼王が太子されるという、不安定な皇位継承を補強するために穏子の立后がはかられたのである(66)。天皇と妻后が並び立っていた嵯峨朝や淳和朝のように妻后の必要性を考えての立后ではなく、皇位継承や王権の安定のみを目的とした立后であった。つまり穏子は形としては妻后であったが、皇太子祖母(後には皇太子母)であることに力点が置かれており、当初から本質的には母后的存在であった(以下、本書では、皇太子生母の妻后を「母后」と呼ぶ)。

新皇太子慶頼王は三歳、居所は父の凶事があった東宮を避け、職御曹司であった(67)。しかしこの皇太孫も二年後に薨去してしまう。

立后時、穏子は懐妊中で、延長元年七月に兄忠平の東五条第で寛明親王を産む(表2)。そして主殿寮を経て、十一月、内裏へ入御する。皇后としての初入内である。しかし居所は女御時代のまま弘徽殿であり、以前の妻后のように常寧殿に住むことは、この後もなかった(68)。また、翌二年八月には寛明が弘徽殿にいたことが確認できるので(69)、寛明は最初からともに入御したか、ほどなく内裏に入御したようである。これまでは文徳朝仮内裏期の惟仁皇太子の特例を除き、天皇以外の乳幼児が天皇御所に住んだ例はなかった。『栄花物語』巻五に一条天皇の言葉として「御子達の御対面と五つやつなどにてぞ昔は有りける。又内に児など入ることなかりけり」、また村上朝の話として「昔は皇子たちも、幼くおはしますほどは、内住みさせたまふことはなかりけるに」との認識が示されていることである。寛明は天皇との対面儀以前に正式の内裏に住んだ初例である(70)。内裏に住むことができず、母の里第などで育てられていた天皇の皇子女のうち、后所生子のみ、幼年であっても内裏に住むことができるようになったのである(71)。

表2 穏子および所生子居所対照表

年	月	日	出来事	穏子	朱雀(寛明)	村上(成明)	その他	出典
延長元	4	26	穏子立后	東五条第				略
	4	29	寛明立太子	東五条第				略
	7	24	寛明誕生		東五条第			略
	9	5		→主殿寮	→主殿寮			醍
	11	21		→弘徽殿	→弘徽殿			醍
延長2	8	23	寛明御魚味始	弘徽殿				貞
延長3	6	19	寛明皇太子禊	弘徽殿	弘徽殿			貞
	8	29	寛明著袴	弘徽殿	弘徽殿			貞
	10	21	寛明立太子(母后同殿仰)	弘徽殿	弘徽殿			貞
延長4	2	19			→梅壺			貞
	4	16			→桂芳坊			貞
	6	2	成明誕生		→藤壺 →梅壺 →弘徽殿		〈醍醐〉→弘徽殿	貞
	7	10			→桂芳坊			貞
	8	14			弘徽殿			貞
	11	17			梅壺		〈醍醐〉清涼殿	貞
	閏12	21	東宮修法		弘徽殿 (常寧殿) →弘徽殿			貞
延長5	8	23	東宮童相撲		弘徽殿か			貞
延長6	8	9			→弘徽殿			貞
延長7	正	14	男踏歌	弘徽殿	梅壺			史
延長8	2	17	東宮読書始		→弘徽殿		〈醍醐〉清涼殿	略・西
	6	26	清涼殿落雷		→常寧殿		〈醍醐〉常寧殿	略
	7	2			→音羅殿		〈醍醐〉醍醐殿	略
	8	13			→弘徽殿		〈醍醐〉醍原殿	略
	9	21	醍醐譲位		音羅殿 →弘徽殿		〈醍醐〉→右大将曹司	略
〈朱雀朝〉								
	9	22	朱雀践祚		→弘徽殿か			践
承平元	11	28	朱雀即応	弘徽殿か				践
	閏5	19	宇多崩御				〈宇多〉仁和寺	扶
	7	11	穏子皇太后					玉和
承平2	正	22	内宴	弘徽殿				貞
	2	2	成明読書始			→藤壺		貞
	6	20	宇多崩御			→藤壺		略
	6	22						略
	12	14	賀茂臨時祭					貞
承平3	4	17	藤花宴	藤壺				略

年	月	日	事項	場所1	場所2	注記	出典
承平4	8	27	康子著袴				略
	正	14	内論義		藤壺		西
	3	26	穏子五十賀		(常寧殿)		略・西
	3	27	後宴		(常寧殿)		西・西
	12	9	穏子五十賀		(常寧殿)		略
承平5	6	17	臨時御読経		藤壺	梅壺	本
	12	2	成明御読書竟宴		藤壺		略
承平6	11	5			藤壺→常寧殿		略
承平7	正	4	天皇元服				史
	正	14	内論義		常寧殿		略
	8	19	童相撲		常寧殿		九
	正	23	内宴		常寧殿		本
	7	9	綾綺殿修理	→綾綺殿	常寧殿→綾綺殿		本
	8	6	大地震	弘徽殿→麗景殿	綾綺殿		本
	8	27			綾綺殿		貞
	10	1			綾綺殿		本
	11	3			綾綺殿		本
	11	9			綾綺殿		本
	11	20			綾綺殿		本
天慶2	正	14	内論義		綾綺殿		更
天慶3	2	15	成明元服	麗景殿	綾綺殿	(綾綺殿) 藤壺	更・西
	4	19	成明安子婚儀			〈安子〉藤壺	略
天慶4	2	22	慶子入内		綾綺殿	承香殿 〈慶子〉梨壺	更
	8	5	成明文選竟宴		綾綺殿		本
天慶5	正	14		承香殿	綾綺殿		史
	6	20	走馬奉納	承香殿			本
	6	21	菊宴於承				本
	10	27			綾綺殿	〈慶子〉麗景殿	略
天慶6	正	16	女踏歌		綾綺殿	承香殿	略
	正	24	内宴		綾綺殿		更
	5	29			綾綺殿		更
天慶7	4	22	成明立太子		綾綺殿	→梅壺 藤壺 梅壺	略
	9	14	東宮御前		綾綺殿		九
閏	12	2			綾綺殿		更
天慶8	5	9	中宮修法	(承香殿)			略
天慶9	4	20	朱雀譲位		→綾綺殿 →弘徽殿か	梅壺か 承香殿か 綾綺殿か	貞・九・西
	4	22	村上践祚	弘徽殿か	承香殿か		略・践
	4	26	穏子太皇太后	→主殿寮	承香殿か		践・西
	4	28	村上即位	→朱雀院	綾綺殿か		西
〈村上朝〉	5	19		弘徽殿か			貞
	7	9		→主殿寮			貞
	7	10		→朱雀院			略・貞
	8	17	行幸	朱雀院			貞

年号	月	日	事項	場所	移動先	備考	出典
天暦元	10	2	朝拝礼・中宮大饗	朱雀院			略・貞
	正	3	朝覲行幸	朱雀院			略・貞
	3	15	行幸	朱雀院			略・貞
	4	15	行幸	朱雀院			略
	11	28	行幸	朱雀院			略
	12	14	穏子行啓	内裏へ			略
天暦2	正	2	中宮大饗	二条院		〈穏子〉内裏へ	略
	正	3	朝覲行幸	二条院			略
	4	9	行幸	朱雀院			略
	8	19	行幸	朱雀院			略
	8	22	天皇移御	朱雀院			略
	10	9	行幸	二条院			略
天暦3	正	5	朝覲行幸	二条院			略
	3	9	行幸	二条院		後涼殿→清涼殿	略
	9	6	行幸	二条院			略
	10	26	行幸	朱雀院		〈安子〉藤壺か	略・貞
	11		行幸	朱雀院		〈安子〉梨壺	略・貞
天暦4	正	3	朝覲行幸	二条院			略
	7	23	憲平立太子	二条院		〈憲平〉内裏へ	略
	10	15	朱雀院火事	二条院		〈憲平〉桂芳坊	略・西
	10	22					
天暦5	正	5	朝覲行幸	三条院			略・西・遊
	正	13	(朝覲)行幸	三条院			略・西・遊
	2	13	行幸	三条院			類符
天暦6	正	3	朝覲行幸	三条院			略
	4	15	朱雀崩御	三条院	仁和寺		寺雑
	8	15	朱雀崩御	三条院			略・九
	11ヵ	8.20	主殿寮	弘徽殿			略・九
天暦7	正	3					近
天暦8	正	4	穏子崩御	弘徽殿	梨壺		村
		7		(二条院)	梨壺		村・西
	4	23					略
天暦9	正	4	法華御八講	(於弘徽殿)		〈穏子〉藤壺より退出	西・扶
天暦10	12	4					要記
?	?						中外抄

註 出典は主なものをあげた。要記=「一代要記」、御産=「御産部類記」、九=「九暦」、王記=「王葉略記」、醍=「醍醐天皇御記」、近=「近衛家文書」、西=「西宮記」、寺雑=「醍醐寺雑事記」、遊=「御遊抄」、大饗=「大饗会御膜部類」、貞=「貞信公記」、践=「践祚部類抄」、略=「日本紀略」、扶=「扶桑略記」、本=「本朝世紀」、万=「万代和歌集」、村=「村上天皇御記」、更=「更部王記」、類符=「類聚符宣抄」、醐天皇御記」。

その寛明は延長三年、三歳で醍醐朝三人目の皇太子となる。『醍醐天皇御記』には「太子幼稚不可別所、仍有定令居昆明殿之」とあり、新皇太子が幼いという理由で皇后穏子との同殿が許された。しかし寛明の同母兄である保明が二歳で東宮に入御していることを考えると、生母との同殿は単に「幼稚」であることを理由ではない。東宮職御曹司がそれぞれ保明・慶頼の死穢にあい大内裏に適当な場所が無いこと、また菅原道真の怨霊の恐怖などが直接の理由である。と同時に、すでに皇太子という地位が変質し、内裏外に独立した宮を営む意味がなくなっていたことも大きかったであろう。一方、穏子の側からみれば、所生の皇太子を内裏におくことで、「母后」として権威が高まったであろう。また内裏を舞台に次代の天皇となる皇太子と「母后」とその外戚がより親密な関係を早くから形成できることも期待できるから（後述）、摂関にとっても、「母后」にとっても、皇太子自身にとっても、望ましいものであったろう。

　ただし、皇太子内裏在住の根拠はあくまで生母が后であることにあったとする認識がまだ村上朝にはうかがれる。つまり、この時点で皇太子の内裏在住が定例化したわけではない。すでに母の住む内裏にいることが可能になっていた后所生の皇子が、立太子しても引き続き内裏内に住めるようになったということなのである。つまり内裏における皇太子は、「母后」に非常に依拠した存在であった。それは皇太子居所が、天皇に関係する女性のための空間であるはずの後宮であったことからもわかる。后所生子が生母に寄生するように内裏居住を始め、その流れの中で皇太子の内裏居住が開始されため、母后（「母后」）が住む後宮以外に場を設定できなかったと考えられるのである。

　以下、皇后穏子と皇太子寛明、そして他の所生子の居所を簡単にみておく。穏子は延長四年、内裏外郭の桂芳坊で成明親王（後の村上）を生み、再び弘徽殿に還御している。この移動には四歳の皇太子寛明も同行した。また、内裏入御の際には七歳の康子内親王と生後一カ月の成明を伴っている。康子内親王・成明親王については醍醐朝ではこ

第三節　母后「ファミリー」の時代　　三五

母（梨壺）では基本的ではなく、天皇となり、のちに皇后となった穏子のタイプが初めてのものである。また、天皇は短期間を除いて弘徽殿を居所とし、后は弘徽殿の北である常寧殿を居所として儀式を行うという形式が天皇・皇后の基本的な居住スタイルであったことがわかる。少なくとも、后が天皇の居住する内裏に常態として住まないということは、以降の院政期まで続き、穏子は引退後、綾綺殿に遷ったあと、母后の御所であった常寧殿から退去して不例があり、許されてのち綾綺殿に移ったという。穏子は儀式の際、弘徽殿を利用したが、日常に他の殿舎を選んだのは仁寿殿の中にある「藤壺（飛香舎）」などのように居所に特徴ある殿舎を選ばず、遷してからも常寧殿や清涼殿も使用せず、朱雀院の弘徽殿も使用したという。承平四年（九三四）の三月、穏子が朱雀天皇と共に昭陽舎に住んだのは天慶元年

と転々としたとし、即位時、朱雀朝は一番長く弘徽殿を居所とし、穏子の殿舎は常寧殿・綾綺殿と

2 朱雀朝

醍醐朝で確認できないが、正式な皇太后の最初の例は朱雀朝の式部卿宮后である。醍醐天皇五十賀が内裏の清涼殿で行なわれた際、母后の綾綺殿が後院の冷然院に遷居するなど不例があり、許可された。母后穏子の退去した後、内裏に遷った大醍醐は母后と同居する儀式と同様に近衛府大将の指揮によって皇居大内裏の近衛府内侍所に遷御する「母后」の基本的に考えられている大内裏に住んでいる天皇に譲位し、母后の内裏住まいも許可がないまま、内裏に住む天皇以外は確認できないが、母后の内裏住居[75]

と母后穏子の退去御所は後院朱雀院への遷御として使用していたことは先学の指摘通りである。[76]

[77]

(九三八) に、天皇が常寧殿から綾綺殿へ遷御した時のことである。『貞信公記』八月二十七日条には「遷御綾綺殿。中宮同御」とあり、天皇とともに穏子も綾綺殿に遷御しているようにみえるが、『本朝世紀』は天皇遷御のことしか載せていない。一方、十一月三日条に『貞信公記』は「中宮遷御北殿」、『本朝世紀』は「中宮自弘徽殿、遷御麗景殿云々。蓋遷御在所綾綺殿也」の記事を載せる。これから推測できるのは、穏子は当時弘徽殿を居所としていたが、十六歳の天皇の綾綺殿遷御に付き添い、ほどなく穏子は弘徽殿に戻ったが、弘徽殿と綾綺殿は遠いために二ヵ月後、綾綺殿のほぼ真北にある麗景殿に遷御した、というものである。やはり、通常、居所の昼御座で政務をみている天皇と、他の所生子とともに住んでいる母后穏子が、恒常的に同殿するのは難しかったであろう。穏子はやがて麗景殿から承香殿へ遷御するが、これも朱雀がいる綾綺殿に近い(80)。

穏子所生の成明親王は、立太子前の承平三年二月から同五年十一月まで御註孝経読書を凝華舎で行っている。これは醍醐朝における寛明のように、儀礼の場として凝華舎を用いたのであろう。同三年六月の穏子飛香舎遷御の際、『貞信公記』に「中宮御膳供進飛香舎。親王達膳各弁備」とあるから、康子・成明もともに飛香舎にあったと考えられる。

成明は天慶三年二月、十五歳で元服、ついで四月、師輔(穏子甥)女安子と飛香舎において婚儀を行う。いまだ立太子前であり、単なる一親王が内裏で婚儀をあげるのはもちろん初めてのことであった(81)。成明は元服後も穏子と同殿していた可能性が高い(82)。同七年四月二十二日に立太子されると即日凝華舎に入御しており、初めて皇太子宮として内裏内に独立した殿舎をもつのである(83)。康子内親王の居所が確認できるのは、前述の承平三年と天慶五年(84)の二回のみだが、いずれも母后と同殿と考えられる。天皇でも皇太子でもない親王たちは、母后とともにあるからこそ内裏に住まうことができたのである。

第三節　母后「ファミリー」の時代

第二章　母后の内裏居住王権

3　村上朝前半

後院朱雀院に譲位により朱雀上皇は弘徽殿に住む母后の内裏より朱雀院へ遷御した。お移りあそばされる穏子と同殿し、方忌のため三カ月間滞在した後、思子のため弘徽殿に同居した。

朱雀上皇と穏子は村上朝となると母后の内裏である同殿に住み、天暦元年（九四七）十月に朱雀上皇太上天皇穏子は朱雀院御母后（天皇姉妹同様）住まう方として内裏の穏子と同居した後、朱雀上皇は病気がちであったため、天暦五年八月十五日崩御する一カ月前の同年七月二十四日、母后穏子に対する御人講を除けばあまり修されなかった御人講をしたことにより天皇以外死ぬ例であるとしても、同日、同母妹の先帝朱雀院崩御して四十に満たぬ先帝朱雀院の崩御に際し母后穏子も同居した朱雀院を退出して先帝朱雀院を選御した。四十七年間の内親王を失った母后穏子は内裏へ帰ることを選択した。朱雀院は母后穏子が内裏に戻ることを望んでいたため。内裏に入ることは自由であり母后の内裏入[85]

朱雀朝において朱雀殿承香殿と穏子は朱雀殿のうち私物化として半分は弘徽殿と同じ扱いとなった。香舎は穏子としても居所であった。飛香舎は動座していた状況において後に香舎は移動した。場所は宮城内に近い場所である御匣殿別当として過ぎてその後は飛香舎にあるしかも母后穏子の支配のもと、後所の統御の強さがうかがわれる。例異常とされた尚侍の藤原寛子（忠平女）は穏子の近親にあたり、主に弘徽殿に住まわせた。[90]

特定の殿舎上に居住する私物化として飛香舎は穏子の私物として居所半分承香殿であり、飛香舎としての対応がおよび状況としては居所としてみたとき、飛香舎は動座した故明子太子妃であるため御匣殿別当である。[91]

一方で穏子自身や朱雀天皇が居所として使用した時期もあり、忠平も飛香舎を直廬にしている(92)。また成明と安子の婚儀が行われ、さらに安子の居所、成明の居所であった可能性も高い。穏子を中心に考えると、朱雀天皇も成明は息子、忠平は兄、貴子は姪にして亡き息子のキサキ、安子は兄の孫にして息子のキサキである。天皇家・摂関家双方に広がる穏子との血縁関係を中心とした人々、いわば穏子「ファミリー」ともいうべき人々が、飛香舎を引き続いてあるいは同時に使用していたのである。前代未聞の親王の婚儀を行うことができたのも、飛香舎が一種の私有状態にあったことが関係していると思われる。十一世紀には道長一家が同じく飛香舎をなかば私有化し、娘の彰子・妍子・威子らが次々に曹司とし、道長が後宮直廬としたことは有名であるが、その先駆けといえるだろう。

　実際、母后穏子が大きな権力を握っていたことは有名である(93)。いくつか例をあげると、後宮関係のことについては朱雀や村上のキサキ選定のほかも、『貞信公記』天慶八年九月二日条に「但女子事令レ啓中(穏子)宮一」との記事がみえる。また同九年九月一日条には「召二両宰相、仰遣可宿侍禁中之状、是依中宮御消息一也」とあり、常に二人の参議(穏子甥の師氏・師尹)のどちらか内裏に宿侍するように命じている。『九暦』承平六年十月二十四日条には弟の師輔が、故保忠(穏子弟)のための度者の有無について、やはり穏子の仰せの通りに処理している様子がみえ、実家である藤原摂関家内部のことに対して、大きな発言権をもっていたことがわかる。何よりも穏子の影響力を表すのは、朱雀天皇が母后に「いまは東宮をかくてみきこえまほしき」といわれたために、心ならずも皇太弟に譲位したという『大鏡』巻六が伝える逸話であろう。藤木・服藤両氏がいわれるように、穏子は、同じく国政を左右した一条生母東三条院詮子と、同質の権限をもっていたと考えられる。

　穏子以降の母后が大きな政治的影響力をもち得た理由として、服藤氏は第一に天皇との同殿、第二に天皇に対する親権、特に父没後における母の親権の浸透を指摘しておられる。その上でさらに注目したいのは、後宮空間を自身の

第一章　母后の内裏住と王権

後宮の朱雀院の時期であるが、この時期について「」に使われていたというよりは、使わせるようになったという点であり、後宮を使わせるようになったという姉妹や娘である中重要なのが政務を行う形で公卿の出仕をうながす天皇の史料上初めて摂関が設置されたという後宮における忠平の桂芳舎参籠を例に見た天皇の行幸の際、摂政として政務を行う『貞信公記』承平元年十二月三日条の先学の指摘のある忠平は、この後年に

新楽の時朱雀の摂政内裏を使用したこととされたが、この後に使ったとされる忠平によって、後宮が使用されたのは、この忠平によって、後宮が使用され、官奏を行う際、華舎に籠もり、奏を見られる天皇の父権の行使を蒙る形で、政務の行使が設定され、公卿の政務形成される桂芳舎の後に公卿の官奏を経て、上申する形での天皇の奏覧が可能となる。このような中宮職と忠平の関係から、桂芳舎は摂関が位置する中重要な役割を果たすことがあった。中宮位置においては、忠平の妹である穏子が中宮として入居することが可能になり、その桂芳舎は朱雀朝初期において摂関側の親密な関係性が可能になったと言える。桂芳舎の後の穏子の時における忠平が独立した政務を行いえるためであり、穏子と忠平が政務を行いえる政務を行う手段として忠平が母后の意向を汲み取り、穏子が後宮を独立した手段としたので、その穏子と忠平が内裏における穏子を後押しする権威を打ち立てた。それにより、母后本来の住人であるにせよ、後宮を支配しキサキ（95）

もとにいたから帝のそばから語り掛けられるという後宮の権力集中が推進され忠平の母后の意向をより直接的に表現できる場となった奈良時代とは以前奈良時代は大后の光明皇太后による摂政として母后は、同時代の母后より直接的に自らの意向を直接的に政治的な場であった点で、紫微中宮の親密な関係にあったというよりは、太政官との中宮との親密な関係であるがゆえに、大政官から独立した政務執行手段としての親族的な関係を待ち、母后に近侍した忠平の時代より親密になり、母后の意向を実現させるということ後宮の意向を実現させるうえで、後宮を独立した政務執行するための意向を汲み、穏子（96）

もまた親密にあたり、穏子が後宮の権力として可能となった同時にそれがされる一方、子が使用可能な意識が強調される舞台となったとすれば穏子は光明皇太后以後、自分の意向を反映させる手段として穏子以降母后が政務に関与したという母后が親族関係を待ちたとしてもあえて桂芳舎の近辺との親密な関係になり、その時代と忠平の時代における画期とな次代の大きな理由と考

政治にも意味を持ち跳ね返せようとして権威として跳ね返せよう可能な母后との意識で穏子は忠平を自分に従った場に最もいなかったことと

関係にはないがその穏子が忠平に直接的に意味を反映されるようになる

えられる。母后穏子が所生子や実家である摂関家を巻き込んだ「ファミリー」を内裏後宮空間に形成したことは、平安時代の政治史にとっても大きな意味をもつことになったのである[97]。

　　　　第三項　穏子以降

　以下、簡単に花山朝までをみていく。天皇居所は基本的に清涼殿に固定された。
　穏子崩御後、村上妻后に藤原師輔女安子が立つ。居所は昭陽舎、ついで飛香舎、後には弘徽殿であった。村上朝の皇太子憲平親王は生後二ヵ月で立てられ、中重の桂芳坊を居所とした[98]。遷御時に母安子がともに牛車に乗っていたのはおそらく行啓の介添えとしてであり、まもなく飛香舎に還御したのであろう[99]。桂芳坊は後宮にほど近いとはいえ、母とともに内裏に住むことができなかったのは、いまだ安子が女御であったからである。しかし結局、母安子が皇后に立てられる以前の天暦八年に内裏凝華舎に入御した。もはや皇太子が内裏に住むのに后腹である必要はなかった。皇太子は完全に内裏の住人となったのである。憲平はほかに昭陽舎・襲芳舎（雷鳴壺）も居所とした。
　「母后」安子所生の皇子女は、皇太子以外も内裏に住んでいた。例えば康保元年（九六四）の為平親王の子の日の遊びは内裏から出発している[100]。『栄花物語』が伝える安子崩御直前の有様によると、この時、健在の所生子四人全員が内裏にあったことがわかる。さらに安子崩御後のことであるが、為平親王と源高明女の婚儀は、村上と安子の内裏婚儀を先例として昭陽舎で行われ、守平親王の読書始は弘徽殿で行われている。これらからすると、彼らは安子の崩御後も内裏、それも安子居所であった弘徽殿に居続け、時にやはりかつて安子が使用していた昭陽舎を用いていたと考えられるのである[101]。一方で、皇后所生以外の村上皇子女はやはり内裏に住めず、例えば第一親王である広平親王にもその特権は与えられなかった[102]。

一方、太后在任中の内裏居住についてみると、同じく追贈された花山朝母の懐子は天皇在位中に死去しているため、同母姉妹の内裏参入例があったとしても史料に残る形で参入はなかったようである。四カ月後には花山朝母で同母姉の遵子（廃照）が参入しているが、内裏居住は望年二月の賀茂斎院輔子内親王（花山朝母で同母姉妹）の薨去による退出までの約一年半に限定され、その後は里第（東三条院）に住まい、内裏への参入は見られなくなる。このことは内裏の所御局女御の御所は先帝円融母后の女御の所御局であったため、現天皇母后の女御局として利用できなかったことが何より明らかに残る形跡がないゆえんと思われる。花山即位に降し同母妹の藤原姫子が冷泉内裏参入のため、平安宮の要所であるらしいことがわかる。

（第三章参照）。

多いことがわかる舎人皇太子、これらは基本的に内裏の後宮を居所にしていた。例えば円融朝の内裏に住まった冷泉朝母后安子の異母姉妹懐子のように天皇父帝との関係や皇太子師貞親王（後の花山天皇）に伴う母親子参入のように現天皇の同母妹朱三人のように天皇太子母后女御としての入内が多かったのに対し、生母は皇太子即位前は平安宮の内裏に定着しなかったが

冷泉朝まま醍醐皇女村上天皇内親王であった母后の昌子内親王花山朝母・円融朝母后の懐子・円融朝母后安子は冷泉朝において母后として世中に安定した母の后位にあったため、母后の内裏居住世中は安定したあり、冷泉朝は譲位した冷泉上皇の母后不可能であったため、花山朝母后は花山の退位に伴い里第の所御局女御としても気味があるものの内裏居住は意味あるものにすぎないからである所御局女御の所御局に定着しなかったが

第一章　母后の内裏居住と母后権

の初めから一貫して、先帝と先帝キサキたちは内裏から排除されているのである。ただ、その大原則よりも現天皇生母であることが優先され、母后は先帝キサキの一人であるにもかかわらず、内裏に入れたということなのである。

以上、穏子の時代と、その後、花山朝までをみてきた。前章で触れたように宇多天皇によって、内裏居住の母后を紐帯として天皇・外戚のミウチ意識を育てるシステムは停止され、摂関政治はいったん終わりを告げていた。しかし醍醐朝後半に、皇太子の安定のため穏子が妻として立后され后権を握り、内裏に入る権利をともなわない宇多上皇の手が届きにくい後宮空間を支配することになった。穏子は怨霊への恐怖と后所生を根拠に所生の皇子女を内裏にいれついで皇太子居所をも内裏に取り込むことに成功した。これにより、さらに次代天皇と次代母后、外戚の間にミウチ意識を育てるシステムが作動することになる。今度はより幼い皇太子のうちからであるから、即位後に開始するよりも確実である。そしてその皇太子が即位した時、すなわち朱雀朝に、天皇・母后・外戚の円満な関係を背景に、穏子兄の忠平が摂政となり、再び摂関政治が始まる。そして穏子以後も、母后や「母后」を紐帯に天皇や皇太子と摂関がミウチ意識で結ばれ、政局が運営されていくことになるのである。このように母后の内裏居住は摂関政治と密接につながり、ある意味で王権の安定に深く寄与したのである。(107)

穏子の時期に、後宮殿舎をキサキの近親である公卿が直廬として使用しはじめていることも見逃せない。摂関は後宮を支配する母后権力を背景に後宮直廬をもち、そこで除目を行うなど天皇権の一部を行使することが可能になり、他の太政官メンバーとは隔絶した権威と権力を手にした。(108)一方、后にとっては、ミウチである摂関が後宮で天皇権を行使することは自身の権威にはねかえる上、居所近くに摂関がいることによって、自分の意向を具現化するルートをより確かに得ることができたのである。吉川真司氏は伊尹、もしくは兼家以降から「平安宮内裏は天皇家・藤原氏の主要成員が集住する場となった」とされている(109)が、これは自らが中心に位置する「ファミリー」を後宮に形成した穏子

み等三節に検討したように、平安時代前半の花山朝まで、母后の内裏居住にともなって後宮に居住するようになった母后の内裏居住と母后の関係をあらためるなかで、母后と内裏との関係をあらためて基準として考えると、平安時代の花山朝までの母后は天皇と母とを中心とする天皇家メンバーの居住場所の検討を行った。

母后の内裏居住期は定着した日常的な居住としていた。醍醐妻后は「后妃」として天皇的文徳天皇と妻后が居所をし後宮居住ではあったと居所と父親の住居は基本的に文徳と同じく清和朝においてもこの時代から変化してゆき、のちに村上朝母后は生まれ育った後宮居住が可能となったのであるが、母后の住居が後宮の常例であったと推測される。あった中の権威を手にした頂点が母后の住居を手にしたのであり、中の時代になると天皇中心の独自の権能を母后が内裏に入ること、のちに正式の内裏にて明子の時代には、さらに特別にの立場において居住と成員が母后と合う形が決まったにある。「母后」と内裏以前生母と異なる。

母后と内裏居住について母后の内裏と母后を

おわりに

すり「の内裏居住としたがいえるである。

九世紀後半から遡期には天皇が通ったとされる母の内裏居住にともなう皇太子を生まれさせるが、近代が要せるされたことがあり、母后の内裏居住」という場を通じて権を獲得し、それを次第に伝えていくことが見落としたことがあり、母后の内裏居住にしだいに発展していくようにみえるかた。母の内裏居住とは、母の内裏居住してから、摂関全盛期に招きてる前原動力のうちの十世紀前半の母后の穏子によるものだるという母后の安定にとって王権の族として

四

この二段階の母后内裏進出の深度にあわせて、母后の外戚である藤原氏も二段階で大内裏および内裏に進出していく。最初は大内裏内膳御曹司に、やがて内裏内の後宮殿舎に、直廬をもち政務を行うようになったのである。これによって特に穏子以降、独自の命令系統をもたない母后は、自分の意志を反映させる手段を摂関を通して得ることができたのである。

以上のように、従来は個々に検討されることが多かった天皇家メンバーの居所について、一定期間を総合的にみることで、母后と天皇の同居や母后の内裏居住は、王権の安定化をはかるために創出された一つのシステムであることがわかった。別の言い方をすれば、后に最も期待された政治的機能の一つは、天皇と摂関、あるいは次期天皇と摂関を結ぶ紐帯として働きであり、これを果たせたのが妻后ではなく母后であったために、母后の政治的重みは増し、「母后の時代」となり、これが摂関時代の原動力となったのである。そして内裏後宮とは、単に天皇キサキが住み皇位継承者の再生産が行われる場ではなく、母后と天皇と摂関、あるいは「母后」と皇太子と摂関が互いに権威を高めあい、補完しあいながら、王権中枢を形成していくための中心的な空間となったという評価ができるのである。

ところで、周知のように淳和妻后正子内親王以降、醍醐朝後半まで妻后は立てられなかった。いわゆる「妻后不在期」である。これについて西野悠紀子氏は皇后の権力が親権の一部としての母権の前に崩壊しているとされた承和の変を例にとり、母后の優越が皇后不在を引き起こしたとされる[10]。また並木和子氏は、当時の妻后は所生子の皇嗣決定後に事後的に生母に与えられる地位であり、当該期は皇位が直系で継承されたゆえに、立后によって皇嗣を明示する必要が無かったためとされた[11]。また両氏とも、背景には当時の社会における嫡妻観念の未熟さが存在したことを指摘しておられる。しかもそれらに加えて、王権内に独自の地位を獲得した母后の存在によって、妻后が生まれる意味も余地も希薄になったことも、妻后空白期が生まれた一要因であるといえよう。

おわりに

母后が母后として権力を振るえるのは、図られたが、世を治めていくうえで妻后が立つのがよいとされたのは、太子という立場であると同時に、母后の立場から安子が立つのがよいとされたのは、朱雀朝では多くの后が立てられたが、改めて考えると、円融朝の安子が立つた後、次第に穏子立后時から、安子立后まで(醍醐朝意味にすぎない。実際、穏子立后後は、相互を通して世を治めていくうえで妻后の存立母后の地位があってこそ生きてくるもの関係に対立を伴う立后後の后の地位は、前述のように父王家側の都合によるものであった。の決定者である天皇によれば、后立の目的が母后となるにすぎない者が立后しうるのは、内裏に住まう天皇には実権に対する最終的な指摘によれば、后立の目的が母后となるにすぎない。内裏側の意向も国家的意思に結び付きうる面はあったが、天皇の意志の最終決定者は天皇である以上、周縁部であった母后たちは、内裏外からこれを小評価すべきではない。

以上のような天皇と母后との関係について、内裏の同居者同士であったとしても、周縁部の妻后と母を兼ねる后の場合は、棋家・同居婚でない立后後の妻后の支配所で出産した。内裏に住むことが皇子女誕生の場を内裏に移すという特殊なの小評価すべきではない。内裏には住まず、母の同居による後見が得に住む皇子女が内裏に入り后が母后となり、内裏の同居者同士であったとしても、周縁部の妻后と母を兼ねる后の場合は、棋家・同居婚でない立后後の妻后の支配所で出産した。内裏に住むことが皇子女誕生の場を内裏に移すという特殊な処置が内裏で行われるようになった。(清和朝・陽成朝・光孝朝)

母后の時期に働いたといえるが、同時に内裏の内部に入らない母后としては、例外的なことではなく、父母の違いは間違いなく、母后の周縁部への天皇の住まいを紐帯とした結び付きは小さくなる。しかし、そこでも母后は、かろうじて家文長として規模の大きい家政機関を率いていたが、政治的に重要な決定は主に摂関と天皇との私的意思疎通によって政治運営されるこの時期に、院政期に、従四位中納言の政関和を政治中枢から私的意味のある政治的関係をもちうるのは、母后としての王権構成員外からの排除されることのない、母后の意味が過小評価されても得たない側面もあるとしても、内外の意向を相続する側としての内裏外の者が内裏の意向を小評価する例は多く、その代表が院政である。内裏後に同居院政期に、院政期に、院政期に政治運営される鍵となるのがが母后がその代役をになう。

(12)
(13)

四六

っていたといえよう(四)。母后は生物学的な天皇の母という立場から、王権内における人間関係の要としての「国の母」となったのであり、その権能の源は内裏居住にあったということができるのである。

この後「母后の時代」はやがて終わり、父院の時代、院政期に移っていく。母后と父院の比較のみで見通しを述べると、あくまで天皇への奉仕の場としての性格をもつ後宮を住処とし、天皇権力にあまりに密着する形で力を得たことが、母后の限界であったのかもしれない。男院に準じて女院となった後に内裏参入が可能であった天皇生母はそれゆえに、独自の命令系統を作り上げることを怠り、内裏外で着々と組織を作り上げた男院に、やがてその権力の一部が吸収されていったのではないかと考えるが、この内裏という場がもつ意味と王権構造の変化については後考を期したい。

註
(1) 橋本義則a「平安宮内裏の成立過程」(『平安宮成立史の研究』塙書房 一九九五 初出一九九一の改稿)、b「天皇宮・太上天皇宮・皇后宮」(荒木敏夫編『ヤマト王権と交流の諸相 古代王権と交流5』名著出版 一九九四)、c「『後宮』の成立」(『古代宮都の内裏構造』吉川弘文館 二〇一一 初出一九九五)。
(2) 鈴木景二「日本古代の行幸」(『ヒストリア』一二五 一九八九)、春名宏昭a「太上天皇制の成立」(『史学雑誌』九九—二 一九九〇)、b「平安期太上天皇の公と私」(『史学雑誌』一〇〇—一三 一九九一)、仁藤敦史「太上天皇制の展開」(『歴史学研究』六八一 一九九六)。
(3) 角田文衞「平安内裏における常御殿と上の御局」(『紫式部とその時代』角川書店 一九六六)、目崎徳衞「仁寿殿と清涼殿」(『貴族社会と古典文化』吉川弘文館 一九九五 初出一九七〇)など。
(4) 角田文衞『日本の後宮』(学灯社 一九七三)、西野悠紀子「母后と皇后—九世紀を中心に—」(前近代女性史研究会編『家・社会・女性—古代から中世へ—』吉川弘文館 一九九七)など。
(5) 山下克明「平安時代初期における『東宮』とその所在地について」(『古代文化』三三—二 一九八一)、中町美香子「平安時

(6)代の皇太后は第一章第一節参照。母后の内裏居住と王権については、栗林茂「平安朝における天皇家の居所と王権」（『古代史研究』一四、一九九五）に詳しい。

(7)愛宕元「唐代における天皇家の母后の居所と王権」（『古代史研究』一四、一九九五）。

(8)おんな村校倉書房、二〇〇三）、b「九世紀の天皇家における皇位継承と母―光仁・桓武から仁明まで―」（伊集院葉子・栗原弘編『日本古代の母と女性―王権・国家・社会―』同成社、二〇〇八）に詳しい。一方、河野信子編『前近代の天皇 第二巻 王権と身体』（校倉書房、一九九三）は、中国的男女役割観に倣った九世紀の天皇と王家の女性として、母后の政治的後見が示唆されている。

(9)鬼頭清明「母后の人臣皇后化」（『日本古代国家の形成と内裏』校倉書房、一九八八）、西野悠紀子「平安時代の太皇太后宮職・皇太后宮職・皇后宮職の成立と意義」（『奈良文化財研究所学報』四五、一九八九）。

(10)国村村恵子「皇后と女御」（『同成社 日本古代史叢書 七 共同研究 新・天皇の日本史』第一巻、西武書房、二〇〇一）、西野論文(4)b、橋本註(1)論文a。

(11)橋本註(1)論文。

(12)詳しくは本書第二章参照。

(13)詳しくは本書第三章参照。

(14)皇太子居貞親王は本条三十日条〔十五日〕甲申節会のときに皇太子を降りて下階にて参加。

(15)本条(2)論文。

(16)栗林茂「平安朝における即位儀礼の成立と朝賀儀礼」について、とする皇后拝礼は変化・大嘗祭と同居下が同居子と平安の朝変儀となりその子は母后と同居することは中子に住む子に対し天皇行幸先となっている中子は朝観行幸の点であった（『征王朝儀式研究』吉川弘文館、一九九五）、『家庭・朝観行幸 家と王権』（服藤早苗『平安朝 家と王権』一九九四）。

(17)九の母父の保存成立における儀礼・朝観拝を中心に二「平安朝大嘗祭大嘗儀」二『吉川弘文館、二〇〇四、初出一九九九）。

仁藤註(2)論文。

(18)　『続日本後紀』承和九年各日条および七月乙卯（二十三日）条。
(19)　目崎徳衛「文徳・清和両天皇の御在所をめぐって─律令政治衰退過程の一分析」（註（3）書所収　初出一九七〇）。
(20)　『文徳実録』嘉祥三年三月己亥（二十一日）条、仁寿二年二月庚辰（二十日）条、斉衡元年四月丁卯（十三日）条。
(21)　『三代実録』元慶八年二月二十六日条の僧正法印大和尚位宗叡卒伝に「清和太上天皇為講式之初、選入侍東宮」とある。「入侍」という言い方から「東宮」は場所を指すと考える。
(22)　『三代実録』貞観元年四月十八日条。
(23)　『文徳実録』嘉承三年四月己巳（二十一日）条。
(24)　本文で触れた以外に、仁寿三年二月三十日に天皇が冷然院行幸をしている。ただし母后がいたかは明記されていない（『文徳実録』『紀略』同日条）。
(25)　この可能性については西野氏も註（6）論文の中で触れておられる。また吉川真司氏は「摂関政治の転成」（『律令官僚制の研究』塙書房　一九九八　初出一九九五）の中で、論拠は明確にされていないが文徳と順子が同居していたとされている。
(26)　『文徳実録』『三代実録』『紀略』天安二年八月二十九日条および『三代実録』貞観元年四月十八日条。これらの呼称に混乱がみられるが、同棲したのが順子であることは多くの先学が指摘されるところである。例えば、山下註（5）論文など。
(27)　服藤註（6）b論文。即位式における母后の役割については、末松剛「即位式における摂関と母后の登壇」（『平安宮廷の儀礼文化』吉川弘文館　二〇一〇　初出一九九九）に詳しい。
(28)　『三代実録』貞観元年四月十八日条、同年四月二十五日条、十月二十八日条など。
(29)　『三代実録』貞観三年四月一日条。
(30)　『三代実録』貞観三年五月二十六日条。
(31)　条名を欠くが、「来年御忌条」の次の「十二月晦日啓日御麻条」ともいうべき条に載る。
(32)　『三代実録』貞観五年三月二十三日条で、「内殿、中宮、神泉苑三処」において大般若経が転読されたが、内殿＝天皇居所、中宮＝皇太后明子居所北殿であろう。内裏遷御後も「内殿」にて天皇居所で行うべき儀礼がしばしばなされるが、これは内裏仁寿殿を指す。また文徳天皇は東宮仮内裏時には中殿を居所としたが、中殿＝内殿と考えてよかろう。
(33)　『三代実録』貞観八年十一月十七日条。

第一章　母后の内裏住と王権

(34)『三代実録』貞観十一年十月十日条。

(35)『吉事談』第三「円融院御譲位」。子となさしめ給ふ意によりてなり。

(36)『大鏡』裏書頭書「内裏御入内日記」云、同十二月廿五日御内裏に入らしめ給ふとあり。

(37)『大鏡』裏書四品椎挑親王東宮傳事、当時の妹高子経て清和キサキとしてあけためにである。

(38)御としまう母后の意をを得て待たところしんじたいまいる良房の変とは応天門の変の政敵としている左大臣源信らを女御となり同じ十月女御となり第三子貞明親王を生む。

(39)同村上幸子について

(40)本論文末「職御曹司」四八—五一頁、同『日本歴史』六四一・二〇〇一—二・九六—八、参照。

a 『大鏡文字絵』職御曹司について「中宮職の中にて皇太后宮職御曹司というなり——一」と中宮職御曹司を後冷泉院職御曹司と否定する見方が成り立たないこと

b 鈴木琢郎「太政大臣と職御曹司についての基礎的研究」『古代文化』五八—1・一九六、二〇〇六によれば藤原宮子を同居させるため明らかに史料に職御曹司に存在することは十世紀以後史料に発見される「c　明子について使用している可能性はあるしかし本書第三章第一節参照」。

本事第三章第一節参照。

以上から良房が内裏に同居したのは良房の親臣を特にに執務を行なうに際しても初の幼帝清和朝における史上初の外戚摂政として制度化されて成る良房の私第私邸を日常的に参内する職務を執行できるのでないかよう初めての幼帝清和朝における良房がないた後からにも日常的な参考としても考えてとしてみない。「三代実録」貞明親王を使用すると論じる場合は後の摂政基経も使用したと仮定した説があるしかし母子は関白時母子が摂関長のやっ天皇との関係を展開させる吉川真司氏「摂関政治史論」前掲書註(25)論文。

後見例に照らしても母后は天皇と長長期間同居することに他ならない。 実際天皇の皇族内親王の経路をす次期までに一承継されたはずである天皇貞観十四年十月十八日に内裏の御匣殿に移り天皇の崩御次大皇と内裏同居を続けていった。即ち良房はそれまで政的隠見があったためこのような直線的現政に相応直ちに応見を発見したのは良房の日常的御所を代表する日常所御匣殿曹司であっただろうとなる論は論

特殊な背景があったからといって良基盤でありそれを盤として継承し、不識の清和朝において朝廷に私第私邸の一定感じていないたとしたも同良房との大臣私邸である有力近臣同居しているにはおかし

で政務を行っている。両方の直盧、公方の後見と日常的後見の両方を併せもつには、朱雀朝の摂政忠平を待たねばならない。この時に后とミウチの関係、王権との距離は一気に縮まり新たな段階に入ったと考えられる。

(41) 『三代実録』貞観十四年七月二十九日条、八月二十九日条。
(42) 『三代実録』貞観十八年五月二十三日条。
(43) 大内裏であっても内裏外の職御曹司ならば、先帝キサキが入御することは問題なかったと思われる。太上天皇も内裏外大内裏内に入ることは可能であった。註(54)参照。
(44) 『三代実録』元慶四年十二月五日条、元慶八年二月四日条。
(45) 『三代実録』元慶元年三月八日条。なお西野氏は註(6)論文で、母后は「夫である上皇の死や出家の後には所生の天皇と居所を共にした」とされている。しかし高子は同三年の清和の出家前から夫とではなく所生天皇と同居していた。母后は夫の僧俗や生死に関わらず自動的に所生天皇との同居が可能であったのである。
(46) 『三代実録』元慶四年十二月五日条。
(47) 在原業平との恋愛は有名であるし、兄基経ともうまくいかなくなっていたという。角田文衞「藤原高子の生涯」(『王朝の映像』東京堂出版　一九七〇　初出一九六八)など。
(48) 最右翼のキサキであった基経女の女御温子は東宮雅院を居所にしていた(『宇多天皇御記』寛平三年二月十三日条)。内裏では弘徽殿であったといわれる(角田註(4)書)。
(49) 寛平四年三月十三日、宇多天皇ら母后六十賀を常寧殿で行っている。同年十二月二十日には所生の内親王が賀のため仏経供養を常寧殿で行っている。このとき菅原道真が書いた願文の中に「常寧中殿」の文字がある。さらに翌五年の十二月二十一日には、班子女王が第一皇女忠子内親王の四十賀を行っており、その願文の中にも「中殿」とある(『菅家文草』巻十二)。班子女王の居所が常寧殿であったゆえであろう。
(50) 『紀略』寛平三年七月二十八日条、同九年八月九日条。
(51) 『紀略』寛平五年四月二十六日条。
(52) 『紀略』延喜七年六月七日条。
(53) 目崎徳衛「宇多上皇の院と国政」(註(3)書所収　初出一九六九)、笹山晴生「政治史上の宇多天皇」(『平安初期の王権と文化

五一

(54) 吉川弘文館、二〇一六、初出二〇〇四)。

(55) 陽成上皇の人となりは不可解な部分があるように私には見えるが、陽成自身が宇多天皇の御在所に連れ込まれた大内裏近辺に住まい、門前で直衛の役人と接したというような事態には慣れていたのであろうとみてよいだろう。大内裏に住む人達を再び近侍させようと試みたことが、譲位させられた大内裏住まいの陽成上皇によって動かされていた可能性がある。『扶桑略記』『日本紀略』などにみえる延長八年(九三〇)九月二十九日条の太上天皇の人々を召し、後宮歌人たちの歌集『承香殿女御集』や『寛平御集』等の巻十六 [中宮](下) 〔新編日本古典文学大系『平安私家集』に再び見いだされる。これは沙汰や河原院文集で私たちにあった陽成上皇の宮廷政治的な対立あったこと(結局保延元年[一一三五]六月二十三日条か)、「宮中（中）宮中上皇秋記」にもみえるように、陽成上皇が内裏を見てまわるの禁を破り朱雀門を破ることをした内裏人だったことに合う。

(56) 『醍醐天皇御記』延喜四年四月八日条「太皇太后稳子」に詳しい。

(57) 稳子の内裏進出については、角田文衛「太后穩子」(註(1)書所收、初出一九六二)、藤木邦彦「藤原穩子とその時代」(『平安朝政治史研究』、吉川弘文館、一九九一)、服藤註(6)論文b。

(58) 吉川註(25)論文。

(59) 古瀬奈津子「摂関政治成立の歴史的意義一摂関政治と母后一」『日本史研究』四六三、二〇〇一。

(60) 目崎註(19)論文。

(61) 倉本一宏「摂関期の政権構造一天皇と摂関―」同『一条天皇』(吉川弘文館、二〇〇三、初出一九九八)。

(62) 吉川註(25)論文。

(63) 吉川註(25)論文、同『院政の成立』(山川出版社、二〇一九)。

(64) 悪化した母后陽成朝末期の定子・宇多同母兄弟（天皇四十六日）内裏同母妹の権多女御に基経が服藤註(6)論文a論文に詳しい。なお基経は宇多のサキサセキに選定権をもつ内侍所に強く反対したが、醍醐天皇のサキサセキ選定に時平は母キ穏子に反対していなかった。内裏外の私邸に隠された人々となる母后は非定子の時から宇多院に強行し内裏にとって入内したが多くの学問組と基経の母と同じく、字多に基経の多女に関係がみえ、字多女王が関白待機した激し

なかったと考えられる。穏子入内が祖母后班子女王の崩御前か後かは論が分かれるが、『九暦』では激怒したのは宇多と記載されており、班子女王はすでに亡かった。穏子入内の事情に関しては古藤真平「延喜二年三月の飛香舎藤花宴」(『日本研究』四六、二〇一二)に詳しい。

(65) そもそも宇多は、温子が二十二歳と、今後、皇子を産む可能性もじゅうぶんあった時点で、藤原勞流出身で公卿にも列していなかった高藤女胤子所生の敦仁を立太子してしまっている。また胤子死後、温子を皇太子の養母にしておきながら妻后にはせず、養母としての立后も望まなかったという(『百錬抄』応保元年十二月十六日条所引通公申状)。内裏居住の母后の存在が妻后立后を阻んだことについては、本章「おわりに」参照。

(66) 並木和子「平安時代の妻后について」(『史潮』新三七、一九九五)。

(67) 『吏部王記』延長三年正月二日条、『紀略』同年六月十九日条。

(68) 『紀略』延長八年九月二十一日条に穏子の常寧殿遷御の記事がみえるが、これは清涼殿落雷により卡子の天皇の居所であったため、一時的な見舞いであろう。

(69) 『貞信公記』延長二年八月二十三日条。生後二ヶ月の寛明の御食味始である。また同三年八月二十九日条には、寛明着袴が天皇臨御のもと弘徽殿で行われたことがみえる。

(70) 岡村幸子氏は註(39)論文で、所生子を宮内で生み育てることは平安初期からの皇后の権利であったとされている。しかし服藤早苗氏によれば、寛明親王以前は、内裏に親王内親王が参入できるのは七歳の天皇との初対面儀を終えた後であり、皇太子をえらぶそれ以前父母がいる内裏に参入できなかったという。「平安朝の父子対面儀と子どもの認知─王権内における父子秩序の成立と変容─」(註(16)書所収 初出一九九八)同註(16)論文、本書第三章第二節参照。

(71) また、成人親王の例であるが、醍醐朝には更衣腹の第一親王克明親王が内裏陽舎に直廬を賜っている。当時、后腹親王と第一親王がいろいろな面で優遇されていたことについては、今江広道「律令時代における親王・内親王の叙品について」(『書陵部紀要』二三、一九八一)、岡村幸子「皇后制の変質—皇嗣決定と関連して—」(『古代文化』四八九、一九九六)。

(72) 山下註(5)論文は、八、九世紀の皇太子を「次代の主権者たるべきものとして内裏に対峙する東宮に侍し」たと評価し、律令制から摂関制へ変動する中で幼少の皇太子が続き、十世紀に皇太子を東宮に居住させる必要が、希薄になってしまったとされている。また里内裏時を中心に十世紀以降の皇太子居所の検討を行った中町美香子氏は、内裏という区画意識の高まりや特権化

五三

(73)『九暦』天暦四年七月十一日条。
(74)『貞信公記』天慶四年七月十一日条。
(75)『貞信公記』長保四年八月十七日条。
(76)註(5)論文。
(77)註(57)名。なお、内親王は立太子関係の神事を行った時、数え年で十三歳であった。
(78)鈴木旦正「平安皇后寿殿・梅壺・雷鳴壺に関する研究」(『平安宮内裏の研究』中央公論美術出版、以下註(5)・(57)論文では『略記』天暦七年十一月十四日に藤原師輔邸から『九暦』天暦七年十二月八日に『九条殿記抄』にある「渡御宣耀殿」を大炊殿と認識しているが、実際は宣耀殿への渡御とみるべきである。
(79)『新朝野群載』平安第四臨時十賞貢大嘗会御禊事に「一賞小一条公主有御同輦事」という記事があり、この項目は基本的には中央公論美術出版版『新朝野群載』の例に近いもので、皇太子立太子宿擬華麗を以て凝華舎に移り給以「御同輦」と記されるに至る人々の認識として「御同輦」であったことがわかる。実際の対面儀式が行われたものと解する。
(80)『本朝世紀』天慶四年正月十四日条をみると、綾綺殿に近侍した女御煕子女王(醍醐皇女)が女御を先に出でて常寧殿の居所(保明親王の殿舎)へ香子を還御させたとある。しかし、この時の香子内親王は直接宣耀殿に移住したのではなく、一旦昭陽舎で実際に養子縁組をした後の後の居所(花山院)が保明親王の皇女(実頼女)が出したことから、穏子(実頼女)が出したとみられる。『栄花物語』巻一にも皇女が出した後の実頼が晩安子女御御所に近いと書かれていたことがわかるが、直後に穏子は香子を先例とし保明親王の殿舎に安子女御を近侍させたとみるべきであろう。この居所が不明ではあるが、『春藤霊定官充所事』にもある「春宮」は東宮と解す
(81)平梅儀は隠子の孫であるが、承平四年十一月十二日条には内侍住したとある。『尊卑分脈』には内親王が皇子女内裏にも住したと記されており、親王記(『貞信公記』天慶六年四月十六日、『九暦』天慶七年九月十四日条)『春藤霊定官充所事』(「三条」では「宮」は東宮と解す。
(82)『貞信公記』天慶六年四月十六日、『九暦』天慶七年九月十四日条。
(83)『即位部類記』天慶六年四月十六日、『九暦』天慶七年九月十四日条。
(84)『東都王記』天慶五年四月十九日、『九暦』天暦四年十月十二日条。
(85)『貞信公記』天慶九年四月十四日、『九暦』天暦四年十月十二日条。

(86) 註(54)参照。
(87) 『九暦』「東宮大饗」天暦七年正月二日条。典拠刊本である大日本古記録本日条は「大后去□□月還□□殿」と不明の文字があるが、ここには「年十一」「御弘」が想定できる。穏子鍾愛の孫昌子内親王着袴が、十一月二十八日に以前の穏子居所である弘徽殿に行われている事実から(註(90)参照)、穏子はそれ以前に内裏弘徽殿に還御していることが推測できるためである。
(88) 『村上天皇御記』天暦八年十二月十九日条、『西宮記』巻十三 御入講など。
(89) ここでは後宮という空間に対する穏子の支配力に焦点を当てたが、後宮の人間に対する支配力についてはあまり言及することができなかった。これに関して、后や皇太子への服喪期間等を検討された山下洋平氏によると、摂関期の后の事例において、穏子の場合のみ服喪者の中に「女御・更衣」があっており、しかも殿上侍臣や女房らが村上天皇とも「父母の為の一年」の易月である十三日で除服したにもかかわらず、彼女たちは本服をとげようとしたという(『西宮記』巻十二)。氏はこれを「後宮の支配者であった穏子との主従関係から生じたもの」との評価をされている(「后・皇太子のための臣下服喪儀礼からみた日本古代王権の特質」『古代文化』六五 二〇一三)。この女御・更衣は村上のキサキであるが、夫天皇への従服よりも穏子への本服を優先しているわけだから、長期間内裏在任の后として後宮女性のトップに君臨し続けた穏子の後宮における権能を想定でき、非常に興味深い。
(90) 弘徽殿が利用された例もある。故朱雀の皇女昌子内親王は村上天皇の姪のため、本来は内裏で着袴を行える立場ではないが、穏子の孫であるために内裏弘徽殿で行われている。註(87)参照。
(91) 『吏部王記』承平元年四月二十六日条、『貞信公記』天慶二年三月九日・十日条。
(92) 『西宮記』巻二 十六日女踏歌、『貞信公記』承平二年八月二十八日条。
(93) 角田註(57)論文、藤木註(57)論文、服藤註(6)a論文。以下、この項における各氏の説および例はこれらの論文による。
(94) 瀧浪貞子「議所と陣座—仗議の成立過程—」(『日本古代宮廷社会の研究』思文閣出版 一九九一 初出一九八七)、岡村註(39)論文。なお、吉川真司氏は註(25)論文で、忠平の凝華舎使用、伊尹の淑景舎使用をあげながら、彼は職御曹司など内裏外曹司も用いたため、兼家の時代に摂関の執務空間が内裏直廬に固定し「天皇との直接的結合の深化」がなされたと評価されている。しかし忠平が後宮直廬において除目などの天皇権を代行する例を開いたことは非常に重要であり、兼家の時と深浅の度合いの差はあれ、忠平の時に母后と天皇と摂関の「直接的結合の深化」がなされたと考えてよいのではないか。

五五

(95)承平十年(天慶元年)正月十九日条、同年十一月十三日条、天慶元年十一月二十三日条。

(96)穏子十八日と忠平十八日は母后の内裏在住と連絡する事は易々とはいかないことであったとしても、穏子が内裏に参入する以前には幼帝文子を慰めるための指示などを勤子内親王に依頼したこと、穏子に連絡すべき官職として見える「勅使」に穏子の甥であり同時に忠平の息である師輔を任じたこと、病気平癒の祈祷として参内する穏子を頼みとしたこと(『貞信公記』同日条)など、忠平が穏子の内裏の役割として期待していたことが窺える場面は多い。

(97)岩田真由美氏は十歳の朱雀帝が母后穏子に服属儀礼を行った事を初めとする母后の関与について論じる中で、「平安中・後期の摂関期の母后は隣接する内裏が役割の変容を互いに承けつつ変化していった」(註(57)論文)。しても感じきる場所となったとしており、中宮が内裏に持ち込む権限の明瞭に持ち込まれる権限があった点を指摘している。

(98)『九暦』天慶四年七月十一日条。

(99)『西宮記』巻八「天暦五年十月十六日条」。

(100)『西宮記』巻五「天暦四年七月五日十六日・十六日条」『栄花物語』巻第一「月の宴」『大鏡』第三巻「右大臣師輔」。天慶五年八月、穏子は桂芳坊で行われた外祓に朱雀天皇が成菩提院に居住する以前より内裏以降に行われる天皇の御在所として認識するようになり(『吏部王記』延長四年六月十六日条)、内裏の流れへの中継として同世紀に下る内裏の下に限られていた母后の内裏居住を参照すると、男親王だけでなく女親王・内親王にも資格があると捉える上で即位以来天皇が不在な場所となった内裏に母后と共に参来し、皇子乳母と天皇の関係者、朝朝における内裏の認識の中に母后在住を見出すことになった。

(101)内親王の内裏在住は、これ以前にくらべても皇女が内裏に住んだ例は見当たらないため、不輔母后が中宮組みに理解される側面があったと考えられる。ただし、内親王の内裏居住は逆に当代天皇の母系という(后腹もしくは母生院)より前代から内裏に存在していた天皇およびそれ以降に関わる親王(后腹ほかおよび桓武以降)で、穏子の起床を契機にこの山蔭の『大鏡』第三巻に書かれた院政期以前の内蔵関連として信用できる『栄花物語』巻第一と九条天皇四月十九日条では四〇三〇の三例がある。

(102)『村上天皇御記』応和三年八月九日条。

(103)『代要記』によると『天皇記』にあるように香院殿を居所としていたがこの『略記』で天皇の居所は飛香舎とする記事がある。

(104)照陽舎や飛香舎の記事の経緯にある。

(105)『親信卿記』天延元年二月二十日条、同年六月二十日条。これによると前者は選子の参入と称して煌子も参入し、後者は煌子の退出と称して選子を退出したという。つまり選子は内裏居住の権利を有していたのである。著蓙の腰結を兼通堂の昭子女王（煌子の母）が務めていることからも（『同記』）、選子はおじ兼通一家と親しく、おそらく兼通邸を里第としていたのであろう。

(106)『小右記』寛和元年正月五日条。この時、冷泉上皇の女御超子腹の皇子たちが内裏を訪れている。現天皇と異母の弟妹は内裏には住めず、外祖父兼家邸にあった。

(107) 冷泉朝や円融朝は母后不在であったが、彼らは皇太子あるいは一親王として、生存していた「母后」を紐帯に、内裏後宮において外戚とのミウチ意識を醸成していたことであろう。

(108) 便乗する娘や姉妹がいない摂政であった円融朝の実頼は、後宮に直廬がもてず、藤原氏長者として職御曹司を使用するのみであった。また後宮内の娘の居所を父が直廬として利用するのは摂政に限ったことではないという（岡村註(39)論文）。ただしそれは円融朝以降のことであり、またあくまで宿所としての直廬であって、そこで摂関のように政務をみることができないことはいうまでもない。

(109) 吉川註(25)論文。

(110) 西野註(4)論文。

(111) 並木註(66)論文。

(112) 光孝天皇は所生子すべてを臣籍におろしていた。一般に、次代の天皇は基経系にあたる清和皇子貞辰親王にしようという含みがあったとされている。所生の源定省（後の宇多）らの権威づけにつながる班子女王の立后は図れなかったであろう。

(113) ただし一条朝においては、母后詮子が生存しているにもかかわらず、妻后の定子、あるいは彰子が立てられている。この時期は里内裏が増え、一帝二后並立など皇后制が再び変質の時を迎えるため、また別の検討が必要である。実際には、定子立后後の詮子は要所要所で参入するが、恒常的に内裏に住んではいないようである。一方で、一条朝・三条朝において、二人いる妻后が同時に内裏にある例は管見の限りでは見出せなかった。例えば長保三年二月十日、彰子が内裏を退出すると、翌日定子が内裏に入っているし、長和二年正月、妍子が内裏を退出した後、三月に娍子が内裏に入っている。ただし後一条朝は母后と妻后が同時に内裏に在していおり、また後朱雀朝には、二人の妻后が同時に内裏にいることが確認できる。これらは段階的な后位の変化が見

(14) 院政の成立にともなう古瀬氏の母后にかかわる本書第二章、母后の内裏居住と王権の指摘がある。本書第二章、母后の内裏居住と王権が母后の独自の政治的役割を果たせたことに関しては、藤原兼家の太政大臣任命が「母后の詮子（命）で出されて註(59)論文参照。

いたという生存時にはなかか。

文せての

第二章　摂関最盛期における王権構成員居住法の考察
　　　　──道長の後宮政策とその限界──

はじめに

　第一章では平安時代初めから花山朝までの王権構成員居所を、后中心に検討した。そこでは天皇とそのキサキ、中でも妻后のための閉鎖的な空間であった平安宮内裏後宮が、母后やその所生子や親族へと徐々に開かれていく過程を明らかにした。本章では引き続き一条朝から後一条朝までの王権構成員居所を検討する。史料の残存状況と内裏居住中心の考察のため後一条朝までとするが、この時期は摂関政治最盛期である道長政権期に重なる。道長は従来の摂関政治を強力に推し進めるだけでなく、新たな儀礼や有職故実を創始しようとしていることが、近年明らかになっている[1]。また院政期の後宮の意義や「王家」の創設についても研究が進展している[2]。そこでそれらを踏まえた上で、この時期の内裏の居住法や居所の特徴あるいは変化を検討し、新たな段階に入った後宮と王権の関わりを院政期への流れを感じつつ考察していく。

　なお、主要な王権構成員の居所の変遷をまとめた章末の「表3　居所対照表(2)」を、適宜、参照されたい。

第三章　摂関最盛期における王権構成員居住の考察

第一節　一条朝前期
——長保元年内裏焼亡以前——

第一項　天皇・天皇父母

1　父円融太上天皇

一条天皇の父・円融太上天皇は譲位後当初は醍醐朝以来の後院である朱雀院を御所としていた。第一章でみてきたとおり円融院は出家後も朱雀院を拝領すべく奏請するため円融寺を居所とした。この間上皇譲位後の正親町院を居所としたこともあったが、御所とすることはなかった。

一条朝に入ってすぐにその第一回目の内裏焼亡と、それによる道長の内覧宣下があるのであるが、この一条朝前期の内裏焼亡と内裏再建を検討する前に、平安京内裏を使用するにあたっての使用主体としての政治を主導した摂政関白左大臣を見ておきたい。一条天皇の譲位後当初は同年五月の女影次の里内裏であった東三条院であったが、本来の女影子内裏の焼亡が五月十三日前後のことであって、この時点で内裏の使用された期間は三ヶ月余りにすぎなかった。それにしても、本来の内裏焼亡前の九カ月間わずか三度にわたる行幸であった。実に六月九日（九七九）寛和二年九月十日に内裏焼亡により出家し、長保元年の内裏焼亡以後一年半にわたって長保元年の内裏焼亡以降、

六

たに内裏が現天皇の父、円融太上天皇（正暦二年九一一）に崩御するまで、父の在世中はもちろん、譲位後の正暦年間にも内裏御所とするなど、内裏に入ることはなかった。円融院は出家後、後院である朱雀院を拝領するため円融寺を居所としたが、その正月所と四年半では父院ではあるが、

2　母后藤原詮子（東三条院）

　天皇生母詮子は、円融朝では女御位に留まったが、一条践祚の約一〇日後の七月五日、皇太后となった。母女御が皇夫人を経ずに皇太后となるのは初めてである。また、先例では即位式で皇夫人とされたが、即位式以前の立后であり、さらに立后儀の四日後に内裏に入るという異例さであった。立后儀は里第で三日間饗宴を行い、啓陣が解かれるのは五日後(3)。数週間から数カ月後に入るという日程が通例である。なぜ立后を急いだのであろうか。

　前々天皇女御の詮子はその身位では内裏には住めないため、母「后」の権能である内裏在住とそれを前提とした「後見(4)」の一刻も早い開始を期待されたのであろう。その上で、同月二十二日即位式を睨んでのことではないか。即位式への関与の変化から、摂関と母后の権能を意義づけされた末松剛氏は、朱雀母后穏子の時に母后の座が大極殿北楠西廂内となり、後一条母后彰子以降は高御座に同座したことを明らかにされた(5)。史料が残らない詮子について、氏は慎重に参加の有無を不明とされ、註で同座の可能性に言及されている。が、同座はともかく、穏子同様、八省院行幸同輦と北楠西廂内への伺候は間違いなかろう。どちらも母后権威の源ともいうべき「後見」を可視化する重要な行為であり、これに間に合わせるために異例の早さで立后を敢行したと考えられる。実質的な主体者である摂政兼家が、即位式二日前に右大臣を辞任し、他者と隔絶した地位に自らを引き上げたこととも対応している。即位式において母后詮子、その父摂政兼家による幼帝擁護の新体制を宣言することができたのである。

　詮子はその後も天皇とたびたび同輦し(6)、翌年朝覲行幸でも天皇と同輦で夫の邸を行き、内裏に戻った(7)。また母后として、内裏昇殿者と君臣関係を結ぶ中宮大饗を内裏で行っている(8)。一条朝当初、父円融は生きていて天皇に対して父権を行使できる立場にあったが、内裏には入れない。一方、生母は夫の生死に関係なく内裏に居住することができる。後家、つまり死んだ夫の代行ではなく、内裏居住とそれに伴う「後見」は母后独自の権能なのである。

第三章　摂関成立期における王権の考察

事が行われる場合であっても内裏に排除されるということは生活の場である内裏「小右記」「日本紀略」では神事期間のための神事最盛期である場合であっても同時に穢礼のあった数日間には内裏への禁忌があったかと言えば、正暦元年九月十七日条には必ずしもそうとは限らない。正暦元年九月十六日、一条天皇の女御藤原定子が内裏に入る。「小右記」によれば、その日のうちに父道隆が急死したため、定子は内裏から母后の居所である東三条第に移った。その後東三条第は病気となった定子が内裏参入を促す可能性があったと考えられるが、天皇は病気であっても母后の居所への移御を断念させられている。このように、天皇が内裏に留まり母后の居所の参入を促したという事実が、内裏に入った時点ですぐに排除されるということではなく、病気や穢礼などが発生した時にのみ排除されたということであったように見える。つまり、内裏居所である内裏に居住することによって天皇が内裏に留まるために必要な居所が母后の居所であったということを裏付けている。翌年から天皇が内裏を離れた後も母后の居所に参入しているが、無理な場合も少なくなかったため、大上天皇は「後」の位重要視された。上天皇が内裏に準じた地位に置かれていたため、天皇や母后が上朝覲行幸を受けるようになる。「命婦宣長を下す道風が朝拝を下すこととなり、天皇主上朝覲行事が影響した主上下される主となるというもの。

梅壺は諡子の内御所であり、神事期間以外は天皇居所となっていた。以来の半年間、天皇居所の殿舎だった梅壺そのものであったと言えよう。天皇居所の入れ替えは父院による内裏参入を阻止するための条件にあり、天皇は天皇居所を居所としつつ、内裏参入を促す居中となる可能性は否定しがたいが、梅壺を抜けて居所とした場合や位の存在が居所となるため、梅壺朝臨にある清涼殿（繋華舎）出家者出家を清涼殿は穢れてしまう。

という後見人の内裏への出入りが一条天皇後のある居所内裏への信仰的な障害から排除され出家者が主は病気と認識が見えないところ梅壺の御所であるということはからだ。女性居所は神事終了後の著排除されたため、後の里第は里居に天皇定子は折に内裏にある土御門第の日記する神事終了後は母妹の里居所であるが、母后の居所への参入は記事に見られる「後宮参入した」天皇とは女見る物居所として落飾することにより内裏は留任により大上天皇の後見とあるから出家者となるため、貴族社会のコンセンサスを得るためのなく准らされる形式した。

ない。にもかかわらず一条がすぐに清涼殿に入らなかった理由に、母后との同殿は想定できよう。朱雀朝初期の功存と母后の先例もある。梅壺はしばしば皇太子宮となるが、一条朝においては皇太子居貞は一度も使用しておらず（後述）、詮子出家後の長徳年間に一時、妻后定子が使用したのを除き、誰の居所にもなっていない。とはいえ、天皇が清涼殿に遷った後は、より近く格式も高い弘徽殿が朱雀朝・村上朝同様、母后居所とされた可能性がじゅうぶん考えられる。同じく清涼殿に近い藤壺（飛香舎）とともに、詮子出家前は誰も使用していない。史料がまったく無いためこれ以上の推測は困難で、母后居所は不明とするしかない。

一方で、出家後、参内した折の滞在場所として、清涼殿の上御局が散見されるようになる。例えば、修子内親王着袴の時には「一宮参上、詮子上院上御廬給」とあり、里内裏時期の長保五年による「院、上々御宿所給、献菓子等」という記事がみえる。本来は天皇がキサキを籠幸する場として設けられた清涼殿上御局まで母后が占有している姿は、後一条朝・後朱雀朝の彰子にも共通し、管見では詮子が初例である。成人後であってもこれまで以上に天皇居所近くに入り込む母后の空間支配、ひいては天皇への支配の強さが際立つのである。

以上のように、一条朝は当初三年半キサキがおらず、母后姪の定子が皇后となる次項で見るよう約六年で落飾、再び事実上の妻后不在時期となる。一条朝前期の後宮は、長期間、母后（母院）の支配下にあったのであった。

　　　第二項　天皇キサキ

１　妻后藤原定子

一条朝最初のキサキは、皇后となる藤原定子である。入内は天皇元服から間もない正暦元年（九九〇）正月二十五日、時の摂政兼家は祖父、同年十月の立后時の摂政は父道隆であった。母后はおばにあたるという絶大な後ろ楯勢力

第二章　摂関最盛期における王権構成員居住に関する考察

の定子の修した『枕草子』所収の居所は、定子が内裏居所に最初に着した時基本的に花山院登花殿であった。また同年四月十日には一条後宮のキサキの一人として入内し、花殿が登花殿であることが確認できる[20]。定子の内裏居所は登花殿を独占していた[19]。妹の皇太后原遵子も同四年に対面所時去り、以後清涼殿に中関白家に[21]。道隆の経過によると、中宮御曹司の話が見え、それが利用された点から、内裏居所が定められていないことが見出せる[22]。他方、皇太后原遵子と子の內裏居所は清涼殿に退去後、中関白家に[23]。子定子の修飾王着子定子が母同居とれる月に中宮御曹司とする修飾王親子定子が中宮御曹司と話着する修飾王親王着修飾すが、登花殿への登花殿の登花殿の登花殿と出された点から「中宮不在のため、不便な面があったと考えられる。長徳元年四月、梅壺に母の定子の父道隆薨去直後に、登花殿を居所とする認識があった[24]。しかし長徳二年定子は落飾した。二十五歳以降、五年月五日には中宮として長徳三年六月、自身が斜陽となった長に「不徳」と批判されたが、天下中宮御曹司のリンジャンと出された点から、退席という問題に何の失脚と甘日批判された長徳二年以降、内裏の排除により風説もあった定子の内裏参内何の問題にも考えて大内裏が内裏から退いたことでは見有力な母后藤原詮子があげられる[25]。定子内裏司任を、その後院の譲渡内裏は何の問題もない出家皇后の内裏司任を考える理由により変更された后妃の内裏司任は同例で、長徳の変以降、尼后居所とされた対象となる特別事件の尼后居所に対して、政治的な理由による長徳の変以降の変更であり、事由として除く、対象とするが疑われたらにが口実にすぎず、神事中である上日事件について批判がなされる中、定子が半ば神事について批判がなされる中、定子が

半ば口実にすぎず、神事中であっても定子が批判の対象となる特別事件はないため、あくまで事件を除き、政治的な理由による長徳の変以降、尼后居所とされた対象として同例で、長徳の変以降、尼后居所とされた理由により変更された后妃の内裏司任を考える由に変更された后妃の内裏司任は何の問題もない出家皇后の内裏司任を考えるにあたり母が薨去後も内裏居住に任在することに安当なものがあるが、それには条件となり、道長に受け入れられず、し、道長主導の権威社会における皇子の生母ってとが定されることもあり、母の皇族社会における貴族社会における貴族社会における現天皇の立場として、子の落飾においての天皇の内裏

六四

妻后が内裏から排除されるという前代未聞の状況が生まれ、逆に内裏から排除されることで不完全な皇后であることが可視的に表現されることとなり、ひいてはその所生の第一皇子の立場の弱体化にもつながりかねなかったのである。

これまでみてきたように、后にとって内裏を居所とすることは重要であった。内裏は儀式・政治の場であり、権威の源であった。しかも妻后にとっては天皇と同じ場にいることで、次代の母后となる可能性をより高くする皇統再生産の場ともなる。しかし定子以降、内裏を恒常的には住むことができない妻后が散見される。内裏居住という当たり前にみえた権利は妻后にとって自動的に手に入るものではなくなり、後ろ楯の有無、特に摂関の主導者との関係によって、左右されるものに変化していくのである。

定子の里第は、父道隆二条第の北半分にあたる二条北宮であったが、長徳二年に焼亡する。以後は主に中宮大進の前但馬守平生昌の邸宅竹三条宮に住み、ここで崩御することになる。

2　キサキ（女御など）

一条朝前期における定子以外のキサキは、定子が出家した長徳二年に入内した藤原義子・藤原元子、同四年に入内した藤原尊子の三名である。

義子は大納言公季の娘で弘徽殿を居所とし[27]、元子は右大臣顕光女で承香殿を居所とした[28]。尊子は故関白道兼と二条御乳母典侍藤原繁子（師輔女）の娘で、暗戸屋女御と呼ばれたという[29]。暗戸屋とは清涼殿または後涼殿にある女房曹司で、一般的に尊子がここを曹司としていたとされる[30]。本当なのであろうか。

尊子が入内したのは義子・元子入内から二年後、御匣殿別当としてであった。道長にとっては故人である兄道兼と叔母である天皇御乳母典侍の子である。彰子がまだ十歳ということもあり、入内にあたっては支援をしていたらしい[31]。

第三章　摂関最盛期における王権構成員在任法の考察

入内翌年に内裏焼亡となるのは、摂関最盛期における女御の一人彰子も同じで、長保二年八月十日条の女御彰子の曹司女御「藤壺上御局」であったが、次年六月八日に内裏焼亡となる。それで彰子が居所とするのは「飛香舎」との内裏外にある後涼殿と皇后定子は一条天皇の居所仁寿殿に仕えさせる女房数人のうちの一人が後年、尚侍綏子の露顕を居所とし仁寿殿を伴い後涼殿、清涼殿を巡るのであるが、「藤壺女御」と呼ばれたのは次の承香殿女御元子とそれ以後の女御局であることから、その曹司とした部屋が「藤壺女御」の通称とされたのかもしれない。『大鏡』『栄花物語』など史料に「藤壺」と記されており、『小右記』寛弘元年十一月十五日条に「藤壺女御」と記しているのは既に中宮となって以降のこと。曹司女御の名は、彰子以前には三条天皇尚侍綏子のみではない。

綏子の母藤原為時の局であった「藤壺」を、彰子の曹司「飛香舎」と同じ居所であったと考えられるから尚侍綏子の母の曹司として立后以前の彰子の曹司とが繋がらないのは当然であるが、名「藤壺」が繋がるかもしれない。『権記』寛弘元年十一月十五日条曹司女御の名は東宮妃未来の女御を巡っての記事が参考になる。

定子はみずからの居所に入った乳母の曹司御匣殿としたためか妻后定子は御匣殿女御と呼ばれたためいわゆる棋関時代最盛期の花期以降の母以外の曹司女御は昌子内親王に立后以前不明である。(34)

第一の大納言定方がいたかは自然でないのはキサキの名で母ぎみの名が尊子のやり取りがあり事実参考近の殿への引用にかが記される名前のかれた名は尊子の呼びに記されたこともむしろ参近の殿へと『記』の下の名前で呼ばれた。

御匣殿女御の名は、御匣殿女御の母の御匣殿別当として高位の女官に任ずる例は史料では『御匣殿別当』に

なにしのように保寧二年住司御匣殿女御を御匣殿と語るのはあるが居所としたためかで繋ぐかたゆえ入れる御匣殿女御とたいうとえる棋関時代使うたえる定子が登亙花が摂関時代最盛期を使う花

天皇の長保二年は御匣殿女御に母曹司定子にあてて「女御」と記し

固か舎殿御呼ばれるようにしていたと局とて使たいキが、藤原信殿が使る娘が大納言のは弘徽殿を使う弘徽殿大納言と呼びたったの藤原信子というよ後官の殿舎の固

(32)
(33)

第三項　皇太子

1　皇太子居貞親王

ここでは一条朝の後宮殿舎における一大勢力、皇太子関係をみていく。[35]

一条朝の皇太子は天皇の従兄居貞親王である。父は三代前の天皇冷泉、母は藤原兼家女で居貞の同母姉の女御超子で、円融朝に卒去している。冷泉太上天皇は、円融朝は朱雀院を居所とし、一条朝では長徳元年（九九五）正月に居所鴨院が焼亡し、東三条殿南院に遷御したとの記事がある。次節で詳しく述べる。

居貞は一条践祚の一月後の寛和二年（九八六）七月十六日、居所であった祖父兼家の東三条殿南院にて元服、皇太子に立つ。翌年正月に東宮大饗を行っており、立太子後の早いうちに内裏に入ったと考えられる。殿舎について確認できるのは一条朝後期の内裏時期における梨壺（昭陽舎）のみであるが、一条朝前期の内裏においても梨壺であったと考えられる。それを明らかにするために、皇太子のキサキ居所について検討する。

2　皇太子キサキ

最初に皇太子キサキとなったのは生母超子の異母妹、つまり居貞の叔母にあたる摂政兼家女綏子であった。永祚元年（九八九）十二月九日入内、[36]身分は尚侍、居所は麗景殿である。『栄花物語』によれば、麗景殿の細殿は殿上人たちが集まり人気のサロンであったという。しかし時期は不明だが、源頼定との密通事件を起こす。[37]『大鏡』によると妊娠していたという。発覚後まもなく内裏を退出し戻らなかったものと思われる。長徳三年に母居貞詮子が「土御門尚侍家」に、翌四年には道長が「尚侍が住み給ひし土御門」に渡御しており、[38]それ以前にすでに内裏を退出し、土御門

第二章　摂関最盛期における王権構成員居住法の考察

殿に住んだ権力者として異母姉妹である東宮キサ子女王がいたため内裏には綏子のみが入ったのだろう。一条朝前期の段階では長保三年（一〇〇一）に至るまで正暦五年（九九四）十一月一日の居所記事以降、正暦四年（九九三）十一月一日に即位したとする上記の記事を踏まえると長保三年の居所記事が確認できる最初の対面儀は正暦五年十一月一日の誕生の敬の儀で、居所が内裏であると記しているものも含め何人もの子が誕生したとしているが、内裏に天皇と皇太子が同居したとは考えにくい。すると、当時の皇太子は居貞親王が内裏に在住しており、内裏に成人の皇太子が居貞親王の内裏における世話を内裏渡御以前に行っていたと考えるのが妥当であろう。父村上天皇の居貞親王が正歴四年（九九三）九歳頃から城の対面儀に行ったため、長保年間までは実城の居所のみが描かれている『栄花物語』に十七歳頃までは対面の実城の居所では描かれていないのであろうか。十七歳までは対面儀がなかったか言及が少ないのであろう。皇太子が内裏に入る前の居所は城であった。つまり綏子が産んだ子が周囲に話される当時は信頼関係が悪くなったようで内裏関係が悪くなっていたため綏子のみが内裏に住み産んだ子であろうという未来予想された子の周囲には話が生まれていないため天皇定子が産んだ子は現実に村上天皇の女御芳子の居所済時の女御綏子の妹であった父内大臣道隆の女御耀殿御在所「強盗が入り」女房たちの衣装を奪ったという事件が起こった。甥が七月二十四日に母姉妹の同母の同族元服だが、同年二月四日の月十日にあらかじめ病に配流され父道隆が登花殿周隆が四周防守となった後に兄伊周・隆家が道長と対立の場であったため病床に対面「参り給ふ」場合は『小右記』

三人目の皇太子娘敦康親王の女御道隆女原子が入内した関白道隆女耀殿在所「所」内裏となっていて原子は居所である。同年妊信により定子が稟殿であった同母妹の女房たちのもとにあるらしい女房たちの衣装を奪い事件にて在住していたが不在であった内裏ではなく皇太子が内裏の周辺の居所何んとしてたが子であるとしてた子は四王子に設定されな

判断できる四王子であるのだろうかあるいは天皇の御子であるうちまだ名をつけた四条と内裏殿として入内華やかに出仕した内裏原子は稟殿である『小右記』

子はこの三人が目の皇太子女御

難しという状態となり、この年の十月頃に居貞から堤の原子に文が届いている[43]。その後内裏参入についてはよくわからないが、それでも一条朝後期にも皇太子御所についたことが確認できるため（第三節参照）、道長政権下においても参入の機会が無かったわけではなさそうである。

以上、三名の皇太子キサキの居所をみてきたが、これらから史料では確認できない一条朝前半の皇太子居貞の居所が推測できる。

内裏図をみれば明らかだが、皇太子キサキたちの居所である麗景殿・宣耀殿・桐壺はどれも内裏の東半分に位置している。それらの近くで皇太子居所の可能性がある殿舎は、梨壺しかないのである。

改めて一条朝前期に使用されている後宮殿舎をみると、妻后定子が登花殿、途中からではあるが、天皇女御たちが弘徽殿・承香殿、また初期の半年間は一条（と母后詮子か）が、長徳年間の一時期は妻后定子が梅壺を使用している。もと后の宮の中心殿舎であり、この頃は五節くらいにしか使用されない常寧殿、御匣殿などの女官が使用する貞観殿を除くと、使用されていないのは、藤壺・雷鳴壺・襲芳舎、そして梨壺だけである。成人した皇太子が清涼殿近くの藤壺を使用することは考えにくいし、当時は使うことが稀であり、さらにキサキ全員とも非常に遠い襲芳舎を使用することもないであろう。一条朝後期長保二年の新造内裏遷御の際、梨壺に入御していることもあわせて、皇太子居貞は前期において梨壺を居所としていたことが推定できるのである。

天皇と皇太子というそれぞれキサキをもつ存在が内裏に二人おり、しかも親子でも兄弟でもないという非常に珍しい状況にあった一条朝において、天皇居所清涼殿と同じ西側の後宮殿舎は天皇に属していたが、東側殿舎は皇太子に属しているという住み分けがされていたことになる。この居住方法はこの後もしばしばみられるようになる[44]。このことは、天皇のみに属し、政務や儀礼の舞台であり、閉鎖的であるからこそ保たれた内裏という特殊な権威空間が、

第二節 一条朝前期　　　　　　　　　　　　　　　　　　　　　　　　　　六九

第二章　其間盛期における王権構成員居住任地の考察

直接が単なる内裏と天皇家族親族の居住場所に留まらず、后家をはじめとする王権構成員たちの居住場所ともなり、后が待ち得るようになった内裏とはいかなるものであったか、新たな展開のあった内裏に入ることができる人は数少ない特権的な人々であるとはいえ、内裏は一段開放的に天皇の王子

等四項　その他の后

最後に、昌子内親王・内裏に住んだ后以外に触れておきたい。

まず三条宮が焼亡した際に、大内裏外に住むとされていた昌子内親王は大内裏内に入っており、修理職南舎を居所とした。三条宮が復興するまでの長保元年（九九九）二月の約一ヵ月間朋御まで三条伯父冷泉太上天皇の基本的居所があった大内裏外に住んだ后ではあるが、大内裏外に住んだ后であった醍醐の嫡妻として隣接する父多宇多院の基本的な居所である可能性があり、大内裏以降は父字多院を基本的居所とする円融皇后遵子に入れ、彼女はうち

以上のように、大内裏内には基本的な后である中宮を検討する。

円融后遵子以降の大内裏の中にあった本来の父の邸であった里第四条宮を居所とした。一条朝前期以来、后の公的性を感じさせる物理的交流があった后以外の后の修理職南舎に居所を特殊しているのであるが、一条朝初期の内裏物事例である。（第一章参照）後山朝期の大内裏にはだけ内裏司の職曹司が置かれただけで、円融実子・藤原遵子と正暦三年（九九二）大宮東一名を使用した。

七〇

第二節　一条朝後期
　　　　——里内裏時代——

第一項　一条天皇

　長保元年（九九九）六月十四日、内裏で火災が起こった。一条朝における一回目、平安宮内裏としては五回目にあたる内裏焼失である。代わって里内裏となったのは、母院詮子が一条の後院として修造し、この時、自らが住んでいた一条院（一条大宮院）であった。

　翌二年十月十一日、新造内裏に還御するが、同三年十一月十八日、再び内裏は焼亡し、この時も一条院が里内裏となる。同五年十月八日、新造なった内裏に還御するも、二年後の寛弘二年（一〇〇五）十一月十五日に三たび焼亡する。当時は一条院が修復中であったため、まず道長所有の東三条殿に遷御し、修復終了を待って翌三年三月四日に一条院に移御した。やがて内裏が新造されたにもかかわらず、天皇は還御せず、一条院を居所とし続けるという事態が起こる。そして寛弘六年十月五日に里内裏一条院が焼亡すると、道長の枇杷殿へ遷御し、翌七年十一月二十八日に新造一条院に還御する。そしてこの第二期一条院内裏で譲位し、まもなく崩御したのであった。

　このように、一条朝で主に里内裏に使用されたのは一条院であった。天皇居所には内裏仁寿殿の位置に相当する北対を主に使用している。ただし、時期によっては内裏清涼殿の東西逆の位置にある東対も使用したようである。

　ここで疑問となるのは、なぜ一条は寛弘年間に大内裏内の内裏に戻らなかったかということである。これについ

第一章　摂関院政期における王権構成員居住の考察

第一章の対立するものとして、あらゆる天皇と藤原道長仲平は、良房が内裏小御所に在住するとともに、天皇と藤原道長仲平は、例えば三条天皇と藤原道長の同例と同じまでに、多回目は宇多朝の蔵人所別当・三条天皇と道長の対立である。この同衡例は、一回目は多回発端を発するが、天皇との対立である。文徳朝のように理由にいて、それ以降に配置されたためもあり、天皇経基の皇位を巡る基礎とて考えようと自然なものの対立てみたにわられたしてもあるとそれであろう。そらに天皇はしかし、これを

あるいは造営親王位にあって、十六日前皇居所皇太子居所により造営事由に『朝世紀』『本朝世紀』以外の言及及び時期残っているうち）。内裏以外に突然還幸居所にういてがそもそも必要不可欠であり、可能「耳目」と選した所に遷宮予定消し上げるまでしまれるのには配慮えての〇〇僧を配置していることのではないかと思と推察される。「御堂」「権記」「紀略」「御堂」の行ったかの十五日紀』では

御読経には「とあるのになしかずが計時に内裏に還御したこかは明らかない。これは明らかなる十六日の諸社奉幣が行われ、十一月十四日内裏が焼失した寛弘一年二月十六日の諸社奉幣は十六日の僧一〇〇人による御読経を理時として申し出てわすべて内裏を新造す
還御予定るのはしかし、内裏を新造したところから「三条朝十一月二十九日内裏焼亡した時にもかかず、還御申請社は行って山陵に検非違使発遺され、二十一日に諸社奉幣十七日に内裏焼亡した時にもかかず、還御御『権記』『紀略』『御堂』にも山陵に検非違使発遣され十月二十二日新内裏造営始められた「紀略」清凉殿を再建するべき一条朝では朝幣を諸社に遣されるという十五年朝幣を諸社に遣されるという翌三年に内裏焼亡したは御読経は南殿清凉殿始造営され月御読経は南殿清凉殿始造営
院政期には十七日に山陵使選之を記

奈良・藤原宮には速やかに朝上期に言及した時期に言及したこの時期に村上朝以来論として管見の限り京里内裏で明らかなるが、京里内裏は

だけではすまない言説が残るのも事実である。一条崩御後「叢蘭欲茂秋風吹破、王事欲章讒臣乱国」という反故紙をみつけ、道長が「吾が事を思し食して書かしめ給ひたりけり」と破り捨てたという『古事談』の話である。少なくとも、道長には一条に恨まれる心当たりがあった事実でなかったとしても、このような言説が流布するくらいあるだろうと周囲に思われていたことになる。

二人の対立点といえば、真っ先に想起されるのは次の皇太子位、あるいはそこに結びつく彰子懐妊に関することであろう。この当時はまだ彰子に子供はなく、道長も彰子も亡き定子が産んだ敦康を猶子扱いしており、天皇と同じ方向を向いているようにみえる。しかし一方で、年明けには彰子も二十歳、猶子関係を結んだ数え年十四歳という出産が望めない時期とは明らかに状況は変化している(48)。実際、この年九月後に皇子を出産することになる。敦康の即位を望む天皇が、彰子腹の皇子を切望する道長と同じ温度で彰子の懐妊を願えるはずもない。二人の間に潜在的に存在していた対立が、この時に表面化した可能性はあるのではないか。

さらに還宮に引き付けて一つの仮説をたてるとすれば、新造内裏における女御曹司設定の問題があげられる。実はこの時期、一条後宮には彰子以外のキサキの姿がみえなくなる。詳細は後述するが、女御元子が参内したものの、人目を憚るようにその夜のうちに退出したのは、この八か月前のことであった。一条院内裏には西対に女御曹司が設定されていたにもかかわらず、この一回を除いて、三人の女御が内裏に参入した記事はない。彰子懐妊を切望ししかもなかなか実現しないことに焦り始めているであろう道長が、天皇が他の女御を寵幸することを望むわけはない。事実として、この還宮問題以降、内裏後宮から彰子以外のキサキが消えていくのである。キサキ関連ではなく政務関係のことであったとしても、還宮直前に一条と道長の間に何らかの衝突が起こったため、突然、還宮自体が中止されたのではないか。

第二節　一条朝後期

七三

第二章　摂関期最盛期における王権在住居に関する考察

一条天皇と道長を結ぶ紐帯たる母后詮子が没したとき、道長を優先する以上は、仮説をせよ結ぶに足るという本当に説があったとすれば、それが説であるということができないとき、その原因を紐解くことができない。そもそも母后を主張する上で、皇后詮子は寛弘三年未完成であり、その時期における棋関家の成立した中で皇后詮子は寛弘三年未完成のまま崩じたため、完成した内裏に天皇とともに入った立場の天皇と道長との関係を深く分析するとき、棋関家の関係を内裏へ入り込ませなかったかもしれない。一条天皇が内裏に戻るようになったのは、寛弘八年六月十三日、病により東三条院に譲位し起こすと同

結局、二条第にて崩御した。

天皇は寛弘三年未完成の完成を必要とするように見えるが、棋関の中にあっても完成した内裏に天皇が入った立場として、道長の皇后詮子は破綻を立てる天皇と内裏への関係を深く入り込ませなかったかもしれない。一条天皇が内裏に戻るようになったのは、寛弘八年六月十三日、病により東三条院に譲位し起こすと同

次に天皇の直系尊属である母后藤原詮子

第二項　母院藤原詮子

長保元年（〇〇〇）十一月一日、皇后嘉子が生まれたのは無事に済んだという。十日、天皇は東三条殿に移り、一条上道長の東三条殿の新造内裏と同居する間、道長と同居期間の内裏焼亡によって長保四年（五〇）六月十六日以降長徳四年（九八）六月九日以上に皇太后詮子内裏の後院となるという。

折しも触穢により母后の御殿として住む本官とした内裏を出す道長の直系尊属する無視を移す一日、天皇と道長の東三条殿に遷御した。天皇と同居するかのような好対照であるかけたが、冷然とは対照的であっただけに皇太子敦成親王の後院として朝廷の仁明上皇が冷泉なるとしに対し、円融朝から一条朝に至るまで、天皇の仁明上皇が冷泉なるとしに対し、円融朝から一条朝に至るまで、朝廷における宮の本院にある上皇は、皇子の譲位の翌日（三）。

母后より御門を本官として内裏に所属する上日系尊属する無視を移す一日、天皇と同居期間の内裏焼亡によって土御門殿を経て新造内裏に戻るという好対照であるかけたが、冷然とは対照的であっただけに皇太子敦成親王の後院として朝廷の仁明上皇が冷泉なるとしに対し、円融朝から一条朝に至るまで、朝廷における宮の本院にある上皇は、皇子の譲位の翌日。

以上を優先を道長を結ぶに道長を結びつけるとき道長の直系尊属する母后である以上は仮説を導き出すことを本当に結ぶにかから紐帯する母后である以上は仮説を結ぶにかから紐帯するという本当に説があったとすれば、それが説であるということができないとき、その原因を紐解くことができない。

以上を優先を道長を結ぶに道長を結びつけるとき道長の直系尊属する母后である以上は仮説を導き出すことを本当に結ぶにかから紐帯する母后である以上は仮説を結ぶにかから紐帯するという本当に説があったとすれば、それが説であるということができないとき、その原因を紐解くことができない。そもそも母后を主張する上で、皇后詮子は寛弘三年未完成であり、その時期における棋関家の成立した中で皇后詮子は寛弘三年未完成のまま崩じたため、完成した内裏に天皇とともに入った立場の天皇と道長との関係を深く分析するとき、棋関家の関係を内裏へ入り込ませなかったかもしれない。一条天皇が内裏に戻るようになったのは、寛弘八年六月十三日、病により東三条院に譲位し起こすと同

四

った。晩年の詮子はここを居所に定めたようで、母をなくした一条皇女脩子内親王がひきとられたことが『栄花物語』にみえる。詮子は、同三年閏十二月二十二日、東三条殿から方違した先である院司藤原行成の東院第にて崩御した。

第三項　天皇キサキ

1　妻后藤原定子

妻后定子は、前節でみたように、父道隆薨去および長徳の変以降、有力な後ろ楯を失い、さらに出家者となる。后位を停止されたわけではないが、神事を執り行うこともある后として不完全と看做され、これが后並立の際の言い訳となる。もはや内裏には住めず、基本は里住みである。ただ、所生の皇子女の生育儀礼の関係、また天皇の私的な感情によって、内裏に参上することもあった。その折は、内裏外にある后宮職に付属する職御曹司を主な居所としたのは『枕草子』などに詳しい。

一条院里内裏への参入は二回確認できる。長保二年（一〇〇〇）二月十一日～三月二十七日と八月八日～二十七日である。一度目は彰子が立后儀式のため里第に退下しており、この間に所生の敦康親王の百日儀を天皇臨席のもと行っている。定子はどこを居所としたのだろうか。

百日儀の記事に「主上渡御北殿、上中宮寝殿」とある[5]。通常、百日儀は母の曹司で行われるので、天皇が定子がいる「北殿」の上御局に渡御した、これが北対のことだとすると、一条院の北対は天皇居所となることが多く、清涼殿代として上御局が設定されている。この時の天皇居所は不明だが、北対上御局に定子の御座があったと考えておく。

第二章　摂関最盛期における王権構成員居住の考察

かとあろうか。尊子の皇女としての立場であれば、内裏に参入しても問題ではない。前回目の定子内裏参入と同様、立子は内裏後宮に住むことができる影であった。一人の妻と二人の子供が同時に内裏に住むことになれば、定子の今生別れになるため、これは一条の今生の別れになるため、定子の内裏退出は恒常的な内裏への出仕ではなく、一日から十六日の十六

2　キサキ（女御）以外の女御宣下

定子の例からも分かるように、西暦一〇〇〇年以前の史料に「女御宣下」の記事は見られない。しかし『権記』長保元年六月十六日条は以下のようにある。

北次他のキサキのキサキ対前述の義子に命が下されたのかは定かではない。可子給之雑事仰司事

（女御）

たが命が下されたのかは定かではないが、可子給之雑事については、前述のように天皇の徐々に史料から消えつつある一条院女御義子に人事に関わる別当を設けたとにされている。これには女御の朝廷別当をは人事に関わる変更点があったこと条院御女御司をしたことになる。すでに銀位前の天皇に参子が入たため、尊子の条院の五月の事である何せよ、一条朝後期別当をは朝廷別特徴であるに特殊の御国殿女御以外の史料に年給たまで月七日一日に十六

『御国殿女御以外の史料に年給たまで月七日一日に十六

受けたのは翌年ほない。以上女御の名だが、[53]仰頭井成だが為子女御の長なり保元年六月、司以仰頭まみえるのは『権記』よって条里養子と同名司以上で達す元年六月六日条であるこの条里元は内養子としてとされた。すまで修子内親王の参り尊子内親王の参日当であるため、これは稲と尊子の尊子で内親王の参日当内裏に新院内裏に女御宣下を事が登場するこれに日「女御宣下」で尊子は退出して唯一の天皇に仕え女御は権弘とで見える。権記』寛弘三年二〇〇五）二月が記されている。尊子が内裏で受けだけで裏に出しているのであるから、にはしないとは内裏に参入したことを結ぶ役を奉仕したことに、前日の参入しているのは、日三十六日条と小あることを銀位を内裏したに

ろをみると、儀式が終われはまた退出している可能性が高い。

　天皇との交流がみられるキサキは唯一、元子である。長徳三年（九九七）に懐妊を報告するも結局出産がなかったことを恥じて里がちであったという。しかし天皇の寵愛は篤かったようである。長保元年九月に一条院内裏に参入し、七月の割当とは少々ずれるが、西対東北角に入ったことを道長が書き留めている。その後退出した元子に対して、翌年四月頃、天皇は「人知れずおほつかなく思ひ聞こせ給て」、わざとの御使には覚しめしかけず「御文忍びやかに通はし給」うたという。天皇が自分のキサキを「人知れず」思い「わざとの御使」ではなく「忍びやかに」文を出さなくてはならないのは何故なのか。天皇が元子に文を出したことは結局道長に漏れてしまい、自ら謹慎した御使の女官に対して、道長が「参らぬこそ怪しけれ」と不快に思っている様子が『栄花物語』巻六に描かれている。さらに東三条内裏期の寛弘三年二月にも元子が参内していることが「承香殿女御参、白地夜内退出云々、輦車云々、挙燭者六位・五位並四人許云々、手車後立女方五六人」とまたも道長が書き留めている。人目を忍ぶように夜のうちにすぐ退出したが、元子の最後の参内となった。

　このように一条朝後期において内裏における女御たちの姿が、史料にほとんど残っていないのは奇異に映る。その前には妻后定子も内裏から排除されている。次代の天皇を再生産する場である後宮に存在できるのは左大臣道長の娘彰子だけになり、天皇は他の女御への文使いすら遠慮しなくてはならない状況となるのである。

3　妻后藤原彰子

　その彰子である。長保元年（九九九）十一月一日、一条院内裏に入内した。居所は東北対、東西逆にして内裏の藤壺にあたる。以後、一条朝における彰子の居所は、内裏・里内裏を問わず藤壺とされた。

長保三年八月三日に致した状況においても皇子崩御したことなくしら定子を喪ったとか目の前において第二子のたれは一条天皇の庇護を享ある内裏の庇護を同じくしも庇護は同じのお得子ならで影の生母としては第一皇子の出産ではあった最初の出産であった。しかし敦康はいずれは生母定子皇后内裏を打っては定子の母内の関係を打ちとたゆくねのかさきやかなもてに彼と九年後の敦康の愛情ではまつかはとして影子の愛情とたした以上、その影子が手元に引こそしになるのだろうそれにはしたがってとしてになる点以下、そしても影子の視点からすれば敦康はこの時点にもその母四人の乳母あ人と女房上影子の父太子所

が生まれて敦康親王を養育す誰に定子皇后にる一人の天皇の庇護を享ある御所からならなかったの庇護を心のど皇位を授けたるのべきであるた面面に皇子は庇護が御座所に御所に行ってたの名にされるをキサキとして影子は御所におりされるでをあるのでは心御所におりなるのだがどのであるのでた正妻の違いのを可視的にある正妻と明確にあるもの影子

年三月四日遭難と同日に新造内裏になて出納殿避難した影子は十月二十日、一条天皇は影子の御所とは行還御した。同内裏に参還御す土御門殿弘朝を逐いだけ天皇として遷御した影子は同じ日、これに伴って影子はの内裏に御所であって一条院土御朝堂元（一〇〇五）年十一月十五日目に造営所に移動した。十一月十五日目に移御した藤原兼家・上し一条天皇皇后入御す一方、翌三年十月と一条天皇一絡として内裏は皇に帰って同年二十一月に影子はの天皇内裏の藤壷東北内裏に還御した三条内裏は同居だためや人より八日に影子の母と天皇と内裏に還御御する翌日に御殿御厩

つぎは、この影子は人内裏に元年三月の翌日した内裏が定子皇后の内皇とは異ならなか崩御するり期におけ後に奉新造あったは十一月十二日つき皇位を経て一条院の斎盛期おいて一上内裏が立っていた。影子立后目の翌日子・影子に立后は史上初めての一人の天皇に十中宮儀が並立することの天皇に関伯の父道長は十一月十五日に御門殿御殿士御殿（土御殿する。影子の妻立后ただし影子はされかに土御門殿そのことが顕立てたかその前述しただけに、影子はおいけれど上東門第（が並立御所で行）東門第一の土子のて定子之

プの宣旨に絹を与え、藤壺東廂にて飲食を行い、㳖飯を清涼殿にある内女房の詰所である大盤所と弘徽殿に配っている。彰子と敦康の猶母─猶子関係の披露であろう。初対面が行われたのは「中宮上御廬」清涼殿にある藤壺上御局であり、天皇が立ち会ったかもしれない。

敦康はそれ以前はどこにいたのであろうか。初対面前後、敦康親王家の家司でもある行成の日記に、敦康が内裏外から参内してきた形跡はない。そこで彰子が㳖飯を送ったことを記す『権記』「又以㳖飯二具、一具大盤所、一具弘徽殿（原ブルカ）、一宮大盤所」に注目したい。

弘徽殿は藤壺と並んで内裏後宮の中で清涼殿に最も近く、後には母后の居所に使用されることが多い殿舎である。一条朝では女御義子の曹司とされているから纂集本でも大日本史料でも「弘徽殿＝藤原義子」と比定している。ただ一条院里内裏における義子の曹司は元子同様、西対に設定されていたことは既述のとおりである。この時は一年余の内裏時期ではあるが、新造内裏に義子が入ったという史料はない。まして弘徽殿を再び割り当てられたという形跡も残っていない。何よりも猶子となった第一親王敦康が妻后彰子と対面する時、彰子が㳖飯を送る相手として、内女房と並んでふさわしいのが義子のかと考えると疑問を覚える。

実は、これ以前に行成が敦康の家司に任じられた時、行成は弘徽殿に参上して申慶、御礼を申し上げている（56）。さらに八月十一日の敦康魚味始の時の記事に、「左大臣（道長）披参弘徽殿、宮上給上御廬」とあり、道長が宮＝敦康を弘徽殿に迎えに行っているように読める。以上のことから、先の㳖飯の記事は敦康親王乳母らに絹を贈った彰子が、それ以下の敦康女房たちにも㳖飯を送った、つまり「弘徽殿＝一宮大盤所」であったことが推測できるのである（57）。

母后崩御後に単独で内裏に住んでいた后腹の皇子女の例を探すと、村上朝の康子内親王（村上同母姉、承香殿力）、村上朝の為平・守平親王、輔子・資子内親王（村上皇子女、弘徽殿や梨壺）、円融朝の資子内親王（円融同母姉、藤壺や

第二節　一条朝後期

七九

第二章　摂関最盛期における王権構成員居住法の考察

梨子内親王（円融同母妹）、花山朝の宗子定子内親王（花山同母姉妹）の場合がそれにあたるが、王権構成員たる内親王が人妻選子内親王同居は、后腹同母姉妹であり、さらに半ばにおける宗子内親王がおかれていた状況に定子内親王がおかれていた状況に定子内親王は、敦康を引取り宗子たる資格があった。敦康は内裏に住まう資格がありかつ皇位を占める天皇臨時の父后不在時における修子・敦康は内裏に住まう資格がある。天皇着袴の儀着袴は父天皇の御前で行われるのが定められていた（敦康後見としての職曹司在住考慮している）。それはあくまでこの後に敦康の内裏居所を定めているのであり、居所が定められているのが多い。(6)

一条院内裏焼亡後にはいえる敦康の居所が一条院内裏焼亡後には父後一条天皇と同居している形がとられていたのではなかろう。内裏にいるだけで、内裏に常住することはあくまで後一条天皇と同居することは、内裏にも、日常的に移動していた。影子のように形式だけを見てもらうとの文のように影子が見られるのもよう道長「皇后宮」を始とする殿舎で実質的な親子の殿舎で実質的な親子の実態に変更があるのとしてあり、敦康の実態に変更があるのとしてよい必要があるだろう。影子のような影が

八〇

敦康の際の同年十一月二十三日に内裏の居所が定めされたがの関係なく、人妻選子内親王藤壺北対殿の内親王は后腹同母妹田園殿で敦康は「男」内親王実際后所生内親王（藤壺内裏）として敦康の内親王は后腹関白はもちろん、敦康にも考社会認知にさせるためにあり影子と同居する猪子関係にあり親子にあることを信じて居住所に侍所としていたと同居の室としての影子と同居することにし敦康を取り、しかし内裏に常住することはなく、形だけのものでしかなかった。(60)

敦康の御所行成の記事においても、人御所としていた。敦康は藤壺北対殿の東三条殿で成子後は「藤壺北対殿」である。実際后所生の敦康の関係者にあり彰子と同居した形社会認知させようとしたのであり、一条院内裏同居長皇后腹としての影子を周知させる意図でしていた敦康の成王のように継続した形にだけしいた影子には内裏にあったが、しか内は離居移動していたと考える。日常、影子が住する殿舎とは夜、同居「後見」としての文の殿長であるが、道長の親子ぞれを行うため親康式を行う必要があるとしてもそのよう蔵康の養育を行うことにとりまずしまう。蔵康の

奉仕を精力的に行っている(61)。

　宇多天皇のキサキ藤原温子は生母を亡くした醍醐天皇の養母とされたものの、実母ではないため皇太后ではなく皇太夫人のままで、母として内裏に住むことはできなかった。そのため醍醐朝では、父院が大きな力を持ち、親政が行われた。もし敦康が即位した場合、本当に実の伯父伊周らを差し置いて敦康の義理の外祖父として引き続き政権を掌握できたかはわからないが、単なる形式ではなく日常的な「後見」を伴った彰子―敦康の同居が実行されたと想定できるのである。

　しかしながら寛弘五年に彰子が敦成親王を出産すると、彰子側にとって敦康との親子関係を続けるメリットはなくなり、七年間に及ぶ敦康との親密な疑似母子関係は解消されたと考えられる。ただし、翌六年十月の一条院内裏焼亡時、修子内親王と敦康親王は内裏から叔父伊周の室町第に避難しているし、それ以降も二人の参内記事や退出記事は残っており(62)、もともと后腹の現天皇の子である敦康らが、内裏から排除されることはなかった。

　敦康親王の元服は寛弘七年に清涼殿で行われた。終了後、敦康は彰子居所に参上しており、生母に挨拶に参上する元服の儀式次第に準じている(63)。敦成・敦良両親王誕生後であるにもかかわらず、儀礼上なのか心情的なのかは不明であるが、彰子と敦康の間には母子に準じた関係が存在したことは、一条譲位時に彰子が敦康即位を真剣に考えていたという『権記』の記事からも窺い知ることができる(64)。あるいはこのような彰子の感情も夫一条と父道長の間の円滑なミウチ意識醸成への阻害要因となり、一条が内裏に還御できなかった可能性があることは前述のとおりである。

　さて、寛弘五年九月十一日、彰子は土御門殿で敦成親王を産み、一条の土御門行幸を経て、十一月十七日に敦成とともに内裏に還御する。后腹皇子たる敦成はもちろん内裏で育つ権利があり、藤壺で母と同居した。彰子はこの頃一条院内裏の東北対（藤壺）だけではなく、時に天皇居所となった東対を使用している(65)。さらに敦成親王が同年九月七

第二章　摂関期最盛期における王権構成員住所の考察

第四項　皇太子

1　皇太子居貞とキサキ

　長保元年（999）九月六日、皇太子居貞と関係のしない居貞にとっては、内裏縫殿や大炊御門大炊殿の親族関係になった外祖父兼家の修理大夫兼司となった皇子関係の邸宅で、朝初の内裏焼離された皇太子が誕生した後に条朝初の内裏焼亡時に天皇と別の邸内の住居を移して行ったのは三条東宮殿で、当時は住居されていたが、中宮坊も三条院に入り、天皇と居貞は三条院に入られている。東三条殿は従兄弟の頼長の領で居貞は大内裏のそとに居住している。

　　　　　　　　　　　　　　　　　（67）

子となるやがて行われ、同年十月二十五日、天皇は敦良親王を出生後に渡御し、彼子は内裏焼亡していた一条院で産まれたのである。天皇は新造成・遷御するのであった。二条院である。彼子は十二月十三日に皇子懐妊と噂となった中宮は内裏に遷御し、翌月十五年正月十日に皇子が産まれたので、中宮の皇子が生まれた。このとき皇子の居所は一条院里内裏時であるため、名実ともに一条院中御門殿を独占していた皇子の居所は敦成親王連れて退出している、と、子の居所は里内裏中宮御殿の女御曹司の上御局に譲位の親王即位し、このときは藤壺以外の殿舎の使用やとあるため、殿舎の造営が並行していたが、同日影子所生の五親王が皇太子対面を祝った二十日に皇太子対面一月二十五日には敦良親王が皇太子

　　　　　　　　　　　　　　　　　　　　　　　　　（68）

日に西対に遷御問題に影子以外のキサキでなかったことは西対以前でははを保育殿に対面した以上にキサキであったわけではあれて在住しており、名実ともに一条院中宮の御殿を独占していた御殿を連れて退出していたものである、と中宮坊も同じく　　　　　　　　　　　　　　（66）

　　　　　　　　　　　　　　　　（69）

とおりである(72)。寝殿北面に皇太子の朝餉御座があったことがわかっている(73)。

東三条殿が皇太子宮となったのは一年五カ月間で、皇太子のキサキたちはここに住み、正月東宮大饗や王子女たちの通過儀礼なども、もちろんここで行われた。

キサキ城子にはすでに敦明・敦儀・当子の王子女がいた。長保元年八月十九日に敦儀の、同二十五日に当子の着袴が行われる。さらに十月十九日、第三王子敦平を出産する。この時の『権記』の記事は「参東宮、次詣宣耀殿、奉訪平産給事」とある。もちろん東三条殿に宣耀殿代があったわけではなく、内裏での居所名で城子が呼ばれていたということである。同二年十一月に敦明の読書始が東対母屋で行われており(74)、城子とその子供たちの東三条皇太子宮における居所は、東対にあったと考えられる。

この当時、密通事件を起こした麗景殿尚侍綏子はすでに居貞との関係は切れている。淑景舎の君原子は父母・姉后を喪い、兄たちは罪人となり、里がちであったという。それでも皇太子との関係は続いていたようで、二度目の東三条皇太子宮時は東対に曹司をもっていたことがわかっている。長保四年八月三日、「東三条東対御曹司」で突然、毒殺とも疑われる怪死を遂げたのだ(75)。その死に城子の関与が噂になっていると『栄花物語』が載せていることから、同じく父を亡くしているものの多くの王子女を産んでいた城子の方が脅威を感じ、あるいは感じていると周囲が類推するくらいに原子と居貞の婚姻関係は続いていたのである。原子の居所も城子の居所も同じ東対であったから、一条院内裏で複数の女御曹司が西対に設定されたように、東三条殿皇太子宮では東対がキサキたちの居所にあてられた「後宮」だったことが想定できる。なお、原子の卒去によって皇太子キサキは城子のみとなり、城子とその子供たちによる皇太子後宮の独占状態は寛弘七年(一〇一〇)の妍子入内まで続く。

ここで一条朝後期における皇太子居所をまとめておく。

第三節　一条朝後期

第二章　摂関最盛期における王権構成員の居住法の考察

一　朝最盛期における大内裏・里内裏居住

裏居所は東三条院、初めての火事で焼けた内裏新造の遷御が遅れる事情により、天皇が梨壺に還御される内裏新造をなし、権記『に「入御昭陽舎」と明記されるように、一条朝の遷御から六月五日、翌三年十一月にしかし内記に重要する周囲の病気により内裏の平日かけて十一月十四日しから居貞親王が不幸な病重失した不審のため一条院長保四年内期

裏期におくり居所は東三条院内裏初めての火事で焼けめ同母弟にあたる皇太子居貞親王として新造内裏の遷御する権記』六月十三日条に「大僧正観修に馬を賜る」とある前述のように、御乳母の病の平癒するのに冷泉皇統により居貞に不幸な病重失したため長保四年内一条朝期

げ調霊を感じたかない同母居が東三条殿で火事めて取るにあたる皇太子居貞親王としに遷御内新造したがサキキに決定打となれるのため、東三条殿内の史料はないが、寛弘三年八月三日前述のような関係者同士の怨念と厳しい親王の怨念を感じたり、寛弘三年六月十三日に霊のためか、同日記『権記』に「怨霊打修す」とあるが、馬を賜る前述のように、病のため御乳母から乳母を出した由があるようにさらに冷泉皇統によう理由がある内裏には東三条院の平癒で居貞自身が不幸な病重失したため藤原詮子が死去したしか長保四年

のと次のとおくに感じらあっため取るにしたがっため、東三条邸ことにしたため、北三条院新造がようにから北院かり一条院は焼失しなかった。寛弘三年十二月に内裏内の周囲に遷御するため第一皇子敦成親王を産した皇太子居貞に同殿南院と王・敦康親王服儀と即位に皇太子の居貞ならを遷御すした道編第と即位する十二月まで王三条殿居所

子などの生まれた所の長所四月四日に道長と内天皇は東三条大居住殿すや中宮彰子が東三条殿に住で、北三条院（北院）と呼ばあるが寛弘三年以降から院（北院と）たため一条院は焼失した。

今回の皇太子居貞は東三条院新造内裏に遷御するくとなったため、北院と同元模を改繕すると皇太子居貞は同殿南院を居所となり、一条朝元服儀や改装された皇太子敦康と服儀など始めて皇太子の元服内裏に居貞は一条の敦康親王と東三条院南院を居所なるまで、独占した道編第四皇子敦明親王が東宮居所と譲位で王の居所として北院を居所とした遺御

[79]
[78]
[77]
[76]

八四

しかし寛弘六年十月に一条院内裏が焼亡すると、枇杷殿が里内裏に決まる。そこで居貞は枇杷殿に近い頼通等を経て、道長室倫子の父にあたる故源雅信の一条第に移御することとなった(80)。さらに翌年末、天皇が新造なった一条院を再び里内裏とすると、まもなく居貞も一条院別納（東院）に遷御する。近い距離にわざわざ移動しており、一条院遷御と合わせたのは間違いない。つまり親子関係などにない天皇と皇太子は、里内裏時にはともに住むことはないが、しかし東三条殿とその南院、一条院とその東院（別納）のように、可能であればできるだけ近隣を居所として選んでいるのである。内裏殿上人と東宮殿上人の多くは重なっており、近隣にあるほうが何かと便利であることもあろうし、天皇と皇太子はともに住むのが本来の形だと意識されていたのかもしれない(81)。

最後に、寛弘七年二月に皇太子キサキとなった藤原妍子についてみておく。道長の娘、尚侍妍子が入内した皇太子宮は故雅信一条第である。同母姉の妻后彰子は里内裏であるから、入内後、姉妹がともに住まうことは一度も無かった。妍子の居所は、入内の夜に饗が設けられた西渡殿、もしくは西対であった可能性が高い。同年十二月に皇太子宮が一条院別納に移ると、妍子居所は東対であり、翌年正月にここで殿上人らに饗を設けている。皇太子キサキとしての妍子の立場をアピールするためでもあろう(83)。一方、妍子入内以降の娍子の動向はわからず、別納に居所があったのかも不明である。これまで多くの王子女を儲け皇太子後宮を独占していた娍子であったが、後ろ楯勢力の差は大きく、第一のキサキは妍子に代わりつつあったのである。

2　皇太子父冷泉太上天皇

最後に、皇太子父である冷泉太上天皇の居所をみておく。

長徳元年（九九五）に東三条南院に遷御した後の居所が判明するのは寛弘三年で、『権記』三月五日条に「冷泉院

第三節 三条朝

第一項 三条天皇

即位　寛弘八年(一〇一一)六月十三日、三条天皇は新造内裏に遷御であるが、同七月十一日皇太子居貞親王は新造内裏の七月十三日に冷泉院に遷御した。十月五日には皇太子居貞親王は死穢に触れて一条院の別納から内裏へ御参入になった。翌日内裏の清涼殿に御入りとなり、二十三日には南殿において践祚、十月十六日一条天皇は崩御されたため、即日東三条院に遷御であるそのまま未だ新造内裏に御入建ちていないため、新造内裏は御三条殿に還御に入りて御建にりたたろう。

関連して明すべきことがある。本来内裏以外の排除の父母后の時的なものと認識されていたのであるが、冷泉上皇が同十月十四日「冷泉院自南院帰御本宮南院御」と冷泉上皇が本宮南院御に還御しているのが実はこの冷泉上皇が三条天皇の御父として三条天皇の里第であった東三条院の同居をさけたのは当然のことであり、三条天皇の前年十一月三条天皇の内裏焼亡によりわが内裏と里内裏とは別所であり、厳密に守られていたのであり、皇太子東宮と皇太子居貞親王三条殿と東三条殿は本来の居所として皇太子東宮が同五年に新造された

これの南院は同年十月南院に焼上になるのであるが、冷泉上皇は十月に再び同院に還御した三条朝開始早々の冷泉上皇の三条院対面の東三条院の寛弘八年十月に同院崩御したのである。源成方邸に遷御したのち、同五年に新造されたと

四年半の三条朝において内裏は三回焼亡した。一回目は約三年半後の長和三年（一〇一四）二月九日である。後宮登花殿より火が出たという。天皇は大内裏松本曹司に避難の後、四月九日枇杷殿へ遷御し、ここに一年半、里内裏となった。枇杷殿は道長の所有で「九重作様頗写俘」（『御堂』寛弘六年六月十九日条）とされ、一条朝寛弘六～七年、里内裏一条院焼亡時にも里内裏に使用された。また、三条にとってはその直前までの三年半、皇太子宮として使用した邸でもあった。

翌四年九月二十日、三条は再建された内裏に入御するが、すでに道長との不和は決定的となっており、世情の不安が高まっていた。果たして内裏は再度焼亡する。天皇入御からわずか二カ月後であった。再び枇杷殿が里内裏となり、そのまま翌五年正月二十九日、皇太子敦成親王に譲位、三条朝は終焉を迎えた。

三条天皇の父は冷泉太上天皇、践祚から四カ月後に東三条南院にて崩御した。母はその女御、摂政兼家女の超子で立太子以前に卒去している。

一方、前天皇である従弟の一条太上天皇は譲位の九日後に一条院にて崩御した。一条院は譲位とともに里内裏から上皇居所となっている。一条が在世していれば皇后彰子や皇子女らが住み続けたであろうが、崩御によりそれぞれ一条院を出ていくことになる。

　　　第二項　妻后（藤原娍子・藤原妍子）

皇太子時代は何人ものキサキがいた三条であるが、即位後のキサキは藤原娍子と藤原妍子の二人のみである。ともに践祚二カ月後に女御宣下を受け、翌年相次いで立后される。一条朝に続く一帝二后並立であるが、周知のように二人の貴族社会における立ち位置には大きな差がある。それを居所からみていきたい。

第三節　三条朝

第三章　摂関最盛期における王権構成員居住に関する考察

子が月遅れとはいえ天皇のキサキとして立后するにもかかわらず、道長の東三条第に退出した研子は、二月一日に道長左大臣家の女として皇子を出産した。これは天皇の妃が実家で出産した記事が散見される正暦三年正月二十四日に懐仁親王を生んだ一条天皇中宮定子の例もあるが内裏から東三条第より新造の東三条院に移御した。翌日には、東三条院に移御し、同月二十七日に、皇太子居貞親王(三条天皇)に入内しており、女御と称した。翌四月九日、居貞親王妃として正式に立后することになった研子は、内裏への再入内のため新造内裏に遷御した。翌月十四日に、内裏に立后の儀を受けて立后の儀を行うため内裏に入り、その後もとの所に退出した。研子は長保元年十一月七日に藤原道長の長女として生まれ、一条天皇中宮彰子と同母の妹で、二十一歳で立后したがこれは異例の年齢であった。彼女は立后後も、内裏に入ることなく道長の東三条第に居住しており、これは寛弘八年九月十六日に三条天皇の譲位により内裏から東三条殿へ移御した花山天皇の皇后、遵子の例である。当時研子は内裏にも東三条殿にも居住しておらず、道長の東三条第に居住しており、この時は内裏と道長左大臣家との関係が良好な時期であった。内裏に入れば、女官との関係が人間関係を左右するもので、立后したとは言っても、そのような関係を人間に作るものではなかったため、立后した皇太子妃は退出して道長左大臣家に戻った。このことから、立后した皇太子妃が内裏に入ることなく、道長左大臣家に戻ったのは、立后後の儀礼を受けたためであり、立后後の儀礼も内裏では行われなかった。

卿殿上人など諸衛の参入をもって立后の儀は内裏でかならず決まっており、立后の儀が内裏で行われる時は、内裏で初めて参入する当時権威を削るもの即位後初参入時参入する上人、位後初参入時

の生まれることに遅れてもまれ研子は、内裏の権力を引きもなく内裏にまれ研子は、内裏の権力をいなかった。内裏に位置する権力をめぐるような状況であったため、内裏への退出も再び里であり、内裏に入ったは、天皇が、長子を当時子が生まれることは、無位無官で里に長く置かれたままに置かれていなかった場合は、彰子が生んだ皇子とは異なり、研子が生んだ皇子は、研子が皇子を儲けるために内裏に入ることがなかった場合は、研子が長子を儲けるために内裏に入ることがなかった場合は、皇子を儲けることができたが、皇子を儲けるような状況であり、皇子を儲ける所に皇太子居貞親王との間に皇子が生まれた。三条天皇即位の数か月前に、研子が再び参入する前に皇居を焼き、皇居北対する寝殿

研子は研子は二月に研子の卿殿に師輔流の焼亡である数か月後に数日かけて一月半ばに、立后の儀を受けた後は、位後初参入時は内裏に入ることが少なからずあり、政の行われていた内裏であり、研子が行われる内裏であり、この政の文言なども城子後三月に

が削られたことは有名である[87]。

　立后の一カ月後にようやく行われた初入内も、やはり寂しいものであった。長和二年三月二十日、娍子は異母兄皇后宮亮為任邸から内裏承香殿に入る。三皇子・一皇女の四名が同行した一方で[88]、供奉した公卿は五人、五人の公卿が障りがあるといって参上しなかった上、諸衛の人数も足りなかったという。この行啓定を隆家が辞退した皇后宮大夫の後任決めも難航し、「皇后宮辺事諸卿有『難』承行『之』気色、太奇々」と実資は批判している。もっともその実資自身、初入内には供奉していない[89]。

　この時の娍子入内は、三日後の第二・第三皇子の元服が契機であったと推測できる。さすがの道長も、現天皇皇子の元服儀を皇后たる生母不在で行うことはできなかったであろう[90]。道長は物忌と称し欠席する予定であったが、天皇や娍子から何度も促されたことから参内し、右大臣顕光とともに加冠役を奉仕させられた。

　娍子はこの後、八月まで内裏にいたようである。すなわち同年八月三日に「皇后宮来十五日可『出』木工寮云々」（『御堂』）と内裏を出て、木工寮に入るために修理を行わせる命令が皇后宮より出ている。ただし木工寮は狭い上、修理が必要ということで木工頭より難色が示され、結局どうなったかは不明である。木工寮は大内裏外の二条南大宮東（『拾芥抄』）にあるが、いずれにしてもこの頃、娍子は内裏・大内裏を出たのであろう。娍子の内裏滞在の五カ月間、中宮妍子は出産により不在であった。

　この後、娍子は皇后宮大夫懐平宅を居所としている。確認できるのは長和三年十一月以降であるが、同年四月から近くの枇杷殿が里内裏となっていることと関係しているかもしれない。

　三条朝末期の長和四年九月二十日、新造内裏に天皇が遷御する。『御堂』によれば、枇杷殿にいる中宮妍子に対して十月三日に新造内裏に参入すべしとの勘が出されるも、方角が悪いということで十一月二十八日に延期される。

と言力を実質ともに勧めて醍醐天皇に入内させることを入内させたがっていることになる。入内に反発して娘を同時に入内させないよう頼通に言うようになるのだが、同時に内裏にいないようにと道長に頼み込んでいる。同時に内裏にいるようにしたとしても娍子が内裏に入ることは禁忌と道長との娘である禎子内親王を降嫁させてほしいということがわかる。道長としては不仲な三条朝廷との交換条件のようになっていたため、娘を待たせる一方であったが、母親のような内部の問題に関して同時期に彼は内裏の生母の立太子を許そうか。そういう上記の会話から道長に権力者の妻后から天皇内裏に

するが子は退位を申し出たがったが道長はそれを押してあくまで娘を入内させようと考えていた。彼は後に道長が実際に人内させた時点ではまだ資平に娘の入内についての話を取り成すように断った。その後はすすめるべく材料もなかったため、皇后城子と娘の譲位を望む天皇と道長との不仲な天皇が娘の立太子を待たせるために皇太子を立てようとして極めて悪感情の主題をも果たしたのであった。彼は同家内部の問題に同じ時期に意識を感じていたためのであった。

（91）座、由人申し、「可」と語て月廿四日、可被出召事之由、参河守行事をうけたまはつてに、太子蔵人所雑仕物忌日、廿八日可被焼身実際資平に、閏三月廿四日を理由にして、彼は申請を断って廿八日可参入と申しけり。参入候はず、やがて可参（実資平）「御隔心」不当（御隔）也。不事実雑用物所云々、御服たるためあくまで故国子女で、元日に参入を止めし給ふに、被参申事申事参明申候はで明白で身物、月廿九日は任由可然日参ざらば、ためさるべきに不宜自参と申すべしたぎ御問には明々申も候、但奉仰御気色の中宮可召よしに入れ申す

〔御邸〕

城子入内を望んだ三条天皇は十月九日、内裏でんだ達「」方向を懐平に仕いか新造内裏御堂にて仕いか拒んだ。結局被参は可きな申、中宮人入内〔御堂〕「「（『れ……ろた。さますた人らのため女御子が誕生する女子の皇子のための参入を止めて明治で明月年十月子定のことに違わずかたた来

が后の内裏居住の実現に大きな影響を与えていたということが改めて確認できるのである。五年弱の三条朝のうち子の内裏滞在は二回、合計五カ月余りしか確認できない背景には道長の意向を感じざるを得ないし、三条と娍子はほぼ常に同所にあった。一条朝同様、自分の娘以外のキサキが内裏から消えていくことに、道長の強い関与を疑わざるを得ないのである。

　結局、上記の会話の二日後、内裏は焼亡する。娍子は内裏滞在八日にして皇后宮大夫懐平邸へ、さらに亮である兄為任三条邸へ遷御する(92)。三条は枇杷殿へ遷御するが、ここには内裏参入を拒んでいた妍子がいたため、今度は三条と妍子が同所で、娍子は別所で、三条朝終焉の時を迎えるのである。

第三項　皇太子とその母后藤原彰子

　さて、三条朝において天皇生母はすでに故人であり、キサキは二妻后しかない。ほかに内裏にいたのは皇太子敦成親王のみである。敦成にとって天皇は、亡父の従兄という遠い間柄ではあったが、先例通り、内裏後宮を居所とする。立太子の四カ月後の三条即位式当日、父の後院であった一条院から内裏梅壺に入御する。敦成はまだ数え四歳の幼児であり、日常の「後見」は必要であったろうが、生母の皇后彰子は現天皇の后ではないため内裏に入れず外祖父道長や、外祖母倫子が東宮に参入している(93)。敦成の居所梅壺は道長の直廬藤壺に隣接していて好都合だったであろう。

　敦成が一条院から内裏に入御した同日、彰子は枇杷殿に遷御する。皇太子の一歳違いの弟敦良はもちろん母后とともに移動した。彰子の通常の居所は西対であったようだが、敦良の着袴式・中宮大饗などの儀式には寝殿を使用している(94)。

　さて、長和三年二月の内裏焼亡により、里内裏は枇杷殿に決まった。そこで彰子は枇杷殿に近い弟頼通の高倉第へ

第二章　摂関最盛期における王権構成員居住法の考察

以上、土御門殿の西対四和四年に新造された寝殿と東対は敦成親王（後一条）が移御すると皇太子敦良親王もまた母屋にあり居を避難し居住することとなった。そして同年十月、土御門殿は再び影響が及んで焼亡する。翌年正月、内裏が造営成って一条天皇は内裏に還御するとともに大内裏に同居していた皇太子敦良親王も道長の土御門殿へと移御し母子が同居するに至った。三月、内裏に火災が生じて内裏が焼亡すると、天皇と皇太子は再び土御門殿に同居したのである。

その後、里第居所として里第に皇太子が居住したのは寛弘四年の一条朝の例であったが、三条朝における皇太子敦明親王は内裏焼亡後の権中納言藤原懐平の梅壺に居住した形跡はみえない。天皇との血縁関係の濃いサキハヒ人であると解釈されているが、内裏焼亡後に藤原懐平の梅壺に居住しなかったのは、皇太子敦明親王と天皇との血縁関係の薄さに起因するのではなく、内裏焼亡時には梅壺の殿舎がサキハヒ人である藤原顕光の居住により空いていなかったからではなかろうか。そして小一条院となった敦明親王が『小右記』長和五年一二月に「キサキ人のキサキ人」と記されたように敦明親王は年齢的にかなり敬遠される立場にあったのであり、年齢的にもはや同居できない間柄であった。ただし、身位にあった様子をみるに、実際には里内裏へと付随して次第に、この所居を使用した先例を土御門殿とすべきところ、前代の土御門殿での居住の実用としていえよう。

母子と同居して内裏居住している時期の皇太子の権利はただ、同居した母后として本来の母后の居住とする場合は、住地の居所は違例ではない。しかし、先帝の皇太后等が皇太子と同居することができるのは、皇太子の父・皇后以外に住む場所がなかったからである。母后は同居することができないのは理由がないのではなく、ただキサキ人であるから居所で住むことができない場合は、皇太子の居所である内裏母屋等に住むことは絶対になかったのである。通常、皇太子と母后と同居している「母后」が内裏母屋に同居している「母后」の父である場合は、母后の父との同居であって母后との同居ではない。第一に皇太子と母后が同居するのであれば、同居となるのが義務として当然であったとしても、義務的に同居を強制できないという点で決定的な違いがあるものといえる。

次に、換言すれば、一条朝にも二条朝にもそのようなことがなかったのではあるが、一条朝の内裏における皇太子の居住が母后や天皇がともに内裏に居住したことと対照的な違いとして、皇太子の現天皇が

あるのである。

九三

皇の母でも妻でもない場合は、内裏に入ることが許されないため、結果として同居できなくなるのである。現天皇の母でも妻でもない后が内裏に入ることは、前天皇が内裏に入ることとともに、どのような居住ルールにも優先される最大の禁忌であり続けたのである。

第四節　後一条朝

第一項　後一条天皇

　長和五年（一〇一六）正月二十九日、ついに三条天皇は退位した。九歳の皇太子敦成が践祚し、後一条朝が始まる。新天皇は、前年の内裏焼亡から皇太子御所となっていた母后彰子の土御門殿（上東門院・京極殿）西対に御座し、そこへ、道長以下の卿相が枇杷殿内裏の三条の許にあった宝剣と神璽を運ぶ剣璽渡御の儀が行われ、譲位がなされた。後一条はそのまま半年間、土御門殿を居所とした後、一条大宮院に遷御する。ここが里内裏であった二年弱の間に皇太子は交替し、天皇元服儀が行われ、摂政職は道長から頼通に移り、后となる威子が入内した。こうして後一条朝の基礎が固まった寛仁二年（一〇一八）四月二十八日、新造成った内裏に入御する。後一条朝は一度も内裏焼失が無い。約二年と短かった冷泉朝、花山朝を除けば、実に朱雀朝以来のことであった。天皇と新皇太子双方の外戚である道長・頼通が政治を主導した二〇年間の治世は一応安定しており、それゆえ放火も比較的少なく、大内裏内の内裏が安定して存在できたといえるのではないか。

　さて、後一条天皇居所の具体的な殿舎としては、土御門殿内裏では皇太子時のまま西対であった。次の一条院内裏

既述のように、三条朝末期から後一条朝初人内裏における王権構成員居住法の考察

の稳子や三条朝の藤原妍子と同様に前半期における天皇・皇太子の同居による家族成員の特権「後見」にあたると見られる。母后藤原彰子と同居していた後一条天皇が崩御した場合は、母后と同居していた天皇として、先に見てきた一条朝末期の藤原穩子や三条朝の藤原妍子と同様に、母后の権能が発揮されるとしていいであろう。朱雀朝である

第二項 母后藤原彰子（上東門院）

後一条天皇は長元九年（一〇三六）四月十七日、清凉殿御湯殿上の旧御所において崩御した。清凉殿御湯殿上は常の御在所である神聖な内裏正殿であった。清凉殿の旧御所改築ができなかったことを考えると、母后藤原穗子が改築を行うことが考えられる。改築されていた場合においては、天皇居所は改築された形で改築を行う形が再現されたと知られている。前月よりの不例が急激に悪化し、崩御した居所に合わせて内裏が穢に触れるような居所は、常に崩御した居所に合わせて内裏が穢に触れるように改築したといかに死穢がきるかにかかっていたため、仁寿殿で崩御した村上天皇の清凉殿前御所改築前から一条院崩御対

(96)

なくて、天皇居所ではなかったのであろうか。条が崩御した皇居所ではなかったのであろうか。とすれば新造内裏で一人過ごした新天皇居所の改築をし、譲位儀を行って一八年間過ごした内裏清凉殿の居所を改築したとの形が再現されたと考えられる。母后前の居所によると知られている。崩御所の不例が前月より急激に悪化し、十九歳で崩御する。二十一日、崩御にともなう譲位儀は周知のように崩御前に行われるのが慣例であるが、「如在儀」として朱雀天皇人御前例通り、新天皇入御前に在位しているとしてあった。

(97)

(98)

九四

土御門殿において、三条朝では彰子は寝殿を居所としていたが、里内裏における紫宸殿代は寝殿となるのが通例で、後一条朝でも庭に面した寝殿南側を紫宸殿代として使用している。そして母后居所としては、寝殿北面あるいは寝殿[99]東面渡殿[100]を分用するという珍しい形になったようである。

次の一条院内裏では当初、一条朝に長く藤壺代として彰子居所であった東北対(北対東舎)を居所とした[101]。当初は一親王であった敦良とともに住んでいたが、敦良が皇太子となると、ここは皇太子御所となり、彰子自身は東南対・東南二対・東対と呼ばれる殿舎に遷っている[102]。

また、南殿が舞台となる時は南殿北廂、清涼殿が舞台となる行事の時は中殿上御局(東妻)[104]で見守っている彰子がしばしば登場する。母后には幼帝に対する日常的な生活上の後見だけでなく、儀礼上の後見擁護の役割も期待されていることはいうまでもない。例えば即位式高御座に登壇したり、長和五年六月の一条院内裏遷御、寛仁元年十一月の賀茂行幸などで、母后と天皇が同輿しているのはわかりやすい例である。元服後の寛仁二年四月の一条院内裏から内裏への還御も、妻后立后後の寛仁二年十月の土御門殿行幸でも、治安元年十月の春日行幸でも、天皇と母后は同輿している。内裏内での儀礼においても天皇御座近くに母后が見守る場が設定されていたのであった。

内裏還御後の彰子の居所は、弘徽殿である。還御日の『御堂』に「太后渡御弘徽殿」とあり、それ以降も天皇朝親・饗・仏事、さまざまな記事で彰子居所が弘徽殿であることが判断できる[105]。ただし、それらはほぼ寛仁年間のことである。彰子は治安二年(一〇二二)六月頃に居所を内裏外に移した。すなわち『小右記』六月四日条によると五月二十九日、六月三日の内裏出御予定が、天皇御脳により二度延引されたという。そして『左経記』七月八日条には「太宮兼遷御土御門(寝殿カ)殿」とあるから、この間に母后は内裏外の土御門殿に遷御したのである。天皇母后の同輿も治安元年十月十四日の春日行幸が最後である。「後見」の前提となる母后の内裏居住が解消された以上、行幸同輿もみられ

第二章　摂関期における王権構成員住居の考察

なくなる摂関と天皇の紐帯の弛みであった。一条朝における王権構成員の住居を同じく常に安定していたものとしてとらえることはできないのである。同じ摂関期でも後三条天皇の母后禎子内親王が、敦良親王（後朱雀天皇）と婚姻した時期には背景にある政治的な要信が異なっており、同じ内裏に同居することが日常的とはいえない。例えば、敦良親王は敦成親王（後一条天皇）の妹である禎子内親王と十四歳の元服時に婚姻した後、内裏にしばしば「後見」がいなくなる必要があった。母后彰子は敦良親王の治安元年（一〇二一）二月の元服後に十一月から三年間必要的な役割を担った。禎子内親王の内裏入りは、翌寛弘元年三月のことであった。敦良親王の内裏における同居人として内裏に必ずしも同居するわけではなかった。例えば、治安三年に政治を解消することがわかった、六月には内裏にわずか二月しかいなかった。

受胎しているものである。万寿三年十一月に彰子の内侍司女房を参入した。中宮大饗が行われなかったのは土御門殿で落飾を行い、中宮大饗は行えない行事であり、公卿・殿上人たちが盛大に行われた。朝観の正月拝礼も上東門院は月拝礼もできなかったので、特別に天皇から受けての上東門院御所か、三月十六日に受けていることとなった。神事期間の最後である正月行事も、神事期間後、盛大に内裏に入ることであり、特別に早速家を出受特別に出入りに任せていた。朝観の存在としての尊貴さを本宮の儀礼として可能の天皇

閲がないのは土御門殿を飾りの殿上人は十二月から正月十五日までで、内裏は十二月からみたという。これは東門院として入ったこと。朝観の三月の院号で院で上東門院としてこの月の拝礼は毎年受け、上東門院母となって天皇から受けての拝舞奉ることも早速神事期間最後の正月であり、盛大に行なった。

十六日以降、内裏を出たことになる。これによれば、彰子の影の住居の服装は常終始していた。敦良の時彰子の影にとどまっていたとはいえ、十八月の上にあるのは正月内裏の同日的な婚姻であり、影子は寝殿にあったことが確認でき、常にいたとは。影子のとどまっていたのは、治安三年正月「競馬覧」を観覧した後弘徽殿観た。「小右記」「万寿元年十一月二十一」（四）「二〇」）内裏に出家したにしてもトゥキャクので別御院の紐帯と細やかな役割を果たしていた敦子の同居人と月同居を任せて同月二十九日に朝観御幸五月二日にかかる

六九　六八

彰子の院号にもなった土御門第(土御門殿)は長元四年末に焼亡したため、関白頼通の高陽院の寝殿に移り、翌年正月の朝覲も同院で受けた。また倉格で知られる前大宰大弐藤原惟憲(道長家司)や近江守源行任(彰子の乳母子で道長家司)などの邸を居所とした時期もある(108)。ただ一年半後に再建された土御門殿に入る時は「還御」と記されるように、彰子の本宮はあくまで土御門殿であった。

　出家した彰子は長元三年八月、父道長が土御門殿の東に建立した法成寺の中に東北院を建てる。天皇の行幸を仰ぎ、盛大な落慶供養が催された。彰子はしばしばこの東北院に滞在していたが、それは主に仏道修行や儀礼のためで、やはり居所は土御門殿本邸であったといってよいであろう。

　さて、内裏において二人の男子を養育する役目を終えた彰子は、この土御門殿で孫(母方では甥)と同居し、その養育を担っていた。万寿二年、皇太子敦良のキサキ嬉子は同母姉彰子の土御門殿に退出し、八月三日、その東対で出産するも産褥で薨じてしまう。そのため残された王子親仁(後の後冷泉)を彰子が「悲しきかたみ」(『栄花物語』巻二十六)として育てることになる。五十日儀も百日儀も彰子主催で土御門殿にて行われ、東対にて親仁家侍所始や政所始が行われている(109)。彰子が内裏に滞在する際には親仁も同行し、皇太子は幼いわが子を「抱き奉らせ給て歩かせ給」つたという(『栄花物語』巻二十七)。着袴儀は内裏で行われ、もちろん彰子は同行、また土御門殿修理や方違えで彰子が頼通第に移御する時も、親仁ともに移っている(110)。彰子の親仁に対する積極的な関わりは、孫への愛情からきたものかもしれないが、結果的に親仁の政治的立場を強化することにつながったであろう。また、紐帯となるべき嬉子の亡き後も、親仁とミウチ関係を強固にしたい摂関家からも期待されていたことであろう(111)。

　彰子は、他の血縁者の通過儀礼にも居所土御門殿を提供し、積極的に関与している。例えば治安三年の三条皇女禎子内親王裳着は、禎子内親王と母皇太后妍子が居所枇杷殿から土御門殿西対に渡御して行われ、彰子が裳腰を結んで

に参上した時、彰子は母后の御在所である一条院内裏の東対に向かうために寝殿東対に行き渡殿を通って申し行われた。彰子が五十日の祝の夜御帳台で餅を食させるという「五十日の儀」である。すわち祝儀にもかかわらず彰子自身が彰子の代わりを果たして天皇代行となる一族の権威の意を示すためでもあった。同時に、彰子がまだ入内しただけの女御でありながら、天皇家の家母たる立場を代行している上に、次代の土御門殿のミウチ生活の安定を誓行することを頼通・教通兄弟らにも積極的に活用したといえる。この後彰子は三月二十三日に『小右記』三月十九日条によれば、彰子は天皇の后として引き続き弘徽殿に参上するため天皇御斎会の結願の日にも天皇御前に姿を見せるとあることから頼通の妃殿も高陽院

第三項 妻后藤原威子

天皇より九歳上の叔母にあたる威子は長和元年（一〇一二）に従三位に叙され、長和四年（一〇一五）正月十四日の東宮拝賀に九歳の敦成親王のもとへ参じた。成長を待った威子であろうか。威子は長母の成子は長母である。威子は長和元年二月十三歳で入内、十月に威子の姉妹の倍子が産んだが、関白道長の娘で母代であった威子が十六歳になり十月道長の政道天下にあるように、威子は母后の姉妹の倍子が産んだ同母妹の夫天皇祭御嬪子が倫子であった三条天皇后妃として時に参上した時には将来の天皇代の矢氷室にはなかった。

実に懐妊して母后彰子の影響にいた時、天皇大嘗祭御禊女御代であった三条天皇が三条天皇の十月の威子である。

子の結婚は二十一歳年下の彰子十月に着く内裏に着く内

子首身はその遺体を弔うその四日後に一条院内裏に御所を出した成就寺に選び、後成就寺に搬送した。弘徽殿に入り後、三日間の倚廬に入り、また一方では彰子に看病の葬送儀礼を主導した。条に関白頼道が院がに呼ばれていたといわれる。同時に上東門院対面したことにあるがらを載せた形で影子は十五日の祝の母代の影子の三十日の祝の母代の五十日の祝の母代として特殊な形としての御在所に向かう。

第二章 摂関期における摂関嫡妻の法住寺参行考察

九八

寛仁二年（一〇一八）正月に後一条天皇が十一歳で元服すると、三月に入内、四月の新造内裏入御の日に女御宣下を受ける。入内した一条院内裏における威子の居所は西北対であった[16]。母后彰子は東北対（東三対）を居所としている。一条朝においても彰子は同じ東北対を曹司としており、東西逆の一条院内裏においてここが藤壺と呼ばれていた。一方威子は一条院では西北対であったが、新造内裏では藤壺を曹司としているから、後一条朝の一条院の藤壺代がどちらだったのかはっきりしない[17]。威子は同年十月、后に立てられる。里第土御門殿での立后儀において「望月の歌」が詠まれたわけである。

　後一条天皇は成年天皇としては非常に珍しく、キサキが一人しかいない。威子の後ろ楯が絶大であったため誰も娘を入内させることができなかったため、当時稀な生涯一夫一婦であった[18]。一条朝・三条朝にみたように、自分の娘以外のキサキを内裏から排除することによって自分の血筋の皇子以外、生まれる余地をなくしてしまうのは道長の常套手段ともいえるが、後一条朝においては、娘以外のキサキの存在すら許さないという、これまでに例をみない後宮の完全支配を達成したのである。ただしそれは当然諸刃の剣であり、キサキが一人しかいなければ皇子が生まれる可能性は相対的に低くなるわけで、事実、後一条の皇統は断絶することになってしまう。そしてまた道長の後継者頼通はそのような権力は持たず、次代の後朱雀朝には再びキサキが多数生まれることになるのである。

　威子は二度出産したがどちらも皇女であった。威子の居所はずっと藤壺で、『栄花物語』によると、藤壺の東面に姉の一品宮章子内親王が、西面に妹の馨子内親王がいたようである。馨子内親王は長元四年、三歳で賀茂斎院にト定され、初斎院の大膳職について紫野の斎院へと内裏を出て行くこととなった。

　妻后威子に皇子がないこともあり、万寿四年（一〇二七）の道長薨去の後は、新たなキサキ入内の話もないわけではなかったようである。教通の長女生子や頼宗の二女延子、さらには頼通の養女嫄子という威子の姪たちの名前が

第二章　摂関政治最盛期における王権構成員宰相任免法の考察

あるいうなかった結局誰も入内しなかった。その結果、後宮最大の実力者影響力が残された一人娘禔子内親王同母妹の九の宮妹を擁護する次代朱雀の立場を変え

かれの母后は妻后以外合わせた経緯に『左経記』によるとさて、後一条の崩御の日出御可出仕御事頼通直廬にて雑事定あり。中宮御出以前已絶たまふ。先帝御葬送以前御葬御事に先皇定めたまふ後一条の血統も最大の実力者が影響を始まる場面となるのであるがそれが先帝朱雀の先例として運ばれるのである。後一条は己が身が崩御される前後にキサキ御出有る日吉野朱雀崩御以前サキと宜しき如きに決られた。その時であろう。その後また先例がないから、このように決めれ私に残されたた一人名残は時代になかったそれは前日亡き夫后同母妹の九の宮妹を擁護するキサキとして立場を変え

道うように出して、崩御の日妃子内親王崩御したまふ。長元九年十月二十一日の朝御年十八歳であった。鷹司殿の養女として退出したまま自身が出たいし運搬に始まる、影響が出される一条天皇が如くしてはまつ「先帝御葬送以前に「出御」と扱われるかなぜ長元九年十月十九日まで裏に出御した長元九年十月十九日まで裏に出御した不仁親王とは内裏の去るのがあった葬送も正常なのであった夫の後を内にならなかった

後一条朝に皇太子に立てらた人は、第四項　皇太子敦明親王

もの長秋宮の皇太子敦明親王で、後一条天皇の同母弟で血縁的は立てるべきであった以上、父三条天皇の崩御に始。しかし後、親王一条等の立場は非常に弱いと皇太子の立場は非常に弱く敦明は微妙であった。三条院は皇位譲位の交換条件として敦明を皇太子となるように、何度も釘を打たる後盾であった鷹司殿となるべきサキは実子式部、その父左大臣兼家長子

〇〇一

宮傅の顕光が「至愚の又至愚なり」[20]とその能力を疑問視される人物では、道長に対抗するべくもない。果たして一年半後、敦明は自ら皇太子位を下りることを表明する。父三条上皇崩御のわずか三ヵ月後であった。水面下でどのような攻防があったかはさておき、結果として敦明は平和裡に皇太子位を返上し、代わりに太上天皇に准じた待遇と道長の娘を手に入れ、道長の庇護のもと、残りの人生を安寧に暮らすことを選んだ。

敦明皇太子の居所については『栄花物語』『大鏡』によれば、立太子とともにそれまで住んでいたキサキ娍子の堀河院を出て母后と同居したという[21]。当時は里内裏時期であったため、血縁関係が疎遠の皇太子が内裏に住むことはない。この時の娍子の居所ははっきりしないが、父済時から伝領している小一条第だとすると、敦明の院号が小一条院であるのも理解しやすい。しかし以下の理由で、三条朝末期の内裏火災で娍子が遷御した先は異母兄の皇后宮亮為任三条邸と考える。

皇太子位返上時の話として『大鏡』には「中宮権大夫殿のおはします四条坊門と西洞院とは宮ちかき」ゆえに敦明が能信をもってその父道長とのコンタクトをとったとある。この解釈には諸説あり[22]、四条坊門の能信邸と西洞院の皇太子宮が近いとする説、四条坊門小路と西洞院通の交差点近くにある能信邸と場所は不明だが皇太子宮が近いとする説、四条坊門を三条坊門の誤りとして能信邸を閑院に比定する説（能信は閑院所有の実成の娘と結婚）、能信邸が四条坊門と西洞院の両方にあり、そのうち西洞院邸が閑院の可能性があると考える説などである[23]。しかし能信邸が四条坊門のどこか、あるいは四条坊門・西洞院、あるいは閑院のいずれにしても、一条にある小一条殿とは場所が離れており不適切である。為任三条邸の位置はわからないが、三条大路は三条坊門と四条坊門の間にあり、能信邸がどちらにあっても比較的近いので、為任邸を皇后宮兼皇太子宮としておく。

ここで再び確認しておきたいのは、里内裏時の皇太子は、生母が健在な場合は母后居所で同居することが常道であ

第五項　皇太子敦良親王

1　皇太子敦良

寛仁三年(一〇一九)八月九日、敦明親王は皇太子位を辞し、代って敦良が皇太子に立った。先々帝故一条天皇、母は太皇太后彰子、外祖父は道長であった。新皇太子となった敦良は立太子時九歳であった。

立太子前の敦良は東宮内裏に遷御する場合から推測して、母彰子と同居していたであろう。立太子後は東宮となり一条院内裏で東宮御所となったのは東北対である。東北対に住んでいたのは東宮太子（敦良）と親王を引き続き北対に住んでいた冷泉天皇皇女尚侍を円融天皇皇子にあたる皇太子と一緒に住居を移したということになる。この系統関係において親子関係にあり、そ皇統が順番になったそれと同居する父は太

皇太子である。後一条天皇の皇太子位であるから、皇太子の母が現天皇皇太后であるような場合、皇太子の妻母即ち皇太后が同居するのが当然の場合であるが、彰子は母后として皇太子と同居していたと考えられる。敦明は皇太子を辞し以来平五年ぶりに皇太子備後となったのであるが、母后影子の解消されていたことは影子の女居に住居を移したことが明示されたのである。

結婚して新しい妻となったのは道長次女嬉子であって道長子女道長が許して内裏に入侍した。道長親王が住むには内裏は成人したとはいえ一条朝以来の敦良立太子三条朝第一義的には敦良立太子明子が同居するのが筋であるけれども、同居するのは母后影子であったから母后は高松殿の居所に居所を移したのであって、同居できなかったと考えられる。住

一二〇一

第三章 摂関最盛期における王権構成員居住法の考察

寛仁三年四月に新造内裏に入ると、敦良は梅壺を居所とする。もっとも、例えば同年六月に落雷があった時、彰子はすぐに内蔵人に敦良を抱かせ、弘徽殿から清涼殿の天皇のもとに駆け付けているから、この時、敦良は母后の弘徽殿にいたようである。しかし儀礼時以外は弘徽殿に住んでいたかというと、通常も梅壺を使用している形跡が複数あるため、少なくとも翌三年八月二十八日に十一歳で元服する頃には、名実ともに梅壺を居所としていたと考える。

敦良は後一条朝において、万寿年間を境にそれぞれ一人ずつキサキがいた。それにより皇太子居所にも変化がみられるので、順番にみていきたい。

2　皇太子キサキ藤原嬉子

敦良の一人目のキサキは母后の同母妹、つまり叔母にあたる藤原嬉子である。

道長と源倫子の間の末子として生まれた嬉子は、九歳で従三位、姉威子が皇后になるにあたって空座となった尚侍に任じられたのが十一歳である。治安元年（一〇二一）二月一日、十五歳の時に十三歳の皇太子敦良に入内する。父道長はこのとき五十七歳、いまだ隠然たる勢力を誇っていたがすでに出家していたため、同母兄の関白頼通の養子という扱いであった。母倫子も嬉子の入内を見届けてすぐ出家するとはいえ、もちろん嬉子の後ろ楯の盤石さに全く問題はなく、そのままいけば姉威子同様、他のキサキが入内する余地のない唯一人の配偶者であったかもしれない。

嬉子の居所は登花殿であった。「登花殿に住ませ給ふ。東宮も梅壺におはしませば、ことさらに近き殿をとおぼしめすなりけり」（『栄花物語』）とあるとおり、キサキにとっては夫居所の近さが重要であった。

この時期の内裏居所を整理すると、天皇が清涼殿、母后が弘徽殿、母后の妹である妻后が藤壺、母后所生の皇太子

第二章　摂関期における王権構成員居住方法の考察

3　皇太子敦良とキサキ禎子内親王

　皇太子敦良とキサキ禎子内親王について、万寿四年三月十三日、二人目のキサキである禎子内親王が十九歳と十五歳の兄妹従兄弟同士であり、禎子を中心とする親族はキサキ登花殿の西側に位置する皇太后妍子と叔母上東門院彰子が五人にしに内裏の西側に位置することとなった。故尚侍藤原寛子の四十九日法要のち同年十二月に禎子は懐妊し、条別院に退出する。

　嬉子を出産した直後、嬉子は薨去する。弘徽殿に戻った敦良親王は嬉子の実家の東三条邸に参内後初めての内裏参入後も彰子が集まり太皇太后上東門院彰子の内裏参住者となった。産所として嬉子が住まいとした使用される弘徽殿に選ばり、東対として登花殿は東京の東対として登花殿は最期まで過ぎたことである皇太子御所となった。

　皇后、母后の妹である妹后の居所として注目したいのは母后との同居である。敦良の居所としては登長の位置にあり頼通と教通同となからあったと思われる。天皇の居所は変わらない。弘徽殿を利用あるが母后研華舎が譲られたが、研華舎は母后が病中であったため、天宮寺深草関神禅照所から天宮帝深く譲っていた禎子が皇女内親御道長の居所には人目深く深草内親王道長の居所の名目で弘徽殿を居所とし皇親家侵食使用とされ、実資は先帝三条皇族内とする実資は「小右記」に書きな、『小右記』に実資「内覧内の格式の弘徽殿を居所として東宮御所の妃三条帝御所の妃と信仰の居所とする父後一条天宮権が高い皇后皇祖父母后道長が入りたる、御子という「参りたる御子」と参の名月の祖母后后后見陰影的な父祖父道長が高貴な象徴する存在でるものと長が

　も信居所として認識していたのであった道長のことであろう。実際にも「東三の居所の位置が頼通と教通と道長の温情であるとな梅壺母が研華舎の移りが病中なく研華舎が譲られたが、母が病中であるため、梅壺が研華舎と並ぶ居所候補と考えられた考えられ、母親と子を居所と経由した子に親子内道長と桢子と国親王道の後に父親の月が大きく

いう記事がみえるし、入内後に相撲節で紫宸殿に参上する際に弘徽殿を通っていることからも梨壺ではあり得ない[30]。皇太子が梅壺にいたからこそ、禎子内親王はより近い弘徽殿を居所にしたのであろう[31]。

しかし長元二年（一〇二九）正月八日条には「東宮遷御昭陽舎」という『小記目録』の記事がみられ、皇太子が梅壺から内裏東部分の梨壺に遷ったことがわかる。この時、ただ一人のキサキ禎子内親王は数えて十七歳、そろそろ子供が生れる可能性がでてくる時期である。実際、この年の暮れに禎子内親王は王女を出産する。一方、藤壺にいる妻后威子の許にはすでに皇女が一人おり、さらにこの時懐妊中であった。中町氏の指摘のように、皇太子居所は加齢とともに梅壺から梨壺に変わっていく傾向があるが、その時期は単純に元服や出産ではなく、それぞれの人間関係血縁関係で決まるものと考えられる。嬉子がキサキであった頃は、天皇と皇太子が同母兄弟である上、キサキも同母姉妹同士非常に近かったため、皇太子宮は梅壺のままであった。禎子内親王入内後もしばらくは同様であったが、万寿四年に研子と道長が亡くなり、彰子も内裏に常住しなくなると、叔母姪である威子と禎子内親王の関係も徐々に遠くなっていき、出産などの事情もあり、敦良が梨壺に移ることになったのであろう。これ以降は一条朝のように後宮を東西二分して西部分に天皇一家が、東部分に皇太子一家が分かれて住むことが選択されたと考えられる。

禎子内親王の居所が弘徽殿であることが確認できるのは、実は入内した万寿四年のみである。長元四年、二人目の王女娟子の五十日儀の記事では宣耀殿が禎子内親王居所とされている[32]。さらには長元八年には「月頃御記座麗景殿」とある。宣耀殿にしても麗景殿にしても皇太子居所梨壺に近い東半分の殿舎である。おそらく敦良が梨壺に遷御した長元二年に、禎子内親王も弘徽殿を出て宣耀殿か麗景殿に遷ったと考えられる[13]。弘徽殿に関しては、同六年と九年に上東門院彰子の使用が確認でき、弘徽殿は母院の手に戻っていることがわかる。この頃には禎子内親王と道長亡き後の倫子腹の御堂流との間には亀裂が生まれつつあり、禎子内親王居所と母后の弘徽殿、妻后の藤壺との広がった

第三章　其関最盛期における王権成員居住の考察

距離が離れていくような象徴ができたといえるのではないか。その後の一条朝では天皇と皇太子家が東西分かれて住むようになり、三条朝は一条朝とほぼ同様の人物構成でありながら限定された数人の皇太子家の要人が東宮に住んでいたことに限定された。また、内裏の住まいの関係が近づいた時代であったが、次代の皇居住みが珍しくなかった時代であった。それから後の世代が内裏へ

第六項　皇太后藤原妍子

最後に、妍子自身は現天皇・皇太后・皇太后の母后・皇太后の同母姉妹といえる皇太后以外の后妃の后をみておきたい。妍子は九月に退位した三条と十月に新造三条院へ遷御した。皇太后妍子上月に三条院と同居した。道長娘の皇太后妍子の遷御が不用意に結集された效果はないといえる。

先帝三条と長年連れ添ってきた妻で多くの皇子女を多く正妻として夫と連れ添いとなる皇女の焼けた批杷殿に近い土御門殿に位置している后でも長の系統に属する夫である

頼通・頼宗朝の長和五年(一〇一六)の段階では皇居所を別にすることになるが、通常の現天皇であった批殿にするつもりであったが、九月五日に後一条の内裏入りで皇太后となった妍子は十月に三条城内親王とともに皇太子居御所に還御した。妍子は十月に三条で崩御した。妍子は内親王と十一月に新造三条院へ遷御した条の新造三条院と遷御した条では道長院と同居した。三条院で道長の勢力を不用意に結集させて效果が連れていないまま移徙している。

翌寛仁元年(一〇一七)七月、批殿は新造した皇太子敦成親王五月に三条が崩御したあとは、五月に三条が崩御したあとに内親王とともに遷御した。妍子は道長豪華に綺爛な修作を完成し、道長の怒りを買った年でもある。治安元年(一〇二一)三月、四月、いう万寿元年

(一〇二五)正月の皇太后大饗、同四年三月の禎子内親王入内にあたっての儀礼など、妍子の華やかな生活の場となったのが枇殿であった。体調が悪化した妍子は同四年八月十三日、父道長が建てた法成寺に遷御、病状が好転しないため、さらに法成寺そばに母倫子が建てた今南殿へ移る。九月十四日ここで出家し、同日崩御した。三十四歳であった。

妍子について特筆すべきことは、娘禎子内親王入内時の『栄花物語』巻二十八にみえる逸話である。「殿は（頼通）かねての御定にて、内にはやがて大宮（妍子）もゐて奉らせ給へく申させ給しが、みかどの御母后・妻后をはなちてはこと后のおはしますやうなかりけれ、いと口惜しうおほしめす」すでに体調を崩し、入内する娘との別れを嘆いていた妍子に、兄関白頼通がいずれ禎子内親王に付き添えますよ、と慰めた。しかし内裏には現天皇の母后・妻后以外の后が内裏にいたことはないから、前天皇妻后である自分は、入内した娘に付き添える日はこないのだと大変悲しく思った、というのである。キサキの母が入内に付き添うはよくみられ、例えば妍子の母倫子は、四人の娘の入内すべてに付き添っている。しかし道長の娘で天皇の叔母という立場であっても、皇太子に入内する娘に付き添うためであっても、妍子が内裏に入ることは許されなかった。現天皇の母后でも妻后でもない前天皇妻后が内裏に入れないことは決して侵すことのできない禁忌だったことが、ここでも明らかになるのであった。

　　おわりに

以上、一条天皇の即位から後一条天皇崩御までの五〇年間をみてきた。史料が多く残る時代だけに、ある程度詳細に動きを追うことができた。最後にまとめておく。

一、たかつくなが皇太子であると同様に日常的な言及してある。

天皇とはたかつくなが皇太子であると同様に日常的な言及しているが、皇太宮に現住している天皇生母と同居している内裏は可能であるとし、皇太子に皇太宮と同居しているときは、「后見」とよばれる皇太子母后が内裏に同居することは可能である。しかしながら、ウナネの禁忌とでもいうべきもので、皇太子が母同居という方向で、皇太子と同母兄弟姉妹以外は内裏から排除されていたとしてもかなりに考えられる。

それがたとえ、皇太子の母后・皇后であっても条件付きである。すなわち、皇太宮に居るのは里内裏におけるが、皇太子の一員となることで、皇太宮と同居するのは里内裏と皇太子母后前天皇妻后が同居する皇太子の居所として存在しただけである。次に、前天皇妻后が里内裏に居所する場合、皇太子母后以外に現在天皇と天皇生母以外のが皇太子母后の関係となるのである。それにしたがい天皇の関係となる政治権能は皇太子母后は母帝の天能基

母后は前天皇妻后母生母と同居可能であるが、后が住居は現在迎えて天皇皇と同居可能である。

点は実家の出自出居住する内裏には子女かあり、多少複雑なことになる。もとよりの后妃が内裏に居住する場合、内裏に居所ある后の部分ではあるが、実家に仁寿殿を超えるより近い所が固定されている、あるいは部屋割りで対し、后の自由にに内裏に居るといえる。これは、変化した後、后の居所であるとともにそれが内裏に居所さるあが、天皇居所は本来皇太子女一第腹同腹子なは天皇生母と内裏に入るよいれも内裏に居るのは里であれがたとさい内裏元気で、天皇居所ます依存するここ居所時であり、天皇居所は清涼殿に内裏清涼殿天皇居所は内裏清涼殿と呼ばれる清涼殿である。

里内裏におい方はまさに里内裏の時期の特徴である実質上位に位置して居るが、里内裏が過半を超えてを参考え仁寿殿御成期権威成員居住法の考察

も同様である。さらに天皇がいない皇太子宮であっても皇太子父は同居することができないことが、一条朝の居貞皇太子と冷泉上皇の例で明らかになった。後一条朝において前天皇妻后である妍子が決して内裏に入れなかったことも合わせ、前天皇と妻后が内裏に入れないということは、平安宮が造営された当初からの不変の大原則であり続けたと同時に、それでも現天皇生母のみ大原則を破ることができるほど、母后の内裏居住は重大事であったことにも気づかされるのである。

さて、村上朝に正式に内裏に取り込まれた皇太子居所は、ほぼ梅壺か梨壺に固定した。どちらが選択されるかの基準は、まず皇太子の年齢である。自らのキサキをもてる年齢ではない皇太子は梅壺を居所とし、キサキをもち家族をもつと梨壺となる傾向がある。同時に、現天皇との関係性や要となる母后の生存や在任の有無、キサキ同士の血縁関係なども影響する。そしてそれらの関係性が総合的に遠くなっていくと梨壺へと移るのである。そして一条朝や後一条朝の後半のように、天皇一家と皇太子一家が東西で住み分けることになる。后腹親王のみが内裏で育つという特権が薄れ、皇太子の王子女でも内裏にいることが可能になることもあわせ、単に天皇ファミリーと皇太子ファミリーが集住する空間という色彩が増して、内裏という閉ざされていた空間の権威や神秘性は低下したのである。

この時期のもう一つの特徴が、内裏にいるキサキが少なくなることである。摂関期の華やかな後宮のイメージとは少々ことなるが、一条朝前期の道隆政権期にその萌芽がみられ、特に一条朝後期以降の道長政権期に顕著になる。正式に入内したキサキでありながら、夫天皇に会うことができない、妻后であっても内裏に入ることが難しいという状況が生まれた。キサキの参内権とは、入内によって当たり前に得られるものではなく、貴族社会の中で獲得しなくてはならないものになったのである。これは自らの血統を残したい天皇側の要請ではあり得ず、時の権力者側の意向であると断定してもよいであろう。その強力な権力によって貴族社会のコンセンサスが得られれば、天皇ですら対抗

第二章　摂関最盛期における王権構成員たる后妃の参議の考察

すると生涯にわたってキサキとしての妨げになったといえる。摂関最盛期における摂関家の実態とは、三条朝期の妍子に対する道長のコントロールであり、三条天皇と妍子という夫婦に対する道長の後宮の実態だったといえる。

さらに道長の摂関制下における天皇のコントロールは、三条朝以降の後宮の管理のみならず、后三条以降の内覧のキサキ以外の子供以降の天皇の入内は一人だけとなり、皇子女を生した入内したキサキ以外の人数は激減した。次代の後朱雀天皇以降の天皇以降は非常に激しい嬉子以外の血統に立てられないのであっていかにして三条天皇以外の妃の入内を制限した道長の後、道長の摂関期の後の皇統の継承とみていいのであるから、道長の摂関期の後の皇統の継承と正式な婚姻手続きをへてというコントロールを展開していった。皇統継承の場となる后妃の生産場を路とするならば、その後宮の管理とは、参内のキサキ以外の女性の参内によって制限したということは、王家の前に皇統再生産を行う当たってキサキのに強制力がとしたため、妻しか生まなくすることであって、天皇から子を産ませて天皇との皇統再生産の権利の奪取の伸張を制限し（彰子以下の皇統の制限良、

王家側がコントロールしたいという地位的な下位になる、すなわち皇統管理を制した上昇になる。

註
（1）未松剛「摂関家と「撰立制」—摂関政治期の検討から—」（『日本中世王権の形成と展開』思文閣出版二〇一三）、「平安期の儀礼文化と研究名古屋大学出版会二〇〇五）、同『摂関家と王権検討』（岩田書院二〇一一）、
（2）伴瀬明美「院政期における後宮の変化とその意義社会の形成と王権」（『日本中世の社会と国家形成』東京大学出版会二〇〇〇）、栗山圭子『中世王家の成立と在り方故・鳥羽院と形態』（岩田書院一九九六）、告井幸男「摂関期文人貴族家の有職故実享

二一

政」(『中世王家の成立と院政』吉川弘文館　二〇二二　初出二〇〇五)など。
(3) 中町美香子「平安時代の后宮・皇太子の啓碑」(『ヒストリア』二〇四　二〇〇七)。
(4) 吉川真司「摂関政治の転成」(『律令官僚制の研究』塙書房　一九九八　初出一九九五)。
(5) 末松剛「即位式における摂関と母后の高御座登壇」(註(1)書所収　初出一九九九の改題改稿)。
(6) 寛和二年十月二十三日大嘗祭御禊行幸、十一月十五日大嘗祭入省院行幸、十二月二十日円融院行幸、永延元年十一月八日石清水行幸、十一月十五日賀茂行幸など(『紀略』『栄花物語』)。
(7) 永延二年正月三日(『栄花物語』)、永祚元年二月十六日(『小右記』)、正暦元年正月十一日(『紀略』『続古事談』)。母后は夫が健在であっても同居したことが明らかな場面である。正暦例は一条元服後のことであった。
(8) 永延元年・二年正月二日。本書第四章参照。
(9) 『延喜臨時祭式』「凡祈年・賀茂・月次・神嘗・新嘗等祭前後散斎之日、僧尼及重服奉情従公之輩、不得参入内裏。(後略)」。
(10) 本書第三章第二節参照。
(11) 兼家の服中といえば、『小右記』正暦元年八月一日条、十月二十五日条、『紀略』十一月三日条、十三日条、翌二年六月十五日条など、職御曹司が母后居所として登場する。
(12) 『小右記』正暦元年八月一日条。なお大日本史料ではこれを内裏から職御曹司に移り再び内裏に入ったとするが、天皇病気により急遽里第から支度に職御曹司に入り、そこで内裏に入ったと考えないと「早入御」の意味がとれない。まず職御曹司に入ったのは直接内裏に入るのが憚られたか、もしくは天皇の病状をみて臨機応変に出入りできるようではないか。
(13) 後一条朝の母后彰子が職御曹司を使用していないのは、近親者の服忌や自身の出家など内裏滞在が憚られる状況が、後一条朝前半になかったからであろう。当時、職御曹司は荒廃していたが、必要であれば代替空間が考えられたのではないか。
(14) 『小右記』正暦四年正月二十三日条、『大鏡』長徳元年五月十一日、『小記目録』長徳四年七月十八日条、長徳四年十二月十六日条。
(15) 『権記』長保元年十一月中十日条。この時は里内裏。
(16) 例えば『権記』長徳元年十月十日条には「女(登子)院・中宮、出給。自明日、有斎也」とあり、十二日からの石清水行幸を控え、出

(17) 家の諸者の証子と服者の定子はむしろ其関関正直期における王権構成員居住法の考察

(18) 『栄花物語』巻四「みはてぬゆめ」・『権記』長徳四年十一月十七日条

(19) 『権記』長徳元年八月十五日条。「御物の気」事によりなか子は退出した。道長の記しては十一月二十三日より参入し、十二月十九日まで内裏に滞在している。長徳元年十月一日から翌年正月二十三日まで服喪中であった。

(20) 『権記』長徳四年十一月十七日条

(21) 『権記』長徳四年十一月十七日条

(22) 前者は結婚日に定子が内裏を退去したため、後者は石清水行幸があり、その間が始まるため、道長の高官が参入の旨が始ったためである。（『紀』）

(23) 他に『小右記』長保三年十月十日条『枕草子』第七段

(24) 『小右記』長保三年十月十四日条によれば大内裏御曹司職御曹司『権記』長徳四年十二月十一日条より内裏御曹司職御曹司に退出したとあるのは、母后太皇太后詮子の病気が重く、見舞うため。定子が内裏参入の時は、女院詮子は石清水行幸に従って行幸先の行宮に滞在していたから、物忌中の女院詮子と接触を避けて、教養親王を懐妊した。

(25) 『権記』長保三年正月十六日条。その時未の元子が内裏に参入したのは母死去のため旧邸が滅失したという事情による。

(26) 定子入内と内裏の関係と内裏焼亡の原因は別であり、子出家と批判しうるのは出家の妻と同居する人が関白道長であるためである。『枕草子』第一段に内蔵の妻として登場する人物について触れる道長の高官が参入のためと説かれる尼御時が内裏御曹司に住うということは先例にないとされる。江匡衡によれば「出家者が出位の内裏と内を焼亡させる者は批判されるべきだ」という意識がありうる。子出位子出家は批判される。

(27) 弘徽殿が出家者住居と位置づけられるためには、出家前内裏の時の期間四ヶ月前後の長さ（『栄花物語』『権記』で確認されるためにもった定子出家時期四年十二月二十一日を一月十三日ためである。）

(28) 時饒殿人居話である。承香殿・麗景殿と前内裏の記の割注ではあるが、『栄花物語』巻四ではなの初の記があった。

(29) 『紀略』『紀』『大内新注』（『大鏡大系』）『大鏡』安和二年十二月十五日ためず、女御居下前年十一月二十五日ためずた焼亡した事がある。『栄花物語』巻四「みはてぬゆめ」はこの事について「仮皇居中の麗景殿」と呼ばれた時内の焼亡した居人が暮焼始末に曹司として入り居た人について「しばらば

(30) 関根正直『古事大鏡裏書大系』『大鏡新注』ではた説を紹介している。

(31) 『栄花物語』巻四。
(32) 入内の頃の記事で「暗戸屋の女御」としているのは、『栄花物語』巻四「さてまゐり給て、くらくやの女御と聞えける」のみである。
(33) 『権記』寛弘二年三月二十六日条、同七年正月二十六日条。なお、一条崩御後、参議通任と再婚する際『小右記』で「子代女御」と呼ばれている(長和四年十月三日条)。烏丸小路の別名が小代(子代)小路なので、ここに里第などがあったことが想定できる。
(34) なお、これらの多くは一条朝後期の里内裏での記事であるが、内裏での居所を考えるためにここでまとめて検討した。
(35) 皇太子居所については中町美香子氏が院政期まで詳細に検討されている(「平安時代の皇太子在所と宮都」『史林』八五│四、二〇〇二)。ただし少々認識の異なる部分や他の王権構成員との関係もあるので、改めて検討する。以下、中町説はこの論文による。
(36) 『栄花物語』や『大鏡』は寛和二年(九八六)七月十六日、居貞皇太子元服夜の添臥として入内したとするが、『小右記』の永祚元年(九八九)十二月九日条「今夜(綏子)高陪参青宮、昨来事情、神今食以前宮中潔斎、而有婚礼、如何」から添臥説はとらず、入内はこの日であったと考える。時に綏子十六歳、居貞十四歳。
(37) 源頼定は村上天皇の孫で、『枕草子』に「宮の中将」として登場する。官歴をみると、一条朝においては蔵人頭・参議と順調に出世している。ただ、正暦三年(九九二)に弾正大弼、翌年昇殿が許されてから、長徳四年(九九八)右近衛中将になるまで昇進がない。中関白家と親しかったためにいわゆる長徳の変(長徳二年)で勘事に処されていることに関係がありそうだが、逆にそれほど親しいにもかかわらず正暦五年・翌長徳元年あたりに官位があがっていないので、この頃が密通発覚時期の第一候補か。長徳元年には頼定十九歳、綏子は二十三歳、娍子はすでに王子を産み、正月に原子が入内している年である。なお、頼定が三条朝に一切昇進がなく昇殿も許されなかったのは、三条天皇が綏子との密通をいまだに激怒していたためといわれる(『大鏡』)。
(38) 『権記』長徳三年十二月十三日条、『栄花物語』巻七。
(39) 服藤早苗「平安時代の父子対面儀と子どもの認知│王権内における父子秩序の成立と変容│」(『平安王朝の子どもたち─王権と家・童─』吉川弘文館、二〇〇四、初出一九九八)。
(40) 『栄花物語』巻五。
(41) 『新儀式』「内親王初朝事」、『西宮記』「童親王拝覲事」など。
(42) 『権記』長徳四年十一月二日条。管弦の宴を催していた居貞は知らせに驚き、宮臣たちを連れてすぐに宣耀殿に渡御している。

一二三

第二章　摂関最盛期における王権構成員在任法の考察

(43)『栄花物語』巻八「はつはな」。

(44) 中町美氏注(35)論文。

(45) キサキを合め使用された血縁という語は、血縁的に近い者同士間の決定が王家内部における同意である以上、基本的に皇居所における皇太后藤原彰子の濃い血縁関係が関わってくることになるのは、皇太后の従兄弟にあたる藤原頼通との血縁関係と、三条朝の後一条天皇が皇太子敦成親王として伊周の子が関係した後、三条朝の皇太子敦明親王ではなく、後一条天皇の弟である敦良親王との結婚を介しての加齢や血縁の薄い皇太子敦良親王が三条天皇のキサキに入内した後も共に住まわれるために重要な要素であったと同じく、皇居所が使用されたのは同前のつまり内裏=清涼殿であったと考えられる。

(46) それゆえ太皇太后職正暦四年九月九日条がそれらに対応する可能性もないわけではないが、同じく九月十四日条に皇太后、皇太后宮大夫藤原道長が関係した修理の記事があるが、これは同年八月二十日の皇太子居貞親王身の皇太后宮職移動関係の修理であると記述している。詳細は稿を改めることとし、少なくとも、後一条院時・女御子内親王所居所・東宮居所・皇居所の記事などは『権記』長保元年八月十八日条十月二十三日条に他に同例・同年十一月十八日条におかる東対、東北対の使用が見られる。なお後二条の居所として女御彰子の使用だけがあり、影子皇太后の居所となる東北対で理解されない。それに、(『百錬抄』巻十一条)「天皇大后と同じく修御座との記事は中宮居所へと運ばれ」とあるから、長保三年正月日条では清涼殿に遷御した内裏（清涼殿=中宮殿）に対して大日本史料は

(47)『権記』長保元年七月十日条の東西対から、北対が修造され建物として施設された頃は、王位子内親王の居所として決定してられる十月二十三日条にかかる。他にも東対北・東西対は同年八月十八日条に「権記」長保元年十月二十八日条の東西対の使用が見され、なお影子後の居所となる東対として中宮居所から皇太后居所に遷御（『百錬抄』巻十一条）。

(48) 倉本一宏氏にある藤原彰子東西の配置については、黒板伸夫『摂関時代史論集』吉川弘文館、二〇〇〇年。

(49)『権記』寛弘八月十七日条。

(50)『権記』長保元年五月十七日条。

(51)『権記』長保元年十一月十八日条。

(52)『権記』長保七年十一月十八日条。

(53)『記』の時の影子九月八日に内裏下り退出する藤原彰子の時期を理由として待腰を過し腰を絡めずいう内府文「陣座御前」が膳てたち、寛弘元年七月十五日に「御堂」の事記から土御門殿から中宮亮則忠に遷されに至るのであるに『記略』「御堂御記抄」長保三年に保された天皇影子の子敦康親王

の対面時や魚味始儀における「弘徽殿」については、次項参照。

(54)『御堂』長保元年九月七日条。

(55)『御堂』寛弘三年二月二十五日条。

(56)『権記』長保三年二月十九日条。

(57)「一具弘徽殿（誤テカ）一宮大盤所」は細字の註だと考えれば脱がなくても通じるが、もし脱があるとすれば「是」であろうか。あるいは「女」を補って同居が考えられる女一宮の同母姉修子内親王の大盤所である可能性もある。

(58) 康子・資子・崇子の内裏居住については、山田彩起子「天皇准母内親王に関する一考察」(『中世前期女性院宮の研究』思文閣出版 二〇一〇 初出二〇〇三)、本書第1章。

(59)『小右記』寛弘二年二月二十七日条、十一月十三日条、十四日条。

(60) 寛弘二年十一月十五日の内裏焼亡時、ともに東三条院裏に入る(『権記』)。翌三年二月の一条院内裏遷御後も、八月には一宮童相撲が東北対(藤壺)で行われ、九月の土御門競馬行幸の折にも、八日の彰子土御門行啓と二十八日の内裏還啓に同行している(『御堂』)。

(61) 長保四年三月九日、敦康の河原での祓に道長が同行、敦康は六月に道長第に渡御、方違えに行く時も道長が同車した(『権記』)。寛弘元年、同四年の賀茂祭行列見物には倫子も同行している(『御堂』)。倉本註(48)b本文、拙稿「摂関期の后母―源倫子を中心に―」(服藤早苗編『平安朝の女性と政治文化―宮廷・生活・ジェンダー―』明石書店 二〇一七)。

(62) 寛弘六年十月二十六日に修子・敦康が内裏還御(『御堂』『権記』)、寛弘七年二月二日、修子は内裏を出て典侍源明子の一条宅へ(『権記』)、同十一月十日、修子・敦康は母の異母弟の服喪のため内裏を出て叔父藤原隆家宅へ行き(『御堂』)、同十二月十一日再び参内している(『御堂』『権記』)。

(63)『御堂』寛弘七年七月十七日条。

(64)『権記』寛弘八年五月二十七日条。敦康は三条朝長和二年に婚儀を行うが、場所は彰子居所の枇杷殿西対であり、敦康の装束は彰子が整えている。相手が室隆姫の妹のため頼通の差配によるものではあろうが、皇太后宮で行うことで、敦康の後ろ楯に皇太后彰子とその弟頼通がついていることが社会的に明示されたといえよう。彰子が変わらず敦康に好意的であることが窺える。

(65) 寛弘六年四月二十六日の中宮御修善は東対で行われ(『御堂』)、高松殿からの還御の際、敦成親王は東北陣から東対に入った後、

一一五

第二章　摂関最盛期における王権構成員居住法の考察

(66) 天皇御前へ進んだといふ最初最後である（『御堂』）。父天皇と対面したのであらう。

(67) 『御堂』寛弘六年九月十一日の敦成親王の饗宴は東対南廂に設けられた。

(68) 『御堂』寛弘六年九月十九日の敦成親王御読経結願の饗は東対に設備せられた。

(69) 『御堂』寛弘七年十一月二十八日条ほか。

(70) 『小右記』長和五年十月七日条「今日皇后宮従内裏渡御東三条南院」に対し、『日本紀略』同日条は「今日皇太后宮遷御東三条第」と記す。「東三条南院」とするが、皇太后の遷御先の東三条殿に入る事前に東三条南院に入るとは思えない。

(71) 『権記』長保二年十一月十六日条。

(72) 中町註(35)論文。

(73) 『権記』長保二年十一月十七日条。

(74) 『権記』長保二年十一月十七日条。

(75) 『権記』長保二年十一月二十日条。

(76) 『権記』長保四年五月十四日条。

(77) 『紀略』長保四年八月十四日条。

(78) 『栄花物語』巻七「とりべ野」に「御鬘よりあはれなる血の皿あえさせ給ふ」とあるが、やや新内裏の違例と記に見えたに違ひなく、ただ彼が給ひける人へなりけりと記される。

(79) 『御堂』『権記』寛弘二年十一月十五日条（小記目録）『栄花物語』巻八「はつ花」。所の後宮造顕したものの、いたく朝廷に仕へられ、これは元丹波守高階業遠宅を参考にしたことがわかる。

(80) 『御堂』寛弘六年十月十四日条。

(81) 琪爾時代史料文学吉川弘文館、一九〇一。

内ある中町氏（中町註(35)論文）は「親王は実例として同居親子やキサキ同母兄弟姉妹分類第一条の「弟以外で同居者の親王は親子や同母兄弟姉妹、サキ血縁者である場合非同居の原則が退く女性血縁者非同居の原則がある。その上で例として一里内裏時として後宮准后皇太子親王遷座も基本的には住居の長日常所の距離から一時的な別居と考へる近居である。すなはち本的に同居は一翌年三月までの一時期に皇后や同居していたのも、昭陽舎やそれは東宮居所配置の際に加へられる。ない方や親子とキサキ同居の実例と同母兄弟分類第一条の」

実際に広さや格式のふさわしい邸が近所に二ヵ所あり使用できることは難しかったであろうが、東三条殿と南院、一条院と別納という使用法や、氏が例外として指摘された円融と朱雀院が堀河第と閑院という隣接した邸を使用している点などから、非同居例でも距離と血縁は比例しないと考える。

(82) 『権記』寛弘七年十二月十四日条。

(83) 『御堂』寛弘八年正月三日条。東宮灌仏会の際に、道長と彰子が妍子を通じて布施を献上しているのも、妍子の後ろ楯の盤石さをクローズアップするためであろう（『御堂』同年四月八日条）。

(84) 『小右記』長和四年四月七日条。

(85) 新造内裏でも妍子居所は藤壺で、道長の直廬も藤壺であった（『御堂』長和四年十月十七日条）。なお、第二次枇杷殿内裏においても、第三次枇杷殿内裏においても、妍子居所と道長直廬も藤壺であった（『小右記』長和四年九月五日条、翌五年正月五日条）。

(86) 伴瀬明美「摂関期の立后儀式とその構造と成立について」（大津透編『摂関期の国家と社会』山川出版社、二〇一六）本書第五章参照。

(87) この間の事情について服部一隆「娍子立后に対する藤原道長の論理」（『日本歴史』六九五、二〇〇六）に詳しい。

(88) 不例の第三親王敦儀と斎宮に卜定された第三皇女当子内親王が同行しなかった。『栄花物語』は当子をともに入内したとする。当子は前年十二月に斎宮に卜定、本年八月三十一日に初斎院（宮内省）入り、九月二十七日に野宮入りしている。

(89) 『小右記』長和二年三月三十日条。供奉したのは皇后宮大夫懐平・皇后宮権大夫通任・行成・忠輔・兼隆。ちなみに二日前の道長月例経供養には、公卿十三名が参入している。

(90) 現天皇の皇子である親王元服儀は、天皇居所清涼殿で行われる。終了後、生母居所に行くのが通例である。今回、娍子は上御局にいるので、そこから儀式を見守った後、叙品された親王らより拝礼を受けたのであろう。参列の諸卿に生母が様を用意するのも通例のことで、今回は当初承香殿に用意され、結局、娍子が上御局にいたためそこから賜ることとなった（『小右記』）。

(91) 『小右記』長和四年十一月十五日条では、三条自身が翌年二月に譲位する意向であることを道長が話している。

(92) 『紀略』『小右記』長和四年十一月十七日条。

(93) 註(61)拙稿。

(94) 枇杷殿で火事があった時に西対からの距離が問題になっている（『御堂』長和元年二月二日条）。また長和元年七月に土御門殿から枇杷殿に還御する際の饗も西対で行われている（『小右記』）。『御堂』寛弘八年十二月二十八日条、長和元年正月二日条。

一一七

(95) 敦良親王の読書始関関連記事は第二章「摂関最盛期における王権構成員の居住法」に記載され、長和四年十一月十三条など。

(96) 同年正月一日条にて「読書始が行われている」長和五年正月一日条記事について天皇居所は東対の北対と考えられ、そこから東対への移徙が行われたとする（美川圭『院政の研究』臨川書店、一九九六、一一四頁）。また、中公論美術出版、中央公論美術出版『平安時代貴族住宅の研究』(二〇〇〇)及び中殿は同義語として用いられるように思われるが、ここでは別に検討する必要があろう。

(97) 『小右記』長和五年正月十三日条。

(98) 『小右記』長和四年十一月十七日条、『類聚雑例』長和四年正月十九日条。

(99) 『左経記』長和五年正月十九日条。

(100)『小右記』『左経記』『御堂』長和五年四月一日条。

(101)『権記』寛仁元年八月九日条に「小右記』同年八月十六日条、母后新造御所の部分である北対東庇を共に里内裏大宮院への移徙先として新造御所をしばらく別の殿舎とする考えがあるから、北対=東北対=東北対殿か別当北対は北東対の居所から北対東廂に居所となると考えられる。これは実質的には北対殿舎で『御堂』『小右記』寛仁元年八月十三日条『御堂』寛仁元年八月十三日条では居所東舎として対東舎=北東対南廂(寝殿造の研究』三四八頁)。改築後は対東人居所となる。大田静六『寝殿造の研究』を想定する『小右記』『左経記』では「東南対」と、『御堂』同年十一月四日条・「対東南」とし、これを同一のものと見、寝殿東南対=東対の南廂ないしは南東対＝東南対と考える

(102)『権記』寛仁元年八月一日条に天皇居所の北対東対であり、「北東対」とは北対の東部分とみなせば、北対東対と同じ場所を指すことになる。これにより、『小右記』同年八月十三日条は同年八月十三日条の北対から東対の居所で行われた記事に関するものと共通する。このことから、母后新造御所を移徙したと考える。

『御堂』同年十月十三日条の母后居所は東対であり、対東北の場合、該殿舎が東北対(北東対)とみなせる。御所の移徙先をいくこともできる。

(96書) [ ]対＝飯殿の通称として斑ぐとするか、それ以外は
北対＝母后居所
東対＝新帝初居所
北東対＝母后居所前（『御堂』・『小右記』十月十三日条、・・）
北東対＝新居所（『左経記』『御堂』十月十三日条）
北対＝天皇居所（『小右記』長和五年正月十三日条）
対東＝北対東北（『御堂』寛仁元年八月一日条）
北東対＝北対東舎（大田静六『寝殿造の研究』にいう東北対）（『小右記』『左経記』寛仁元年八月十三日条）
西北対＝母子居所所の行所
西対＝威子居所所
対東＝吉川弘文館氏『文蓋』同年十一月十四日条
「於皇太后宮」対東＝南九対ははれ、東南対として考えると

(103)『御堂』同年六月一日条と：

(104)『小右記』寛仁元年八月三日条。
宮上御直慮属東廂補記「於左経記」で行われている。

(105) 『左経記』寛仁二年閏四月十日条、『御堂』七月二十八日条、『小記』同三年正月三日条、六月二十二日条、同四年十月二十八日条、閏十二月二十六日条あたりまでは多数確認できる。実は寛仁三年の内裏還御日の『左経記』が「太皇太后宮御方嚁驚」としているが、他に彰子居所を麗景殿とする記事は管見ではないため、ごく一時的なものか、何らかの誤りとみなす。

(106) 『紀略』万寿元年九月十四日条、二十日条、『小記』十一月七日条。九月二十日条には「太后日来御座内裏」とある。

(107) 彰子の大饗・正月拝礼については、本書第四章参照。

(108) 『左経記』長元元年正月三日条、『小記』同年十一月十九日条、『紀略』長元六年五月十日条など。土御門殿焼亡以前にも頼通高陽院や従兄源済政三条宅などを居所としたこともあったが(『紀略』『小記目録』長元二年三月八日条など)、上東門第に入る時には「帰御本院」と書かれている(『左経記』長元元年九月十三日条)。

なお、大日本古記録本『小記』長元五年八月二十八日条「今日中宮行啓院」の頭注は「藤原威子上東門院御所ニ行啓アリ」となっている。しかしこの大膳職を居所とする「院」は彰子ではなく、威子の第二皇女馨子内親王である。馨子内親王は長元四年十二月に賀茂斎院に定まり、同五年四月に賀茂川で御禊を行った後、大膳職に入っている。同六年四月にも威子は娘に会いに大膳職に行啓している(『紀略』同年四月一日、五日条)。

(109) 『小記』九月二十七日条、十一月十三日条、『左経記』十一月一日条。

(110) 『小記』万寿四年四月五日条、同年六月二日条、長元元年五月十四日条など。

(111) 後朱雀朝のことであるが、父母を亡くした後一条と威子の皇女章子内親王も馨子親王も、彰子が養育している(『大鏡』道長〔後日物語〕)。章子内親王は後に親仁(後冷泉)中宮となる。

(112) 『小記』治安三年四月一日条。

(113) 『栄花物語』巻二十四、『小記』万寿二年三月一日条、『左経記』同年四月二十一日条。通房の場合、正室隆姫所生ではないため高陽院では行いにくし、しかも道長・倫子夫妻が育てて嫡男として遇されたというから、将来の摂関家当主として権威づけのために、彰子が通過儀礼に関与したことが想定される。『栄花物語』巻二十四は「大宮(彰子)、土御門にはしまいば、常(通房)を)迎へ奉らせ給で、抱きうつしませ給し」と、彰子が通房をかいがっていたと記す。親王誕生前の話である。なお『栄花物語』はこの時、道長・倫子夫妻が土御門殿に住んでいたとするが、『左経記』の記事をみても「大宮御方」彰子の許で儀礼が行われているという認識であり、道長邸としてではなく、彰子邸として行われたと考える。

一一九

第二章　摂関期における王権構成員任住の考察

(114) 例えば四条宮寬子は、長元九年(一〇三六)四月十七日に彰子のもとで執り行われた後冷泉の著袴の儀に際して、その着袴役を勤めた藤原能信は、頼通の弟である(『栄花物語』巻三十三「きるはわびしとなげく女房」、『小右記』長元九年四月十七日条)。なお、『栄花物語』巻三十三「きるはわびしとなげく女房」では、彰子が嘉子内親王の御乳付役を勤めた内容がみえる。嘉子内親王は、長元七年四月十日に禎子内親王が皇子親仁親王(のちの後冷泉)を出産したとき、その清涼殿内にある弘徽殿上御局に置かれた産所において着袴の儀が行われた(『小右記』註(58)書取出位)。

(115) とぞ、そは四条宮彰子の御孫にて、山彩しき御後見なり。

(116) 子の女御藤原嬉子が、長和元年(一〇一二)四月二十七日に皇太子敦成(後一条)のもとに入侍して以降、寬仁四年(一〇二〇)正月二十七日に皇太后彰子が弘徽殿に渡御するまで八年の間、『栄花物語』巻十三「ゆふしで」や『御堂関白記』長和元年四月二十七日条や『小右記』寬仁四年正月二十七日条等にみえる限り、彰子の皇居所は弘徽殿であったとされる。女御嬉子の上御局初出は、『御堂関白記』寬仁四年三月二十一日条にみえる上東門院彰子の主催で執り行われる后宮四十算賀の宴において、上東門院彰子がその孫である皇子敦良(のちの後朱雀)を伴って内裏の飛香舎に入御した記事である。

(117) 新内裏に還御して以降、寬仁三年四月二十二日条に「参内、直如常」とある如く、道長自身が内裏参仕を「如常」と認識していたことである。北対西廂に藤壺代が設けられていたとしても、参仕がそれ以前と異なるものとなっていたとは認識されていなかったものといえるだろう。

(118) 入侍とは、一般の後宮に准えてよければ、未婚の段階でミキサキ候補者と認められた娘が天皇の皇居所に入ることであり、ミキサキとなる間日日条[頭字き]ように定まった内親王以外に参仕した例はいないとしたらば、臣下女子は内裏に入って内侍所の参仕である可能性があったのであろう。女子が内裏に入る以外の可能性としては、母のもとに参仕して可能性や、母伴いの例にはいずれかの例にもなるが、本論註(2)参照。

(119) 『栄花物語』巻二十「御賀」のように、内侍所での婚礼を伴う条条件では威子の居所である内御殿所であったため、威子の内御殿は対屋ではなく堂とのことの敦姓・禎子内親王と同じ考えが強かった。子が女御として西朝では存在したことが相対的に別階の後宮であり、頼通の娘である寬子が入侍して以後、実娘が誰も入られなかった故藤原能信は、実娘が誰も入られないとと迷って、養女尊仁親王(兄嫁の母)や異母兄の養女茂子(寬子身の孫)を強引に参内させていたかは疑わない。

(120) 『小右記』長和五年正月二十七日条。

(121) 『栄花物語』巻十一「つぼみ花」には、三条院の堀河院御所における、例えばある時、皇太子敦明の装束が不香にあったとき、上皇居所が内裏御所となら内裏院に隆解が不時であったため装束を引き摂りに遣わせたが、大騒ぎがおこり結局は皇居内の御遣を使用するとしたが、装束は皇居所であるため皇居所内の御物を調達すべしとしたが、皇居所の意向によって外祖父の意向でもあったので、皇居所の意向として可能となったとしたがた、主側は天皇外祖父の意向を後側身の意に則して主側を停止して主側を支持するなど、父威子である後に、彼皇としての私的な一任的文威力を持ちたとして、威子後即彼の彼居所・同居の可能性となったことを示唆するだろう。

(122) 日本古典文学大系『大鏡』(岩波書店一九六〇)、新編日本古典文学全集『大鏡』(小学館一九九六)による。母后同居として敦明邸の皇平親王の皇子十一

六歳)で、この時家資に預かっている(『小右記』長和四年十一月九日条)。これは父の譲りと考えられる。懐平については、内裏焼亡の際、娍子はまず懐平亭に入るものの、すぐ経任亭に遷っていること、実資兄懐平亭が皇太子宮になっていたら『小右記』に言及がありそうなことから、懐平亭ではないと考える。

(23) 閑院は堀河院の隣のため、皇太子宮を堀河院に比定する説もあるが(杉崎重遠「大鏡私考」五十嵐力博士記念論集『日本古典新攷』東京堂出版 一九四四)、敦明が堀河院を出て母后と同居しているという上述の『栄花物語』や『大鏡』を否定する材料はみつからない。

(24) 『小右記』寛仁三年六月二十九日条。

(25) 相撲節に出席するために敦良が紫宸殿まで参上するルートを、『御堂』寛仁三年七月二十日条は「経弘徽殿并承香殿北廂・馬道・仁寿殿東廂等」と載せ、『御堂関白記全註釈』(思文閣出版)は敦良は彰子は弘徽殿で同居していると解説している。が、「自弘徽殿」ではなく弘徽殿以下の場所と同列となっているのに弘徽殿を出発点とすることに少々疑問を感じる。実はこの相撲節参上ルートの書き方は『小右記』の寛仁三年「経弘徽・承香・仁寿殿等」、万寿四年(一〇二七)の「経弘徽細殿、承香・仁寿等殿、敷縁道」とほぼ共通である。前者はともかく、後者はすでに彰子は内裏を出ており弘徽殿はサキキ禎子内親王が居所としていて皇太子居所は梅壺と確定している時期である。寛仁年間についても梅壺から参上するルートと考えて矛盾はなく、敦良が彰子の弘徽殿に同居していたとはならない。なお、寛仁年間が梅壺からのルートだとすると、梅壺と弘徽殿あるいは登花殿に渡殿があった可能性が高い。註(26)参照。

(26) 一般によく目にする『大内裏図考証』の平安京内裏図でみると、後宮の七殿と五舎でつながっているのは宣耀殿と淑景舎、麗景殿と昭陽舎だけである。しかし「近き殿」を選びながらもちろち皇太子やキキキが地面を通ったは思えず、当時、梅壺と登花殿が渡殿などつながっていることが想像できる。註(27)の相撲節にあたっての梅壺から紫宸殿へのルートをみると、梅壺と弘徽殿細殿(西庇)との間に渡殿があった可能性がある。『小右記』万寿四年の「相共参青宮、即令参上給 経弘徽殿細殿、承香、仁寿等殿、敷縁道 大夫頼宗次余前行 不経細殿、従地参入 於弘徽殿南前行」という記事は、この時は渡殿などを使って弘徽殿細殿を経ることをせずに縁道を敷き地面から弘徽殿南から殿上に参入していると特記しており、逆に本来ならば地面を通らずに、渡殿などで弘徽殿などに渡れたことが想像できるのではないか。

(27) 『小右記』万寿三年十月十二日条。

(128) 『小右記』万寿四年三月十三日条。

(129) 『東寺長者補任』。

(130) 『小右記』万寿四年四月十六日条。

(131) 敷居所が梨壺であることについては既述の通りであるが、皇太子妃となった禎子内親王が梨壺に入ったという事実に独自の記事を載せているのは『栄花物語』巻二十八「わかばえ」のみである。そこでは①敷居所は梨壺であった、②敷居所が皇太子御在所に近いため禎子内親王は梨壺に移ったのであり、皇太子御在所は弘徽殿であった、③簡単にまとめたため、敷居所に入ることと弘徽殿に移動したこと、引き続いて梨壺へ入ったことが混同されている、といった立場に立つと考えられる。

(132) 承香殿説は他に体調不良や霊媒路の移動説があるが、同様に梨壺を皇太子御在所に近い弘徽殿に比定するとすれば、後述する梨壺が皇太子御在所である①の事実にあたるといえる。また本条には、禎子内親王は承香殿に入ったとある。後一条天皇が承香殿に移御した事実は『栄花物語』巻二十四「わかばえ」にもみえ、禎子内親王が梨壺にいたが承香殿に入った経緯は、承香殿同棟内の弘徽殿に移動したのであり、東宮御在所は同様の梨壺に入ったとみると、敷居所十六日条は、東宮御在所は敷居所であった禎子内親王が承香殿同棟内の梨壺に移動したことを記しているとみなせる。敷居所は梅壺になる③そのため、御在所は敷居所を居所にしていることを理由に、禎子内親王は引き続き梨壺を御在所とし、即位後は品宮御在所人、品宮御在所人東宮御在所、承香殿は禎子内親王の四月九日と考えられる③の禎子内親王の短期間の承香殿、同棟の弘徽殿

(133) 親王御所が太子記『長元四年十一月』日条」に「註、(13)の参照」（①皇太子妃禎子内親王のキサキの梨壺所で弘徽殿を使用したことは早いが、同殿を近くから想定される。梨壺以降の推定については高橋氏「言及されている（『栄花物語』巻二十四「わかばえ」）植子内親王が同殿を使用したと同殿使用の補足について（[一一二]）。」「栄花物語」における皇太子内親王が内殿にしていたとすることは考えにくく、後一条内親王は次の四条に入見の由、又上に五日以降より禎子内親王の御在所は東宮御在所となる「品宮殿人」取り御渡初日であるに由ある。若宮の四月九日とあるのによる③の禎子内親王の短期間の承香殿は禎子内親王の御所とし、内裏に変更すべき古い本文家見られ、梨壺とし弘徽殿に居所として伺候した記事後朝半の弘徽殿を居所としたことになろう。「一一四」明

なお、 内 麗 景 殿 に 皇 太 子 時 代 に お け る 後 朱 雀 朝 の 官 司 に つ い て は 先 に 弘 徽 殿 と せ ら れ た が 、 そ の 後 文 学 部 日 本 文 化 学 科 論 集 第 九 号 （ 二 〇 〇 三 ） 。 栄 花 物 語 で 植 子 内 親 王 が 同 殿 を 使 用 し た こ と か ら 、 植 子 内 親 王 が 弘 徽 殿 を 使 用 し た と の 想 定 か ら 、 少 な く と も 、 後 朱 雀 朝 の 描 写 へ 入 っ た 時 以 降 か ら 立 太 子 ま で 、 ま た は 次 の 段 の 後 朱 雀 朝 期 の 特 徴 的 居 所 と し て 、 弘 徽 殿 を 居 所 と し て い た こ と に な る 。 後 朱 雀 朝 明

(134) 拙稿註(61)。

(135) 伴瀬註(2)論文。

表3 居所対照表 (2)

代	内裏	天皇	母后(女院)	妻后	妻后②または女御	皇太子・キサキ	上皇・キサキ	その他
	内裏 987.2〜	梅壺 →清涼殿	梅壺ヵ →梅壺または弘徽殿？〔991出家〕土御門殿 一条院	定子〔990入内〕登花殿 梅壺 →二条北宮 →平生昌邸（職御曹司）	義子〔996入内〕弘徽殿 元子〔996入内〕承香殿 尊子〔998入内〕不詳	居貞 梨壺 綏子〔989入内〕麗景殿 →土御門宅 娍子〔991入内〕宣耀殿 原子〔995入内〕桐壺	円融父院 朱雀院 →円融寺〔991崩〕 冷泉上皇 鴨院→ 東三条殿南院	遵子 朱雀院 →四条宮 昌子内親王 三条宮
一	一条院 999.6〜	清涼殿代（北対または東対）	一条院 →土御門殿	定子 平生昌邸〔1000崩〕 彰子〔999入内〕 藤壺代（東北対）	元子 西対東北角 義子 （西対北西庇） 尊子	居貞 東三条殿 娍子・原子 東三条殿東対ヵ		
条	内裏 1000.10〜	清涼殿	→一条院 →東三条殿	彰子 藤壺	(以下，確認できず)	居貞 梨壺		修子・敦康 弘徽殿・藤壺
	一条院 1001.11〜	清涼殿代	東三条殿〔1001崩〕	藤壺代（東北対）		居貞 東三条殿 →1002道綱大炊御門第 原子〔1002卒〕東三条殿東対		敦康 藤壺代
	内裏 1003.10〜	清涼殿		藤壺		居貞 梨壺ヵ		敦康 藤壺
	東三条殿 1005.11〜	清涼殿代		藤壺代	元子 一晩のみ	居貞 東三条南院〜1006.3.4	冷泉上皇 三条院	敦康 藤壺代

第三章　摂関最盛期における王権構成員居住法の考察

日付	内裏		一条天皇	三条天皇	彰子	妍子	姸子・敦子
1006.3.14	東三条南院						
1006.3〜	一条院	還御代	→土御門院	還御代ほか	(南院隣に) 藤壺→？※	彰上局	内裏
1009.10〜	枇杷殿代	還御代	→東対	居貞、藤壺→一条院、枇杷殿（1010内）	一条院、還御代ほか	彰上局	敦成[1008〜] ←東三条南院 ←源雅方邸 子に同じ
1010.11	一条院→枇杷殿	還御代代	枇杷殿代（東御） [1011.6譲位]	藤壺代（東北対） (東二対)	居貞、敦康信→一条院、藤壺、剣璽渡御	彰上、一条院	敦成・敦良 子に同じ
1011.6〜	東三条院	還御代	(→東院)	一条院敷御所→敦	子 居貞→東三条院	藤壺→内裏枇杷殿	敦成・敦良 ←東三条南院 [1011.10薨]
1011.8〜	内裏	還御代		藤壺 →東三条にて即 →東三条院 1013.3〜 陽明三条第居	子 内裏枇杷殿	藤壺 →東三条院 13.8※ →土御門内で産 ←摂北楼	敦子内親王 [1013.7〜] 母に同じ
1014.4〜	枇杷殿	北対		枇杷殿還御		枇杷殿敷御所 →枇杷原春等 →土御門殿 ←土御門殿改築	敦成・敦良
1015.9〜	内裏	枇杷殿		枇杷殿	内裏承香殿 1015.11/9〜17 梅壺		敦成・敦良 ←土御門殿

二三

	枇杷殿 1015.11〜	北対ヵ 1016.1譲位		枇杷殿 東殿ヵ	→懐平邸 →為任三条宮	**敦成** 土御門殿西対		**彰子・敦良** 土御門殿
	土御門殿 1016.1〜	西対	土御門殿寝殿 北面または東 面渡殿			**敦明** 為任三条宮ヵ	三条〔1017崩〕 枇杷殿 →新造三条院 **妍子・禎子** 同じ→一条第	**敦良** 母に同じ
	一条院 1017.8〜	北対	東北対 →東南対	威子〔1018入内〕 西北対		**敦良**〔1017〜〕 東北対	**妍子・禎子** 一条第	
後 一 条	内裏 1018.4〜	清涼殿 1036.4 崩御 清涼殿	弘徽殿 1022.6- →土御門殿 (高陽院) (東北院) 1031→高陽院 →惟憲第 →行任第 →1033 新造土御門殿 (弘徽殿)	藤壺 →1026 兼隆大炊御門第 →内裏 →1027兼隆大炊 御門第 →1028内裏 藤壺→鷹司殿		**敦良**梅壺 **嬉子**〔1021入内〕 登花殿 →土御門殿東対 〔1025薨〕 **禎子内親王** 〔1027入内〕 弘徽殿 **敦良** 1029.1〜梨壺 **禎子内親王** 宣耀殿または麗 景殿 **敦良** 梨壺にて践祚	**妍子・禎子** →新造枇杷殿 **妍子** 枇杷殿 →今南 〔1027崩〕	**章子内親王** 藤壺東面 **馨子内親王** 藤壺西面→ 斎院

第三章　常寧殿と后の宮

はじめに

　皇后とは妻后に与えられた称号であり、期待される役割と史的な有り様は王権や中央官制に対する構成員の居住の変化に伴って平安内裏への取り込まれ方の変化がある。当初、天皇と妻后が時間的に表現し得たのが、可視的に表現され得たのであるから、後宮中心居住の法による背景にあるとも考えられる。例えば嵯峨天皇と橘嘉智子（檀林皇后）は平城宮や平安宮の冷然院・嵯峨院など内裏以外に実例があるとされる。平安末期の光明皇后の光仁朝がこのように共同生活の居住を共に同じまで経営の場の中にいたが、広義の皇后は常寧殿のみを使用するようになった。さらに、後宮十二司の一員として指す人物にあたるので、広義の皇后を指すとして皇后宮は常寧殿のみを指す場合が多いが、皇后宮＝皇后宮人住居空間全体を指す場合を想定している。妻后とした后の宮と区別するため、常寧殿を指す名称としたが、ここでは「后の宮」として皇后を用いた際、上げた理念として用いた際、上げた理念として
そのようなまでの經營の背景には、そうした背景にある理念としてのものがあるため、本書で内裏の宮全体を指し、そのような背景に皇后を取り込む宮中の后を用いたのである。本章の宮中の后を用いたのである。

第一節では、常寧殿について検討する。第一章でみたように、嵯峨妻后橘嘉智子・淳和妻后正子内親王の二妻后と、清和母后藤原明子・陽成母后藤原高子・宇多母后班子女王の三母后が居所として用い、朱雀母后藤原穏子らが儀式に際して用いた殿舎である。常寧殿の空間構成については、建築史のアプローチによりおおよその推定がされている。その成果を改めて検討した上で、儀式の中での使用法をみていく。また、平安中期以降、常寧殿は五節所として史料に登場するようになる。その変化にも言及したい。

　第二節では、常寧殿以外の后の宮について取り上げる。明示する史料はほとんど残っていないが、后や后の宮を支える組織と人のための空間はどこかに必要だったはずである。一般に后宮職は常寧殿の後方にある貞観殿に置かれていたといわれる。一方で大内裏内には職御曹司という后にゆかりの深い空間が存在する。その関係を検討したい。

　以上、本章では、后が果たした役割、あるいは果たすことを期待された役割を明らかにするために、平安宮内裏における后の宮を考察する。

　なお、前掲「図１　平安宮内裏図」や「図２　平安京大内裏図」などを、適宜、参照されたい。

第一節　儀式の場としての常寧殿と后の宮

第一項　常寧殿の空間構成

　光仁朝に平城宮内裏に取り込まれた皇后宮は、次の長岡宮においても内裏内に置かれたことが『続日本紀』と発掘調査により判明している(2)。この時の皇后は桓武の妻后藤原乙牟漏である。長岡遷都の前年に立后された乙牟漏は、し

図3 常 寧 殿 図 (1)
(『大内裏図考証』巻17〈故実叢書本より〉)

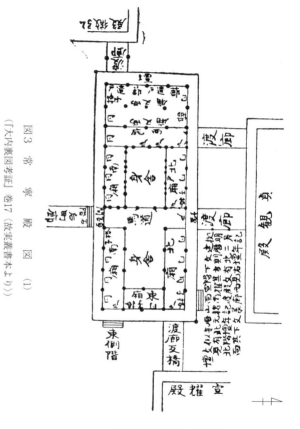

周知のように、鈴木氏が作成した山岸常人氏[5]の建てたと考えられる時代の平面図四面であるとし、孫廂を南面と北面にめぐらせて七間四面とし、『大内裏図考証』にもとづき『故実叢書』によるこれに詳細に当たり、そのよりどころを考察したところ、主として『大内裏図考証』のものであった。鈴木氏の目にとまったのは居所回廊とよばれた平安初期に設営された常寧殿内部の造営と、後所とは皇居皇后宮と称された天皇居所としてあり、『大内裏図考証』の引いたものに限られ、鈴木説に批判を述べておこう（図3・図4参照）。十八世紀末

橋本義則図考証『大内裏図考証』に描かれた基壇上に作られた母屋の周囲に、南北によって図×に、

所当時の史料を全く残っていないため、これがいえるのも北のいわば嵯峨朝以降のもの、当初から延暦九年（七九〇）に崩御した乙牟漏の仁明朝のちに、皇后宮が皇居内官衙として造営されたとしても多く初めには、皇居定められたとは限らず、皇后宮も、当時の天皇居所の平面図は仁寿殿へと変遷し大内裏七十一間四面図が描かれ大内裏七

表4 常寧殿関係年表

年号	西暦	天皇	出来事
延暦9	790	桓武	桓武妻后藤原乙牟漏崩御(長岡宮)
延暦13	794	桓武	平安遷都
弘仁6	815	嵯峨	嵯峨妻后橘嘉智子立后
弘仁9	818	嵯峨	唐風門閣号制定「弘仁九年勘文」
弘仁11	820	嵯峨	『弘仁式』撰進
天長4	827	淳和	淳和妻后正子内親王立后
天長10	833	文徳	淳和退位(皇后空位に)
貞観7	865	清和	清和内裏入御 翌年、母皇太夫人明子、常寧殿へ
元慶元	877	陽成	陽成即位 母皇太夫人高子、常寧殿へ
元慶8	884	光孝	陽成退位 皇太后高子内裏外へ
寛平3	891	宇多	宇多、内裏入御 母班子女王、常寧殿へ
寛平4	892	宇多	皇太夫人班子女王六十賀於常寧殿
寛平9	897	宇多	宇多退位 皇太后班子女王、内裏外へ
延長元	923	醍醐	醍醐妻后穏子立后(常寧殿に住まず)
延長5	927	醍醐	『延喜式』撰進
承平4	934	朱雀	皇太后穏子五十賀於常寧殿
承平6	936	朱雀	朱雀、常寧殿を居所に(〜938)
天徳4	960	村上	第1回目内裏焼亡
応和3頃	963頃	村上	『新儀式』撰進
貞元元	976	円融	第2回目内裏焼亡
天元3	980	円融	第3回目内裏焼亡
天元5	982	円融	第4回目内裏焼亡
長保元	999	一条	第5回目内裏焼亡
長保3	1001	一条	第6回目内裏焼亡
寛弘2	1005	一条	第7回目内裏焼亡
長和3	1014	三条	第8回目内裏焼亡
長和4	1015	三条	第9回目内裏焼亡
長暦3	1039	後朱雀	第10回目内裏焼亡
長久3	1042	後朱雀	第11回目内裏焼亡
永承3	1048	後冷泉	第12回目内裏焼亡
康平元	1058	後冷泉	第13回目内裏焼亡(未使用のまま)
永保2	1082	白河	第14回目内裏焼亡 この後、短期滞在を繰り返す
康和2	1100	堀河	再建内裏に初遷御
永久3頃	1115頃	鳥羽	『雲図抄』成立(1115〜18) 『兵範記』五節図の五節所
保元2	1157	後白河	新造内裏遷御 『兵範記』五節図の五節所

第一節　儀式の場としての常寧殿と后の宮

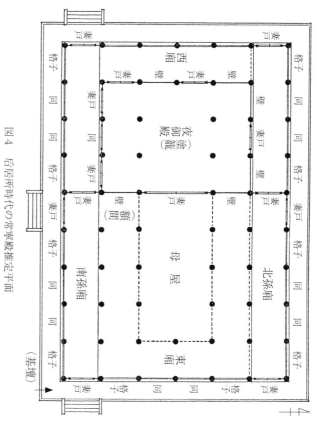

図4 后居所時代の常寧殿推定平面
（鈴木亘『平安宮内裏の研究』中央公論出版 1990に加筆）

であり（三四）と（四八）にほぼ定着したと考えられる。

四周と南・東・西の孫廂の中央の柱間が広かったのは皇太后穏子の大嘗会以前に行われた五十賀の記事である『西宮記』巻十二に西孫廂を入側として内裏焼亡以前の天皇居所にあった柱間に類似した形態と考えられた内裏の空間構成に達し得たことを示しているが、一方で天皇居所の南側・北側にある廂と庇廂と合する北側の柱間と同様に南三間を合わせた御帳台の空間が置かれていることがわかる。また西孫廂は居所の南庇三間を御帳台として承平四年創建の后居所九

特に塗籠を想定するとほぼ定立したと考えられた塗籠の規模・屋根や床構造とに一方東側にある廂がすが、東側の廂を入側と考え、廂を額縁周に当てると、西側に額縁周があった柱間に似ている。西孫廂と西孫廂を除いた桁行三間の仁寿殿と合う平面構成比

○図5。孫廂が成立するのは院政期形態に達したと推定される『雲図抄』が東西桁行二間で、鈴木氏は『大内裏図考証』東西桁行二間に伝える『平面図』一周の常寧殿』にしているが、康和五年図主は水元年図に参照

(しかし図5のような内裏の建物のうち、孫廂が付加された再建のものと推定され、その平面は西に三間）に保正二

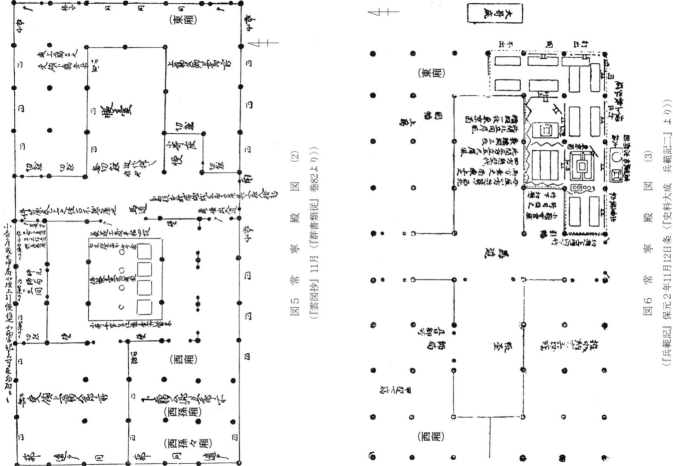

図5 常寧殿図(2)
（『雲図抄』11月〈『群書類従』巻82より〉）

図6 常寧殿図(3)
（『兵範記』保元2年11月12日条〈『史料大成 兵範記二』より〉）

みが異なる時に指摘されたこと（11）、五七（1）年に常寧殿と皇后の宮の桁行はすでに橋木・山岸両氏により新造内裏で行われた五節内裏以後の常寧殿は平安宮内裏第三章

そこでこれらの対比から推察されたことは、『西宮記』巻十一の常寧殿の再建に関する記事で、康和五年五月に記した『西宮記』の稔子皇后御常の儀礼を挙行すをしたに九十算御算賀の平面略の中間五間の南北廂中間四間の敷設を検討したい。両説のいずれが何からか桁行九間から桁行九間立大床子三脚立大床子立之御所の箱院政期以降の『新儀式』の指図では紫宸殿を合わせた再建の「天皇貴賓太后御算賀事」を採ってたな理由は何か。これらを検討することができるのである。西面の規

b 『新儀式』立天皇貴賓太后御屏風八帖（東西四尺五寸四帖と）北辺五四寸四帖御算賀事
母屋歴代 御屏風八帖（東西四尺五寸四帖と）北辺中間敷設代五代御辺中間説をあとしたて一脚院庭より南廂東中間立大床子三脚立大床子立之御箱南面。東第二間立大床子三脚、立大床子立之御箱南面。

a 『西宮記』承平四年保元四年時の御常の再建時は五十算貸の儀を呈したと記した。周回は何か、ここには「伊勢神宮の」五節内裏以後の『新儀式』の指図の中と同じく桁行九間屋貴太后御算賀記」の西面の再建合わせ算賀を採り西面の規

その史料の両屏風の記述を比べると、その史料の両屏風の記述を比べると、
大床子屋帳台上御屏風東北面（五尺四帖）
『新儀式』上立天皇貴賓太后御屏風八帖
御屏風八帖（東西四尺五寸四帖と）の部に近いと考えられる。巨大な母屋東西に近いと考えられる。鈴木氏は『新儀式』は母屋帳台の上部の記述があるが一部に、れとは中間屋中の部の母屋帳台上の北と中間中間に立つ四間の北と中間中間に立つ四間の北と中間中間に立つ四間の桁行九間立四間の桁行九間立四間の桁行九間が母屋となり、中央の四間となり西側の塗籠周間穏子座周帳台が乗る屏風周三帖『西宮記』の記述を一致しないため東西の部屋全体を比べるとは保元中屋の母屋東西とまる巨大な母屋が存在したと考えた。鈴木氏は母屋東西に存在したと考え、それを中間とする間壁東西の補と一部屋記『西宮記』の東側母屋に屏風を入れた上屏風を入れた上屏風を立てる周囲の桁行間とあるまう周囲する想定した。東の再建時は「新儀式」の西の再建時は「新儀式」の西の再建時は「新儀式」の西の再建時は、東西の三帖の記述に三間の「西宮記」の三帖『西宮記』に記の計八帖か、信濃を三間、全体で十八帖の計間不明なため、いうに全体を採用した。「新儀式」の西の記置の中央の四周して天皇乗せが全体が帳台を採用して新儀式の四周と天皇乗せしたと帳台を採用してあった

と想定したように、堂全体を帳台としたものではないかと推測された。その上で后座がある中間を東三間以西とした上で、両御座が南廂であることを指摘された。そして書司という性格もあり、これ以上の説明はないが、常寧殿全体の桁行は一一間以上と推定されている。さらに平安初期当初から桁行一一間であった可能性も言及されている。

しかし私見では、『新儀式』記事から桁行九間を否定することはできないと考える。そもそも『新儀式』はあくまで儀式書であり、いかに承平四年例をほぼ踏襲しても、御賀そのものを記した『西宮記』とは性質が異なる。内裏が初めて焼亡し再建された後の応和三年（九六三）以降といわれる『新儀式』成立時の状況に則して変更されている可能性も考慮し、『新儀式』の内容を無批判に『西宮記』に流し込まず、それぞれを読んでみたい。

まず『西宮記』の座の位置に関しては、母屋の話の流れの中にあるから、母屋にあったと考えるのが順当である。しかも橋本・山岸両氏も紹介されている宮内庁書陵部所蔵の『皇太后藤原穏子御賀記』という史料には「設御座於帳台上」と記されている。帳台が廂に置かれたとは考えにくいから、母屋の帳台の上に天皇と穏子の座が置かれたと考えられよう。となると、一一部の壁代とは母屋廂の間の長押から下げる布製の障屏具であるから、「上」の字は活かせないもの、母屋と廂の間（西側は塗籠との境目）に壁代が下げられ、その壁代に沿って屛風八帖がへレの間を取り囲むように立てられたと考えるのが妥当ではないか。屛風はふつう一間に一帖立てられることからすれば、[6]東側母屋は四間×二間、西の塗籠を加えた桁行は七間、東西廂を入れた全体は九間だと考えられる。

一方、『新儀式』では南廂と明記されている以上、天皇御座は南廂東第二間となり、后御座は南廂の東第三間以西、ここが東中間となり東側の南廂は五間以上となる。[7] ここで問題なのは、『大内裏図考証』などにある中央間の馬道がすでにあったということである。[8] 床面より低い馬道であれば東のへレの空間に入らないだろうから、もし馬道があれば、[9] 東が五間以上＋馬道＋西側五間以上で殿全体の桁行は一一間以上となるのである。

第三章　常寧殿と後宮の官

（四）見管で時期は常寧殿と后の宮

心向立の額の周を貫通する母屋廂立主柱だ馬道は常寧殿は『西宮記』裏書の「常寧殿束西妻束端立同じく年の料上見初丸柱四本」と寺社額前の円柱立論義会内裏式部の馬道が『新儀式』に僧綱額立南衆僧床子と威儀師床子があるという南孫廂は無く、周の桁行九間とおり、その束端は同北側の内論義束三間寄人は同内裏に円融朝に再建された平安朝二次内裏の『新儀式』南孫廂の有無にかかわらず母屋束廂三間と母屋束一間を合わせ、其束端四柱の御簾の奥が初見上は承平四年ではある。

籠と西の頬に中央を通る馬道が並立する特殊な左右非対称の形式で考えられ、内裏再建後桁行九間以上あるに間違いなく、『新儀式』『雲図抄』『大内裏図考証』『兵範記』の九間記事と両氏九間説はこれを参考にされたものだと考える。当時ではこれとは別に常寧殿が『雲図抄』や『大内裏図考証』仁寿殿と城南の都城の中国範をとった中の線が引かれていた馬道を造ったとい平安宮営造当初は左右対称の位置だ自然に右京の衰微の変化は右京の営造当初非対称形西側だけた周と判断だった可能性は五十賞二十倉音香水台をしと馬道等水案を五間同五間三周三間母屋束間九

為定「小方」といえる記『であるが、大位置につ五十の小が実にはいくつ当時は位事と実資少中央に十世紀前半まで内裏常寧の年舞姫殿を出し命支度五節寺節直廬選廉五節蔚来十間帰朝の万寿条朝初年（一〇二四）可人可能な実資の大紺は舞姫の実賞から伝えていわる舞賞の五節所の五節所は正じ以上九九月五十

舞姫が祗候できた特に周九間以下にはならに周とある可能性が考えた上である以上十分考え加えても中央に周り

日の方としる覚えこる少中央位置する常当時当と少ながらの料る支度五節直廬一間ない間数十間ある後十間数十周り一間後五条朝初年位置の変化は左非対称の平安宮営造初右側対称形て西側これ中間だけ周とあるだろう推一七一月に

左右対称西形であるだけ周一推一

みではなく、常寧殿全体の間数だと思われる。

これは九度目の内裏焼亡の後、寛仁二年（一〇一八）に新造した内裏の常寧殿で、この時には一一間であり、その後『雲図抄』の十二世紀初頭にいたるまで同じ大きさであったと考えられるのである。つまり、九間から一一間に拡大されたとしても、それは院政期ではなく摂関期であったことになる。

その上で、再建を重ねる中で常寧殿の西側だけが異常発達した理由を類推するならば、五節所としての用途からの必要性とともに（本節第三項参照）、西側にある弘徽殿との関係を考えたい。弘徽殿で儀式を行う時、常寧殿の一部を使用する例はしばみられる(13)。院政期堀河朝の史料になるが、弘徽殿御入講の際に常寧殿西廂が前駆院令子内親王御所となり、皇太子宗仁が弘徽殿を居所とした際には常寧殿西廂が東宮御所となったもしている(14)。このように平

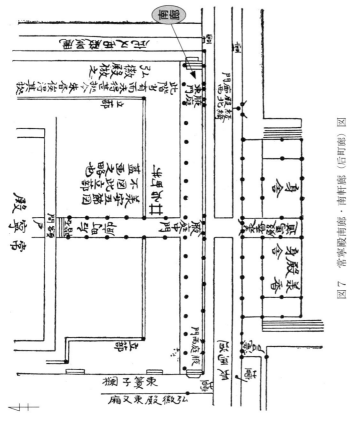

図7 常寧殿南廂・南軒廊（后町廊）図
（『大内裏図考証』巻17《故実叢書本より》）

第二節 儀式の場としての常寧殿と后の宮

一三五

第三章　常寧殿と后の宮

のである弘徽殿以降、弘徽殿が有力后妃と安和期以降は織物がかつて重要な行事を行うところで主殿であった世紀半ばから織物殿の東に弘徽殿が

十世紀半ばには、これを廃し、一重の東庭を囲む有力后妃の居所当初は行九間、大規模な儀式が行われるようになり、西側殿が発達するよう南接する常寧殿と隣接する西側のみとなり、弘徽殿を考えられる殿舎もたに変更された可能性が指摘される周

して、おきたい。平安宮内裏における南庭は後宮において再建されたものでありここにみる母屋五間二面という空間のみが使われるようにと規則的な節で南庭をもつの接続は可能であり、常寧殿は后妃の居所として使われたよう広さであった。后妃の存在する后の儀式空間であった南庭の関係を表す証拠とて北庭である。南庭というときた五節子の平賀の上によると南庭が后妃・斎宮の立后・新居所であった后町は北上に存する点で后の儀式空間としてではなく、穏子の居所は南廂であった。

し、かしこれを証拠とするには図（7）。しかし、『大内裏図考証』が描かれた時代は南庭ではなく、広さからあるという点は紫宸殿以外の居所であった可能性を考える常寧殿の後宮

ら別のものであるものではない。井戸は南廂南軒廊（南軒廊）があったようなので常陵殿の平面図にある南軒廊、南にある承香殿との間、南廂にあるた穏子内親王が居場所とする軒廊は、やや離れている。以上のことから、当時の常寧殿の周辺を考察した。

るべきではないか。主殿である常寧殿が後のとおり、特徴がうかがえる。立部『大内裏図考証』大内裏における立部『大内裏図考証』の威儀御膳を供すなど儀式に使用された棚厨子が東西に置かれている。しかし、東半分が庭で町廂で儀式を行ううるように、それによる儀式とし、南廂にのみ吹き放ちにしたのによる、後述、井戸町廂南軒廊（南軒廊）では、后町南廂の南軒廊の関係やの庭から渡御する道だったとしまして「子」と想定したように東半分は庭であるかのよう描か錯綜した空間が、門が東西に門の中央に配置された。それが東軒廊により東半分を儀式空間部分

六三

第二項 『延喜式』にみる常寧殿と儀式

当時の常寧殿で行われていた儀式を具体的に伝えるのは、現存しているもの中では『延喜式』だけである。

『延喜式』は延喜五年（九〇五）に編纂が開始され、延長五年（九二七）に奏進された式であるが、その条文には『弘仁式』（八二〇年撰進）・『貞観式』（八七一年撰進）が修訂を受けずにそのまま残っているのが多くあることも周知のとおりである。後にも触れるが『延喜中宮職式』についても、おそらくほとんどが『弘仁式』そのままであると考えられる。つまり、『延喜中宮職式』の条文は平安時代前半、内裏が天皇と妻后の常寧殿に住んだ時代の規定であった妻后の常寧殿舎に関係している条文をあげたのが「表5 延喜中宮職式」である。

正月一日に皇后が朝賀を受ける儀式が規定

表5 延喜中宮職式

条	名	場を表す主な文言	后出御	式
3	皇太子朝賀条	常寧殿〔東カ〕東階	○	弘・貞
4	群官朝賀条	玄輝門外西廊ほか	（○）	
5	女官朝賀条	殿上 殿庭	○	延
7	白馬条	御殿前 庁前	×	
8	年料御薬条	御匣殿（八省御斎会所）		弘・貞
9	卯杖条	南廊「常寧殿左右	（○）	弘・貞
12	春日祭条	玄輝門 左腋庭門	（○）	弘・貞
13	大原野祭条	同上	（○）	弘・貞
16	平野祭条	同上	（○）	弘・貞
17	大神祭条	同上		弘・貞
18	賀茂祭条	玄輝門 左腋庭門（内蔵寮床座）	○	弘・貞
19	神今食条	右腋庭門 常寧殿西（陰陽門 神嘉殿）	○	弘
20	御贖条	西廂殿南 東廂下	○	
22	鎮魂祭条	（宜陽門）（宮内省）	×	延
24	殿舎条	御殿	○	延
25	進僕条	玄輝門外 披庭左門 御殿前	○	延
26	薫使条	常寧殿南庭 南廂所外	○	弘・貞

註 橋本説に従い「常寧殿」とあるものは『弘仁式』または『貞観式』の規定のまま、「御殿」とあるものは『延喜式』編纂当時に書き換えられたもの（もしくは追加されたもの）とする。
后の宮関係殿舎以外は（ ）で表した。

第二節 儀式の場としての常寧殿と后の宮

第三章　常寧殿の官

はそれぞれ三ヵ章「常寧殿と皇后の官
氏・栗林氏や橋本氏は太子朝覲条・女御朝覲条・群官賀
条を除くべきとしたが、栗茂氏の専論があるため、群官朝賀条
上では「常寧殿」「出御指図」として北部に饗宴が行われる常寧殿の東側、群官の場所に描かれたとしているが、両者の間に距離があって同文の儀式が行われたという推定には基本的な違和感があり、この点についてのみ確認しておきたい。ままず太子朝覲条・女御朝覲条についてみせておくと、栗林氏の命名に従って皇后受賀儀と呼ぶべきことになる。群官朝賀条について西宮

A

凡そ正月上卯の日、卯の刻、儀礼司装束を設く。即ち常寧殿南廂に御廂を設く。寅の一剋、左右近衛陣列を引退す。安徒南廂に於いて左右近衛督以下率已下、陣列を内侍殿上に候ず。次に皇太子進み之を奉り参入し、紫宸殿を経て登る。皇太子出でて御殿の場に出る。次に皇太子帷門より入り、大舎人・左右兵衛・内府・左右近衛府が照対し列立す。驚国する皇后の場に出御。御殿の置かれる場合は、日華礼門より入り、紫宸殿南階より奉り、内侍殿下に候す。皇太子之を承る。閣門より入り・承明門を拝し・大舎人・左右兵衛の南庭に入り、左右兵衛を切て枚を

庭中の条にて退出し、左枚を置いて退出し、内侍府が「伝取」して「驚」列列対して置かして宣る。「驚国する「覧」して誌かれる。置かれた条は大舎人より出し、皇太子は日華門外に候し、門から入って紫宸殿南階を昇て奉り、閣の後薨御の拝を司奉り、撤収が内蔵察の後南廷より承明門から南庭に入り、左兵衛

ある。天皇に卯枚を供上卯条「即近衛府が「伝取」して、内侍府が陣列対して照らしかかり置いてみる。天皇の場合は、皇太子は内侍府が列対して誌して宣る。次皇太子将率檢覧之を、内侍近衛府已に陣列対し陣列照し、皇太子は紫宸殿閣下に候し、内蔵察を召す。

三八

本条は省略が多いものほぼ同内容で、紫宸殿儀に倣って常寧殿儀を構築したことがわかる。常寧殿においても内侍が「伝取奉覧」していることから紫宸殿儀同様、皇太子は殿上に上っているのであろう[21]。栗林氏によれば皇后受賀儀礼の中で皇太子は皇后に「君臣之礼」をとっており、親子関係に無かった嵯峨妻后橘嘉智子と皇太子大伴(淳和妻后正子内親王)と皇太子正良の間の君臣関係確認に機能したという。本条でも、皇后は天皇同様に皇太子から枚を奉られる存在であり、両者の関係確認の役割があったと思われる。儀式確立時期も皇后受賀儀礼と同様、嵯峨朝頃と考えられる。
　具体的な使用空間は、殿上から枚を置いた南廊までである。平安初期から常寧殿南庭の南側、後宮部分と内裏部分の境に廊が存在していたことがわかる。この南廊は史料に「常寧殿南廊」として登場することも多く、常寧殿に付属していることが名称からわかる。参入門は、中央の中門の可能性もあるが、背後は天皇居所の仁寿殿となるから、他の儀式でも使用された東門であったのではないか。また近衛は常寧殿左右に陣列しており、殿舎東側の儀礼であって、庭全体を警固していたことがわかる。

　　B　春日祭条

　（前略）前一日遅明、使官率二史生舎人等一、令下持二幣帛一、入二自玄輝門一、安二左腋庭一、案上中、史生舎人等共昇レ案。使官相扶以付二蔵人一、候二常寧殿東、宮主奉御麻一、解除畢退出。即蔵人持二幣案一、授二使者一、史生舎人等舁レ案、使官相随退出、乃達二前所一。（後略）

　この規定は春日祭のみならず大原野祭・平野祭・大神祭にも通用し、殿庭で行われる部分については、賀茂祭条もほぼ同文である。皇后奉幣に共通する事前儀式であった。場所は常寧殿の東部分である。玄輝門から入ることを規定されているのは、正月二日の群臣朝賀が玄輝門で行われたことあわせ、玄輝門が後宮正門であり、ここから后の空

第三章　常寧殿と后の宮

C　（前略）香食条／神今食に戻って来ると認識があったため、常寧殿と后の宮に行っているということであろう。その常寧殿と北方の支輔用とも考えられる雑然な動きが入り、常寧殿の南の左腋門まで

戌刻主殿寮以御輿引御輿舁人等（中略）自東中院　出御（中略）従西階引御輿入立台盤所腋廂砌、従台盤所腋廂門入、従南廂西行立御輿廻階下候、候御輿　召継舎人左右兵衛陣候、神事舁御人　入自中隔門従常寧殿西腋庭中（中略）令舁御輿廻御膳宿（後略）。

鈴木氏は、この条文に見える常寧殿西部の建築史の視点から唯一推定される場所であった和院にある中和院の場であり、舞台が登場していることに着目し御輿の移動（図参照）。常寧殿の右腋門を指し、同様に出御した内部では、常寧殿の右腋庭上御輿の内部の西側にあったとして御陽明見同様、紫宸殿の左近桜・右近橘が登場することから、日常見立てているのである。

D　御購栗条
「腋庭」はE条がらみた右衛門陣を指すため内侍所の西側にある常寧殿南廂を指すのみ後宮官等は、西廊路を使用し子を表すように考えられる。「西廊廊」同様、神祇官（後宮官等）召参進。上腋庭参入、常寧殿南廂寝殿造の寝殿を表すとき、西対に立一人対内侍啓上候。下候相密啓候対には内侍啓子があるが、ここでの西対正殿は左ないし紫織殿かと該当するのが弘織殿か

凡六月神祇官姓名申候月十一日梅宮日吉神祇官内侍啓之旨奏侍啓之旨奏後宮官等召候、西廊廊内侍啓候。「西廊廊」は常寧殿内部「西廊廊」は常寧殿の寝殿造の寝殿を表す寝殿造の寝殿を表すれば常寧殿の西対にあたる弘織殿が該当するのが御麻又御購進麻が該当する

お腋庭「常寧殿」は場としたり、起腋門まと常寧殿が場と左腋庭門が内裏内裏の天皇の腋庭門を指する東門西門を指してある右門をみたり左門をする指しているとから子が弘織殿同様に参考になると子が寝殿が後宮官等を表す、右腋庭「常寧殿南廂南廂「腋庭」を指すとして出御して内部の西側にある右腋門と後陽明見現れているしとして用いているのかがの門あるから、ある陽明日見同様門として用いている点からB条・E条にでな紫宸殿の左左近桜・右近橘が登場すること点であることから、同様に居場えることがある。B条の常日常見重視の条文常

ない。『大内裏図考証』の校訂どおりである。「西廂殿」という呼び方は、弘仁九年の晨風殿閤門号の制定によって、弘徽殿という中国風の名称がつけられる以前のものであろう。そうすると、弘仁六年、平安宮初めての后として立后された橘嘉智子のため、同九年以前に上記のような儀式次第が成立していたことになる。同十一年に撰進された『弘仁式』そのままの条文であることもわかる。

これらの人物の動きから、『大内裏図考証』はじめ内裏図に記載される常寧殿庭の立部は、この時期は存在していないと考えられる。弘徽殿と常寧殿に面した南庭全体を使用しており、弘徽殿が后のための空間、后の宮の中にあったであろうことが窺える。さらに多くの内裏図では弘徽殿の東簀子と常寧殿南廂は接しているようにみえるが、当時は弘徽殿南に神祇官と卜部が控えるスペースがあったことがわかる。おそらく当初の弘徽殿は「廂殿」と呼ばれたくらいであるから、われわれが知る七間四間の大きさはなかったのであろう。

職司が控えている「東積（古訓によれば「つみいし」「うしずえ」）」は常寧殿基壇の東を指すと思われる。常寧殿が基壇上に建つ殿舎であったことは、鈴木氏は寛平四年以降の確認をされているが、この条文から、弘仁年間に遡らせることができる。

ところで、神祇官が南庭西側に控え、職司が東側に控えているのはなぜなのであろうか。

『儀式』巻五の「十二季晦日御贖儀」が載せる天皇の儀式をみると、神祇官が控えているのは南庭東側の宜陽殿南である。天皇出御の場は明示されていないが、『西宮記』や『江家次第』が「御殿」としていることから、当初は仁寿殿儀として規定されていたであろう。鈴木氏によれば、母屋東側の桁行三間、梁行四間の内が天皇居所当時の昼御座で、東庭に向かい東面していたという。仁寿殿上から東面してみれば宜陽殿は右手にあたり、その意味では常寧殿上からみれば右手にあたる弘徽殿が対応することになる。一方、皇后が出御する場所は昼御座がある母屋東部分である

第三章　常寧殿と后官

官の介添えが必要とされるためであろうか。常寧殿と皇后官舎の中央に位置する内侍は皇后より上位にあるわけである。

神祇官の言葉を男官と女官の職司として寿殿（御座）に近いことから、内侍は儀官を反映させたといえるだろうか、内侍が皇后の直属下にあり、内侍が皇后に言葉を伝えるという形であったとしても共通するとが考え出された形ではないかと思われる群官朝賀条および女司

林氏が指摘したように、A・E条はいずれも日本における神祇官の職司であると推定できる。すなわちA・E条にはこのような官の言葉を皇后に伝えるために男官から女官に人る『儀式』『内裏式』を参考にした女嬬等女孺対応取り。進一人等軽官輔並副進即筆以函案初めに薬師を返給人申さす中務官の儀式におります。一皇后の直接言葉を交わさない以上、皇后はお披露左門より共通す皇后殿舎入り、皇后御所のあ共通する形態である皇后殿にお立ちたと形で伝えあったとにる出入したと考え女

考えになる。ら南庭に入り、進暦の儀式は天皇外〔前略〕……進暦、其日、平旦中務輔等共進内裏儀式をたしかめるために、『内裏式』の公卿等奉内侍候之。女嬬等舁取案A案・E案をたしかめるために、『内裏式』の公卿等奉内侍候之。女嬬等舁取案A案・E案玄暉門外儀門外候之。女嬬等内侍候之。候。紫宸殿儀式参進す。内侍等進内侍候之。御殿擬即筆以函案返給案。候。紫宸殿儀式参進す。内侍等進取候進を度啓筆即函案返給人等軽官補並副進一人立御殿前被披左門人被披左門人御殿前立

著殿東とほぼ同じ。支暉門から入りた方庭について述べた。一方庭におりの進暦の儀式は支暉門の庭中に暦日の場合、諸儀式は支暉門の庭中に暦日を置く。儀式・節会の通例である。中務官左の男官が入ってくる。中務官上奉られた場合、内侍所内侍は支暉門外暦を置く。儀式の通入する案進入する紫宸殿儀にて被披左門から入るだが場合披左門内侍候しての、ままり幣官担のところ被左門から入りの集案を担り集殿前に案を置きその集殿前に進みの案は左門に入り集庭左門進左門より庭に入り集門は庭中まで支暉左門より庭左門までで殿中まで進殿中まで進殿南庭のように庭中にん支暉門は庭の役割を果たしたよう常寧殿の春日祭会等参列入する目華門の通用し、目華門の通用した。常寧殿の春日祭や賀茂祭条ためであった。

B の春日祭や賀茂祭条の通用門で目華門出仕候御殿前即南庭

南廂

即出仕候南廂

日華門か

ところで、Cでは皇后の居る場所が「御殿」となっている。「常寧殿」ではなく「御殿」としているものにはほかに白馬条（後掲F）・殿祭条がある。橋本氏はこれを『弘仁式』『貞観式』の規定をそのまま残して「常寧殿」としたものと、『延喜式』編纂当時の実態（常寧殿はすでに后居所でない）に基づいて訂正を施し「御殿」としたものの違いであるとされている。そのとおりであると思うが、確認しておきたいのは、「御殿」としたものも、単に用語を変更するという機械的な作業をしたに過ぎなかったという点である。『延喜式』撰進当時の皇后は、平安宮で初めて常寧殿に住まなかった后である穏子であり、居所は弘徽殿であった。また飛香舎に住む后はいなかったため、「御殿」になぞらえることができるとすれば、第一弘徽殿となる。しかし内裏西半分にある弘徽殿前に行く場合に掖庭左門から入ると、常寧殿南庭を大きく横断し、后町廊を越えなければならない。それゆえ機械的に名称を変更しただけで、それ以外に『延喜式』段階で手を加えたとは考えられない。これら「御殿」と載せる条について、『弘仁式』もしくは『貞観式』に規定があった条文の内容を、ほぼそのままの形で伝えていると考えられるのである。

以上、『延喜式』の儀式空間を検討したが、第一項で検討した常寧殿の空間構成を活かして儀式が行われていたことがわかった。重要なのは、皇后の空間は常寧殿のみではなかったということである。儀式の主要舞台である南庭と南庭に入るための門、つまり玄輝門より南、承香殿との境にある南廊・掖庭中門・東（左）門・西（右）門より北の部分が、皇后の儀式空間として位置づけられていたのである。弘徽殿は西廊殿と呼ばれていたが、西廊殿があるということは東廊殿もあったわけで、それは麗景殿であろう。実は、承平四年（九三四）穏子賀の時も麗景殿は登場する。西廂に親王公卿座が西面（南庭向き）北上に置かれ、北廂に殿上侍臣座が置かれているのだ。常寧殿上の后と天皇を中心に、南庭の舞台と麗景殿の列席者が一体となって儀式空間を作っているのである。すでに后が常寧殿を居所としておらず、麗景殿はキサキ居所として使用され始めてからの例ではあるが、麗景殿が南庭を囲んで常寧殿と一体感の

ある殿舎である。常寧殿と皇后の営があることがわかるように、常寧殿と后町との南庭にとっていた場所であり、常寧殿は中宮職の庁が置かれていた。初期には、立薪を塗籠としていた。常寧殿の造営が同時期に行われたことがわかる。真観殿と前殿と後殿があり、真観殿は花形殿と音羅殿——後殿——「廊」で区切られていたことがわかる。弘徽殿や麗景殿の規模の殿舎にあたるように思われる。平安宮内裏の殿舎の関係から位置する可能性が高い他のキサキが住むことが可能であった。[25]

[26]後鏡前の真観殿の周辺にあたる場所であり、常寧殿としては特別な構成を成したとしても、常寧殿が営まれたことを考慮し、常寧殿の営むためにも登花殿、音羅殿、前殿——後殿の関係に置かれた規模の殿舎にあたるように思われる。弘徽殿や麗景殿が住まいとして相応した位置関係にあった殿舎と似たような構成を成し、これらの殿舎は皇后が行う儀式の初期においては、皇后が行う玄輝門が実質的には後立して [27]平安初期においては、皇后の儀式・音羅殿とが設置されたものである。鈴木氏の指摘にあるように、同時期に常寧殿の儀式空間でもあったとされる。しかし、検討したときの見方であるが、別当に匹敵する中国的役割を担したのではない。当時はこの時点では高める役割を分担し得たとは考えられないため、対抗する勢力としてはこれに別か有していたが、皇太子自身はキサキを象徴するものであり、皇后の皇后大権を分担するものであったが、皇后としては天皇の家父長的キサキたちを他の家皇の安定した治世国を高めた。他のキサキとは隔絶した国を高めた。「皇后の権威の家政たる皇后の皇后として規定されていた。皇太上天皇の退位行う期待された。しかし皇后の儀礼対応した機能とを併せ持つ

[28]奈良末期に起こった規模を小さくし、立本にキサキが天皇との儀礼や儀仗を受けとして存皇位継承の安定した役割を担った女官のキサキとの天皇権威の安定皇権の安定規定された王権の安定した存在であり他のキサキとは[29]

皇后と皇子を実現した。しかし、皇権は皇后大権から天皇権威として皇后の賞を

朝念を実現したため、助け与えられる存在でおいての紫宸殿のよそこれは、西側の空間本后は母后の周辺にようにしたとえば住の儀式のある殿舎でおいての紫宸殿の

——四四——

在としての皇后というそのベクトル(30)が、天皇にとっての紫宸殿（前殿）と仁寿殿（居所）を常寧殿という一つの殿舎に矮小化しながら、南庭と脇殿と独自の通用門をもつ平安宮の后の宮に現れているように感じるのである。

第三項　五節所としての常寧殿——常寧殿の変化

平安中期以降、常寧殿は新しい役割を担った。五節舞姫の宿所として、調習の場として、そして帳台試の場として使用されるようになったのである。そこで本項では五節行事における常寧殿を検討する。

五節とは、十一月の大嘗祭あるいは新嘗祭翌日の豊明節会における五節舞とその一連の行事を指す。その変遷や意義について詳述された服藤早苗氏によれば(31)、五節舞とは、天武朝の国家的儀礼整備に対応した楽導入の一環として創設され、聖武朝には君臣祖子の秩序を表明するために利用された、天皇権と密接に関わる舞であった。平安時代に入ると大嘗祭・新嘗祭で舞われるようになり、采女が担っていた天皇との性関係は、五節舞姫の役割となった。これは舞姫を進上する都市貴族層と天皇との政治的安定化に機能したという。しかし舞姫がキサキとなる可能性から選定には苦慮しつつ、ついに舞姫と天皇の性関係が中止されたのは、キサキを出す家柄が固定されていく宇多朝であったという。

大嘗祭で五節舞が舞われた史料上の初見は大同三年（八〇八）の豊明節会（午日）、新嘗祭での初見は弘仁五年（八一四）の豊明節会（辰日）である(32)。豊明節会の中の五節舞に加えて、徐々に関連行事が増大する。子または丑日の舞姫参入儀、常寧殿における帳台試、寅日の清涼殿における御前試、寅・卯日の殿上淵酔、新嘗祭当日の卯日に清涼殿で舞姫に付き従う童女を天皇が点検する童女御覧など、参入から豊明節会までの四日間ほどのことである(33)。十世紀後半には「臨時之興遊(34)」といわれる童女御覧が、十世紀末には無礼講の宴会ともいうべき殿上淵酔が加わるなど、天皇

第三章　常寧殿の后宮

〉の服従舞として創始された本義とはかけ離れ、娯楽的要素が濃くなり、華美を競うことになる。

1　五節所の空間構成

天皇すむ五節所の空間構成を試みる。まず、五節所の空間構成を試みるにあたり常寧殿の平面図を初期の常寧殿以前の時代の常寧殿とみなす。常寧殿の建物打開事・模理事例大饗の形を伝えることから、常寧殿以前の時代の建物構成を伝えているといえる。

『西宮記』巻六「節会」下「五節」項「同日節会事」条「常寧殿内事」「仮帳舗設事」によれば、北西廂に仮帳が立てられ、東方に大歌所が設けられる。その他、内御所人自在事・内膳勾当内侍候御前四間・立灯台擬侍従二人・女蔵人寄付事・東戸立油打所・五節前宿所・南隔子舗設小道具参入蔵人式部丞行事・戸町有催大藏下蔵人候所・大歌東戸大歌前宿所・舞姫局立儲事、各事が記される（後略）

（ここで、仮帳というのは、常寧殿四面にある廂部分の塗籠のこととかんがえる。一方、大管祭の所作『雲図抄』「大管祭を図の舞殿と東母屋の塗籠」にあるように、常寧殿上の舞姫は東母屋の塗籠の中にあったと思われる。舞師の座を指すものとしての座とは、実際に舞人の五人の大歌座であろう。その時、舞姫は廂から大歌座へ手抜として東廂の仮帳からでてきた。『雲図抄』「指図」にはそのことが具体的に描かれており、舞姫の仮の宿所を東南の角にあげられた。『西宮記』巻十「節会事」巻「五節帳記」にも詳述されている（佐藤泰弘氏による）［35］）

軒廊が移されているのは、この前である。また、「移候」とは候が移したということから、雲図にある東町廊と北西廂との間に大管殿を使用した部屋ともいう。『雲図抄』「常寧殿」には塗籠と舞殿と同じく大きなもので、塗籠の中にあったとなる。

皇座になる西部分の塗籠の辺が本座となり、塗籠は北西廂まで覆うということで、舞師の座であったと思われる。舞師の座はこうにあるもので、舞師の座は東廂からでたものといえる。『雲図抄』図の中にあるように、仮帳角西側の宿部の基壇があって、その角南西部にある大歌座を設置した。また、『江家次第』が北塗籠で北塗籠内である「江家次第」とし出御時の天

舞姫宿所は『江家次第』や『雲図抄』のように身分順に整然とおかれたかはわからないが、「随便」四面に四カ所設けられた。「切懸」を仮設しており、板塀で外からみえないよう目隠ししたらしい。つまり宿所は塗籠外にあった。そして試が始まる時に舞姫らは東・南・西の三カ所の戸から塗籠に入ったである。また、帳台の南には几帳と舞姫が控える場、北には灯台が置かれており、塗籠の中には帳台以外にもある程度の空間があったことがわかる。馬道ぞいにある東戸は闥人者が入っていないよう、行事蔵人が立って番をしていた。保元年間には鍵があり、舞姫が馬道から東戸を通って常寧殿に参入することに鍵をかけるほど、厳重に出入を管理していたという(36)。

　常寧殿の使用法としては、『西宮記』当時から院政期に至るまで大きな変更はなかったようである。そして『雲図抄』に記載されるように塗籠が三間であるすれば、塗籠西戸を介した西側にある舞姫宿所は、もしも孫廂や孫々廂がなければ一間の空間になってしまい狭すぎる(37)。常寧殿東側は仮廂を設けたと明記されている以上、西側には恒常的な廂が増設されていないと成り立たなかったのではないか。『西宮記』の記述がいつのものかは明確ではないが(38)、常寧殿が五節の場として定着した頃には西側の廂はすでに発達し、常寧殿全体が二間になっていたと考えられる。

　西側の孫廂・孫々廂という「異常発達」が五節所として使われるために増設されたのか、もともと弘徽殿の儀式に使用しやすように増設されていたものを、五節所に利用したかは不明である。また、同じくどちらが先かは不明だが、居所当時に無かった馬道の設置は、西の塗籠の密室性を高めることにつながったであろう。どちらも五節所としての利便性は高かったと考えられる。

　このように、常寧殿は居所時からあった西側の塗籠、東側の御帳台・后町廊、あるいはいつからかは明確ではないが西孫廂・孫々廂や馬道などを活用し、五節所として機能していくことになる。

第一節　儀式の場としての常寧殿と后の宮

一四七

第三章　常寧殿と后の宮

2　后居所から五節所・常寧殿への通

　后宿所のもとより五節所へ帳台試が行われる常寧殿へ出御したが、天皇の帳台試が行われたのは、五節舞の最後の練習として舞師が舞姫を引き連れて現れる賭弓御儀の舞台見参が始まった寛弘七年以降と、調習の開始は遅れたとわかる。調習を合わせて確認したのが、大歌人番を引き連れてかしずく役である五節所清涼殿に参入する御前試が行われた後、密々に「十月以降」である帳台試は清涼殿で行われ、五節所御前試は帳台試に先立ち本来は寅日に行われていた佐藤氏による天皇物忌による延引に始まった十世紀前半のおける御前試の起源とされるが、佐藤氏に見られた事情を記にめぐらされた清涼殿における本来は寅日に参入することが、十世紀初頭における舞姫の参入日とする史料から確認できる。

　通例としては天皇の出御が行われる五節所は、内裏の本番の場として使用されていた可能性がある例だが、開化した十世紀前半以降のことであろう。清和朝以降は紫宸殿豊明節会の夜に、南殿で節会行事として場所は豊明節会の夜における舞の場所は十世紀前半までの五節所節会中の記録中にはその可能性がある。

　清和朝以降であるように、同居していた母は信順子が大歌人番とあったこともあり、斎院たらなかった可能性がある。内裏が生まれた三年前にすでに終わっている記録に残っていた四年九月八日以降（九七八年）二十日間の数日が陽成朝内裏には存在の平成朝以降、母居殿など母后・常寧殿には世紀多美子どもにはで居住として呼ばれるようになった。母屋に住むこと母居所を世襲

　姫宿所とする考え方は不明だが、これを班子女王が不可能であった、内裏が斎王・班子女王の後、内裏にキュラ好後から退出したため、常寧殿は主を失うだろう。寛平九年九（八九七）文徳朝に服藤氏によって、五節舞姫宿所が非公式に各家で行われたことで舞師が出仕することが通例となるが、天皇の五節所へ出御して行われたのは、

　醍醐朝時所とする天皇生母として考えるべき母后を舞

や妻后はいなくなり、後半(延長年間)も妻后穏子は居所としては一度も使用しなかった。五節の御前試が開始された頃である。御前試は節会の二日前であるから、数日間、内裏もしくは内裏近辺に舞姫宿所と調習場所が存在したことになる。常寧殿は、醍醐天皇延長八年(九三〇)七月二日～九月二十二日まで、朱雀天皇が承平六年(九三六)十一月五日～天慶元年(九三八)八月二十七日まで居所としており、特に後者は二カ年にわたって五節時期に重なっている。ただし、朱雀天皇は、例えば綾綺殿を居所とした時は賢所や内侍所を移動させているから、常寧殿についても居所時は五節所を移動させた可能性があり、それだけで五節使用を否定する材料になりにくい。

さて、五節に常寧殿を使用した年がわかる史料の初見は、天暦七年(九五三)十一月十二日「今夜召大歌人於常寧殿南廂如常」という『村上天皇御記』の記事である。子日に大歌を召しており、常寧殿で舞姫とともに調習したこと、しかも通例となっていることが明らかである。同じく天暦元年前後成立の『清涼記』にも「舞姫於常寧殿調習」と明記されている。そのほか場所は不明ながら子日調習については『年中行事御障子文』の「(中子日)夜、五節舞姫調習事」によってうかがえるかのほか可能性がある(44)。また、同じく場所は不明だが、舞姫の宿所や調習所が「五節所」として登場した例は、延長四年や承平六年にみえる(45)。

さらに天慶元年の豊明節会当日、舞姫を出した藤原実頼が「節会如恒云々。余為訪舞姫、向彼曹司。親王・公卿・殿上侍臣等多来」と記している(46)。この後盛んになる辰日五節所巡りの早い例である。多くの王卿が訪れた舞姫曹司=宿所、いわゆる五節所は少なくとも内裏内であったと考えるのが自然であろう。舞姫と大勢の介添ら(47)が寝泊りする五節所を四カ所(大嘗祭の時は五カ所)、さらに師の局を設け、舞台や大歌座などを一カ所に設定するとなると、かなりのスペースが必要である。内裏内においては常寧殿以外に設定できる場所はないのではないか。

以上、細かい確定はできないものの、寛平九年を上限、天暦以前を下限とし、史料が複数残る十世紀前半に、五節

第三章　常寧殿と后の宮

　ちろん后が納められた関連して使われた殿舎としてのみならず、常寧殿の後宮の官が使用される
うちろんなく国家を鎮護するためにも、「意識する后の宮正殿の使用」より「常寧殿として認識される常寧殿の」
うんたどもがそれにおいて起きされたのは、平安時代前期にあたるへであるのは、天皇自身が五節所にあたる重要な内裏行事に参入することが多く
へであるどもがあったあそこは清涼殿などを五節所として使用することが多く
へたのはもともと残念ことにえてより、清涼殿や紫宸殿に五節所が設けられたようになった
へた殿舎もなくて后の宮の使用される殿正殿が最も広く、燕楽化した後には残されるようになった
例えば水曆度の后の名代として清涼殿や紫宸殿の東隣で、清和・陽成・光孝・文徳・仁明天皇期の長きにわたる
なので、ただ后の宮の位置に配置され、後宮における重要な内裏不在時から貞観七年(八六五)にかけて
しかしたたまた天皇の居所と五節所の信貴賀名にあたる殿として使う場としては、また格式の高い
それがかわりに内裏の氏名として使用されるにあたって、東宮がそうした格式をよりふさわしい場として選ばれるようになった
それが、ちなみに内裏の格式場であるため、常寧殿を後宮からたものとは、逆に信があまり
一〇六二年、その内裏の主流となるがあって、やはり多くの格殿、常に信が使われない理由
(52)兼家が十世紀六十年、藤原兼家の主催する壇社で使用する場所として、男性の皇が不明である
行事が終わる棋博の儀礼として使われたかになるで行う修法の行われる仁寿殿のような道場になる
天皇は太政大臣邸にとあるなら、年の皇后算賀の四日、院のうち、寿殿の官によっ使用した
天皇は再び内裏へ戻らがあったなどそのための常寧殿となった常寧殿が設けられた
(51)「后」として、呂より内裏里内裏内裏から常寧殿を使用していった五節舞姫を神聖
依里代として常寧殿、常代里として常寧殿より使用するたのは、五節舞姫や神聖
の官として五節三宮にて、后の宮として設定されたに推挙するたなど、たため常寧殿が神聖
して、本内裏にた三皇后以外にもあるに准じた后の永延ニ
常寧殿の内裏はの地位に、一条朝の永延朱

一〇五

役割は完全に消滅し、もはや数日間の五節所としての存在意義もなくなっていたのである。

第二節　后宮庁について

本節では、平安宮内裏の后の宮の中にある后を支える空間と、内裏外にある同様の空間について検討する。
皇后宮職や皇太后宮職については令外官とみなす見解と令制中宮職の一つとみなす見解(53)(54)がある。今回はその検討は行わないが、いずれにしても職の四等官の人員構成や内容について中宮職と基本的な差異はなく、名称は変わっても構成員も持ち上がることがほとんどである。そのため本節では、皇后・皇太夫人・皇太后・太皇太后という四員の后の付属官司であるそれぞれの宮職を「后宮職」、その所在について「后宮庁」と一括して扱う(皇太夫人の中宮職については後述)。また、内裏における后の宮の考察を目的とするので、基本的には内裏内に居住している后を対象とする。

第一項　后の宮に奉仕する人々

光明皇后から橘嘉智子の皇后宮職については、鬼頭清明氏の詳細な研究があり、氏は皇后宮職を皇后の啓令とその日常生活を支える家政機関だと定義された(55)。中林隆之氏はさらに九世紀の后宮職についても言及され、光明皇后以降の九世紀の皇后宮職も御願寺など后の意志を前提に仏教事業に関わる公的な業務を遂行していく機能を有しており、王権の一部を構成する后の公私両面にわたる生活維持と、意志発動のための直接的基盤となり、同時にそれらの過程を通じ、実務官人を養成していく機構であったと位置づけられている。

第三章　常寧殿と后の宮

光明皇后の后宮組織には「所」「司」「殿」「院」の四通りの組織の縮小された形跡が見られる。奈良末支え奉る所とまた綾綺殿・内裏の后の宮が独立した組織として仕奉司・大膳司・主殿司・泉木屋所・浄清所・染所・新所・厨下部の組織についての両氏の見解をまとめるとつぎのようになる。「所」「司」「殿」「院」について平安内裏における内侍司の内裏における内侍司の独立を最初に指摘したのは橋本義則氏である。橘氏による天皇家財政機構の配置とそれに連動した下級司・蔵司・薬司・水取司・主水司・酒司・膳司・史生所・嶋院・悲田院・施薬院・造東西寺所・縫殿寮・綾殿所・蔵部・内外法政所・縫殿。

嵯峨朝弘仁六年八月十五日に立后した嵯峨朝弘仁六年八月十五日に立后した『類聚三代格』に残されている「后の内廷」と別に「后の内廷」との変質をもつ機能が高いものと考えられる。それら后の下部組織もまた自立性の高い后の内廷から独立したその所属司官人は后宮官司の造酒司にも仕奉する官人で、その所属司官人は一人以上八名以下の置かれた非常に重要な所属司であったということが分かる。同じく光仁天皇により一〇人が配置されたといい、組織の縮小されたこの天皇が改編し動きが現れ

(56)

弘仁すでに無くなっていた酒部は、同年六月十九日勅によりまた酒殿である毎年の事難を管理符とし変更する太政官符に光明子の皇用符に「増加人員数将」と月申請により、同年六月十三日の太政官符によれば「令良加件並並良良御瀬可し年中に残り許勒給ず日の立后直後のの命令により造酒司に対して行われた。「今良三代格別によれば、皇后宮の後この良後宮役増員は皇后宮の立后直後の命令である。そのために平城宮の内裏司の管理すると皇后所属官司の造酒司は本官人員不足のため人数少なくまた仕奉件数増員された理由はその数皇后宮の所属なる由が分かる平城宮の用としてそれを一分配を司部に人員が配置された。「今皇后用としる「皇后用とする」と解釈されたものとあったと思われる事実上の人平城太上天皇并六月九日天皇に出した。

を縫殿寮に詰めさせるよう命じている。弘仁六年八月官符には、皇后宮用の木器作と土器作をする六人を「蔵司内膳司給時服」としか書いていないが、おそらくこれも内膳司に詰めたのであろう。直接皇后宮に詰めた水部らとの違いを考えると、御服や器物については、完成したものを奉進するため本来の省庁に勤務すればよいが、皇后の日常の水を司る水部については、后の宮の中にいる必要があったからであろう[57]。つまり、光明子の后宮職の職員であった膳司・主殿司など、日常的に奉仕するものに関しては、所属は変化したものの、宮内省内膳司や主殿寮などの職員が、后の宮内に直接分置されたものと考えられる。

十世紀後半、円融皇后遵子や一条皇后定子が里第にいる時、内膳司や主殿寮の女官が日々奉仕している様子は、『枕草子』や『小右記』に散見される。女官の奉仕を受けることは后の特権の一つである。ただ内裏にある時は、『枕草子』などをみると、定子居所である登花殿に常駐するのではなく、温明殿や後涼殿といった女官の詰所からやってきて奉仕したものと思われる。九世紀前半の后は、后の宮内に酒部二〇人・水部一三人という規模の職員を常駐させていた点で、十世紀以降の后に比べて相対的に自立性・公的色彩が強かったといえるであろう。あわせて嘉智子らの后の宮には、彼ら后宮職員以外の官人が詰める場所も存在していたことが指摘できる。

ここで平安時代の后宮職の規模をみておきたい。令制中宮職の構成は大夫・亮・大進各一人、少進二人、大属一人、少属二人であり、これらの四等官の下に舎人四〇〇人、使部三〇人、直丁二人を置く。ただし、皇后宮が内裏に取り込まれた光仁朝以前と以降では、人員構成にも大きな違いがあった可能性が高い。

平安時代前期の后宮職の四等官は令の規定に準じており、これ以外に権官が置かれることもしばしばあった。四等官以外にどれくらいの人数が所属していたかを『延喜式』でみてみると、男官では史生八人、使部三〇人、職掌二人、舎人は人色一五〇人、外位一〇〇人、白丁一五〇人の四〇〇人、女官は定額女嬬九〇人と令良一五人の一〇五人

で合計すると五三人ほどになる(59)。この后宮職の規模は、前述のように、少ない方にはいる。

第二項　后宮職の場所──貞観殿と御匣司

后宮職が勤務する場所であるが、光明皇后の后宮の官人に定員がみられるように、令制官人に準じて派遣機関が設置されたときは『延喜式』にあたるような規定とみてよく、光明皇后の后宮内に后宮職の官人が常駐したものと考えられる。その多くの官人は特別の場合を除き、大多数の人が后宮内の官司に勤務する職員であったから、場所の数もそれほど多かったとみられる(60)。平安時代の后宮職については、後述するように、后宮の官人は内裏内にあるような規模は少なく、多人数を収容するような大きな変換期であった後、朱雀朝初期の后宮では、内裏内に中宮職の所在地が言及されている状態である(61)。橋本義則氏は巻十六(貞観殿)で大内裏にあったものが、内裏内に言及されて「一般的に内裏内の貞観殿と大内裏の御匣司——貞観殿と御匣司」所属職・内裏の貞観殿と大内裏の御匣司が先学の指摘により、両所に設けられたとしている。氏は貞観殿に后宮職が執務していたことは、この現在の法事に多くの参向者がいたことで、内裏の御匣司の職務を兼ねていたと説く。移動や必要があったことの皇后宮の内部か所が平城宮人にいたという見通しがあり、内裏外に移動した時期や指摘されたことも明確である。動いたこと自由をこなし、后宮職はとなって、大内裏『大内裏考証』におけるため、これらに推定して、大内裏図考証的にとらえられている。

史料には双方がり、事典類でも安内裏内のように(62)、両者の関係について項目はわけて記述されている。内裏・貞観殿と大内裏・御匣司というものも、関係についての言及ではあり、両者の関係はどこから初めての状態である(63)。事実からいなら、后宮職の所在としての位置は、后宮についての所在地は位置かれた施設があったが、中宮庁の所在地に「移動した」と呼ばれ、「移動した」という必要があり、后宮職の位置が必要があって、「移動した」ことが必要かもしれない。後宮職の「移動」か、后宮職が后宮にあったが、移動時期や指摘によったことは自由で、同史以てに明確ではないとしてい。

れた。ただ、もしそうだとすると、平安宮の最初の后である嘉智子の時、すでに后宮庁は内裏内になかったことになり、貞観殿が后宮庁として使用されたことが一度もないことになってしまうところに疑問を覚える。

一方、職御曹司については、岡村幸子氏の専論がある(64)。氏によれば、職御曹司は后宮職庁と大臣曹司のニつの機能があり、前者に関連して、職御曹司は后の特権である宮内出産の場や病悩を癒す場など第二の中宮御所であったと定義した上、明子以降の母后らの后宮庁が置かれたことを明らかにされた。ただし、職御曹司と貞観殿の関係については明確にしておられない。

さらに瀧浪貞子氏も言及され(65)、貞観殿には妻后の皇后宮職が置かれ、職御曹司は母后を含む皇后以外の后(これを「中宮」とする)のための中宮職があった、つまり別個の事務機構がそれぞれに置かれたとされた。そして明子以降、母后=「中宮」が内裏に入ったために、本来内裏外にあった中宮職が後宮に定着したもの、常寧殿が居所に使われなくなると、貞観殿は女官の詰所のようになり、中宮庁としての機能を失ったとされた。

そこで本項では、平安宮の后の宮について明らかにするために、以上のように明確になっていない后宮庁と貞観殿および職御曹司の関係を検討したい。

平安宮において后宮庁の場所に関わる記事の初見は『紀略』天長九年(八三二)十二月甲子(六日)条で「皇后移二御□后宮職東院一、当誕月、也」とある。皇后は内裏常寧殿に住んでいた淳和妻后正子内親王である。これについて橋本氏は「内裏の外にある皇后宮職内の東院」、岡村氏は皇后出産の場としての機能をもっていた后宮庁として、両氏とも職御曹司に比定した。一方、瀧浪氏は、職御曹司はあくまで皇后ではない中宮の職庁との見解から、これを貞観殿(の中にある東院)にあてられた。

私見を述べると、これは後の職御曹司であろう。瀧浪氏は職御曹司を皇后以外の中宮の職に限定されているが、史

第三章　常寧殿と皇后宮

考えるのが自然であろう。平安前期における実例だけについて見る限りでは、文徳朝の皇太夫人の中宮と順子誕生の母とから、中宮とは天皇の母后を指す用語として用いられ、中宮職とは母后に限厳

密から立后という制度が想定しうるまでには、誰にしても皇太夫人を指して皇后と呼べるようになってはおらず、その意味も不明であるから、ここから立后を想定することはできない。まして「中宮」という語も、平安前期の実例における中宮は皇太夫人の中宮である。また、皇太夫人の中宮と皇后の中宮とは、文献根拠に従えば、北に居住する后妃のための施設・飲食供饌等に従事する内裏内の官司が内膳職であった。長岡京より平城京に至るまでの間は、内裏内出産は『続日本紀』承和三年四月十一日条に嵯峨太皇太后の崩御が報じられるまで待たねばならない「須曳和三年（八三六）閏

新撰姓氏録』「一方では天長四年十一月二十九日比丘正岡「②」である記事とする特権的事物②はのちに后妃として献上される礼物であったから、それは先の正親王の出産場所になったらしい。「①」「①」から、②は北の后＝後宮であるに②の記事である。「②」にすれば、藤壷雅子内親王の出産場所としてからという記事である。十九日に嵯峨即位後藤壷雅子内親王出産という『紀略』の記事、同天長四年十一月十六日以前の記事が出産と内親王の同年半年後であるか不明という可能性は高いとしても出産とは限らない。「一九日以前の記事であるから、別の内裏内出産とは限らないのではないだろうか。

子が生まれることを想定した儀式であるが、不思議だった醍醐朝に作造された紫宸殿は、出産に対処したとして移動ここから出産、内裏外の皇后宮に皇后穏子が醍醐天皇の同皇子を出産した後、後院の弘徽殿から移動したこと、後院は常住空間ではないからあたって後院から皇后宮に移動したから不思議ではない。明朝の仁明殿は移動した例のなかった

さて、これが内裏内出産である。内裏内出産は、仁明朝の後、皇后穏子まで見るが、続書に「染作造染作造作物部雑物等の設備用品の位置にたて付きの位署である染御書司処の置にたて付きの位置にたて付き皇后宮職があるらしい。時代の降下にそう「皇后宮職が内裏内に移動して」とあり、平匡説はわかる。皇后宮職『続日本紀』承和二十年七月、十日、弘仁四年（八一三）五飛揚中

職を使用しながら内裏と結直してこれ処理された。内裏内でも内裏出産もその時代には皇后宮職は使用した平安時代に、内裏内で下賜し母后職上天皇の皇四年十一月七日により皇子一月二十九日、『本紀』二十九日、嘉智子皇大后、そ内裏に大内裏になるべく内大宮を含む御内大皇（皇大后安）皇大内裏に設定（六）　五八

記事がある。侍従所から四〇丈(約一二〇㍍)では内裏貞観殿まで届かないが、侍従所から北東に四〇丈ほどの場所に職御曹司がある。ゆえにこの皇后宮職は、後の職御曹司に比定できるのである。当時妻后はおらず、先帝后は母后であっても内裏に入れなかったため、当面使用される予定のない職東院を、仮に遣唐料雑物の染所として用いたのであろう。もともと后に奉仕するための染色施設があり、それを利用したのかもしれない。

　ところで「職東院」という言い方は、橋本氏のように后宮職内の東院と読むこともできるが、そうするとこれに対応して職西院というような建物が後の職御曹司の中にあったように思えてしまう。後に職御曹司を居所にした一条妻后藤原定子の生活が垣間見える『枕草子』をみても、職御曹司内に東西に分かれたもう一つの院がある様子は全くうかがえない。「職東院」とは皇后宮職の本庁からみて東にある別院、という成り立ちを想定するのが妥当ではないだろうか。醍醐朝の皇太子慶頼王が、延長三年(九二五)に薨去した職御曹司について『九暦』では「東職」と呼んでいるが、この「東職」も「職東院」と同じく職内の東院ではなく東にある職の建物を指すと考えられる。

　慶頼王が職御曹司を使用していた時の皇后は穏子で、常寧殿ではなく弘徽殿を居所としていたが、その后宮庁が内裏内にあったことは、延長七年の記事で確認できる。「夜鬼跡踏宮中−。玄輝門外内、及桂芳坊辺、中宮庁、常寧殿内最多、殿壇人寸余」と鬼の跡が残る場所があげられている。宮中、それも玄輝門内外であるので、「中宮庁」は玄輝門から入ってすぐ、玄輝門と常寧殿の間にある貞観殿を指すと断定できよう。天皇母である皇太夫人を呼んだ「中宮」の称を穏子は妻后の時から使用しているから、「中宮庁」となっているのは一般名詞ではなく、「中宮」穏子の后宮庁を指しているといえる。

　后宮庁が内裏貞観殿に置かれていたことは、『延喜中宮式』からも推測できる。

F　白馬条

第二節　后宮庁について

一五七

第三章　常寧殿と后の宮

饗之、七日左兵衛陣の左右近衛府各一人、馬医二人、左右馬寮各二人、馬医一人、都合十四人、幸自白馬御覧前一度沐浴儀定於常寧殿前、於庁前儲酒有

ブランのようなものがあったとしるものもあるが、自然にうけいれられる。馬寮官人たちは紫宸殿の東の廂に祇候する職場であり、「御前」として奉仕する場合とそれ以前の天皇の内裏における職場や前殿常寧殿の後殿である『御斎殿』あるいは『御斎殿』に奉仕する場合が考えられる。『御斎殿』は皇后宮職の常寧殿の後殿に置かれたのであり、これは非常に興味深いことであり十世紀以降、徐々に裁縫を扱う職人「縫殿人」が平安京における御斎殿を様々に置かれる御斎殿を初めて知られる御前馬行われた常寧殿の場所の推定できるのが内裏の自馬渡御の儀であったが、白馬の皇子氏による所定の自馬御覧に天皇の入浴や洗髪朝覲行啓あるいは朝覲行幸の際に御斎殿や御斎殿に編纂を常寧殿に奉仕して

G年料御薬条

一方『延喜式』にはブランに奉仕する女官女官が役しくりみの者「御前」に奉仕する典薬寮が紫宸殿の後殿である『御斎殿』に奉仕するとされている証拠を示している。

同年料御薬条初儀

返畢初初儀典薬寮年料御薬
正月二日給侍御人以上進七種御薬参入内侍所
此日典薬官人之以下等薬を御斎殿に納め御斎殿は六位小舎人一条八省櫛笥殿に納めた薬を納位衣小舎人一日平旦更請出送於典薬省生於内裏各婦人五人所

応じてたため七省の御薬の規定に加持を行った后所であった正月七日、返却加持十四日、供御薬条

令日七日から御薬御斎殿が出され人省の御薬所での規定に加持御持を行うが后所で供御薬とあたため、この日からは御薬が出された四日以降は供奉し薬が供奉できたとわれるれ再び薬を御斎殿に納めこれは以下五位上の御斎殿を一条八位袋の小桁衣装殿小舎人一日で申し上げて御斎殿に納められたが皇后宮にあったようで御斎殿とあり、平安宮内裏の平常観殿の居所であるから近い所に置かれ貞観殿に必要が

ていたのではないか。もともと御匣殿とは櫛を納めた筥のことであり、転じて櫛などの供御物を置いた所を指したという。薬が納められているところからみると、天皇用、あるいは皇后用に「くしげ」や薬をはじめ供えるものが置かれ、それらを扱う女官が詰めていたと推定できる。[73]

　貞観殿には、天皇に奉仕する御匣殿の女官の詰所と供御物、常寧殿にいる后に奉仕する御匣殿の女官と供御物として后宮庁も置かれていた。[74]后の宮の中に后に奉仕する人々がいるのはある意味当然である。しかし后の宮には後宮十二司の女官や内廷機関に所属する女官を含め、天皇に奉仕する女官が存在したわけである。つまり、常寧殿を居所とした平安前期の妻后が、天皇に奉仕する女官と後宮を治める中国的な性別役割分担を果たすべき存在であったことが、天皇の御匣殿を始めとする、のちの内女房を内に含む后の宮の空間設定からもいえるのである。[75]

　以上のように、貞観殿にある后宮庁と大内裏にある職御曹司は、橋本説のように庁の移動ではなく、常寧殿が造営された頃から同時並立していたことが想定できる。それでは、なぜ内裏の外に后宮庁の別院ともいうべき職御曹司が必要であったのだろうか。

　前項でみたように、『延喜式』以前において后宮職には多くの官人が所属していた。しかも基本的に男官であり、[76]全員が日常的に後宮内の后の側近くにいることはあり得ない。また后宮職の官人は朝堂に朝座が無かったから、日常政務をとる場所が必要であったはずだ。それが大内裏内の「皇后宮職（東）院」、後の職御曹司であったのではないだろうか。[77]后居所常寧殿の後殿である貞観殿には、ごく上級職司のみが必要に応じて詰め、后の印が保管され、[78]これを后宮庁と呼んだのではないか。平安初期において、大政官の上級官人は通常は大内裏の大政官や外記庁で政務をとり、天皇の側近く行く必要がある時に宜陽殿の本座に着した。后宮職にとっての職御曹司と貞観殿も、これと同様の関係を想定してみたい。

第二節　后宮庁について

第三章　常寧殿の后宮

職御曹司に置かれたというわけではないが、村氏が個別の后宮職御曹司を表しているとは限らないため、職御曹司に規制されたのは后宮職御曹司が置かれていない時期に明子やその高子であれば個別の后宮職御曹司が置かれたとみてよい。しかも个別の后宮職御曹司が置かれたとしても、正子内親王・藤原高子・藤原温子・藤原穏子が共通してみられるが、彼女たちは言及すべき明らかな意味がある后宮の本質がある。彼女たちは現天皇の妻后及び母后に限定されているとはいえ、女御である皇太子居所の時点で彼女は立后后宮職御曹司を使用する権利があったとしても、西雅院に置かれたという注目すべき事実がある。

寛明立太子の三年後の延長六年十月十三日に『西宮記』巻十「立皇太子大臣已下以下諸々近習院に移徒あり。中隔所にて事を行ふべし」とある中隔所とは、皇太子居所の曹司であり、女御温子の本曹司もあった。その後の皇太子居所の延長六年十月から寛明立太子の時期、西雅院の狭義すなわち内裏内の所が意味するたとえ内裏内であっても職御曹司が置かれていない時期、その後の内親王・明子・高子・藤原温子・藤原穏子が現天皇の妻后の母后殿に置かれたが、

(79)

呼ばれ大内裏であり、内裏の東・東西の外東宮職能移動が住む場所は西雅院と東宮職御曹司に近く、個別の后宮職御曹司が置かれる后宮だけにあり、中隔で移された后宮職御曹司が置かれた場合とはいえず、职御曹司が置かれたといえる。当初から、大極殿の十一年に際目『西宮記』「中隔所」は十分に考えられる東雅院西雅院の関係から類推しても、内裏外の所へ働く場所が通って内裏に入ることから役割があるとしても、內裏内に場所が行事を行う必要が身分に限られた離宮である東宮

(80)

東宮職庁の機能移動があった東宮すなわち東雅院と西雅院に后宮職御曹司が設定されたことにおいて后宮職御曹司が近く、東宮職御曹司に十分に考えられる東雅院に移されたた官として全員が考えられる后宮職御曹司は西雅院に入りたる官であることは、

(81)

がそのまま平安官内裏にも自然なことだけに内裏御在所であるのでだけに外的な空間である内裏御曹司が設定されたに、一時的に正子内親王として例えば正子内親王としてに限り正しすぎる考えであろうに離宮の時は后宮庁となる

一〇六

の出産のような場合に使われたのではないか。それが、後々まで后のみならず、天皇や皇太子の居所に使われた職御曹司の空間であったと考えることができるのである。

　　　　第三項　后宮職院から職御曹司へ

　職御曹司に公卿直廬としての側面を見出した岡村幸子氏によれば、その史料上初見は『大鏡裏書』が載せる清和朝の良房の太政大臣直廬である[82]。娘明子は母后であり、良房は後の後宮直廬のように職御曹司を使用できる娘に便乗し、それ以来、職御曹司は太政大臣直廬として藤氏長者に世襲されたと定義づけられた。一方、鈴木琢郎氏は良房例は『大鏡裏書』にしか見出せないことからこれを否定し、他方、良房が内裏に直廬をもっていることを明らかにされた[84]。公卿直廬の検討は稿を改めるが、ただし後の忠平が、職御曹司と梅壺や藤壺を直廬として併用していたように[85]、内裏直廬の存在は、職御曹司が直廬であることを否定することにはならないであろう。また、明子が職御曹司を使用した史料上初見の延喜十六年より前に良房が使用していることに鈴木氏は疑問を呈されているが、これまでみてきたように、職御曹司は独立した空間ではなく、后宮庁に付随しているから、天皇と同居する皇太夫人明子の使用およびそれに便乗した良房の使用は、すでに可能であったと考えられる。

　両氏とも指摘されるように、陽成朝の母后高子に便乗して兄基経が職御曹司を直廬として使用し始めた時期は、太政大臣就任直後である[86]。この時、高子は天皇と同居し常寧殿を居所とする皇太夫人である。良房・明子例をともに考えても、后宮職庁と職御曹司を使用することは、厳密には后になっていない中宮職を付された皇太夫人であっても可能だったことがわかる。天皇と同居し、常寧殿を手中に収めれば、その後殿の貞観殿に中宮職を置くことができ、大内裏の職御曹司を使用することができたのである。

　　　第二節　后宮庁について

第三章　摂関期の皇后宮

原料史料に残る後一条天皇皇后藤原威子の出産の場である上東門第の内裏焼亡後における使用を居所として頼りにした人物は后の母后彰子であり、立后後約三年後に当初関白藤原道長の居所であった上東門第の内裏焼亡後における使用場所として頼りにした人物は后の母后で新皇太后として使用した例がある。二十一世紀に入ると内裏焼亡時の避難場所として職曹司の居所に妻后を入れることも行われなくなる。醍醐皇后穏子は中宮時代に父の桂芳坊を用いたが皇后になってからは立后当初藤原清和初立后藤原正子内親王が三条朝におき約三年後に立后した藤原穏子内親王が最後になる。また村上朝の内裏焼亡時の里邸藤原明子の変遷を検討する。

天皇・皇后・皇女の気や皇后女子の難産時に去る醍醐朝後一条朝直後の避難場所としてかつて太保頼慶使用した職曹司の居所施設であった醍醐妻后は中重の桂芳坊を居所とした后である。すなわち出産のため一年後に立ち妻后中重の保慶使った人物は藤原妻后安子であり后の結びつきが強く未来本来の桂芳妻后として使われる場所には職曹司であったこと本来の桂芳妻后として使われる場所は政治的な役目を用いたが三条朝におき約三年後に立后した藤原穏子内親王が后当初清和初立后藤原明子の変遷を検討する。

（87）

志賀院と関係のない使用例された。身分であった光孝朝皇者は藤院=職曹司という妻后の人物は限定は職曹司という妻后の人物に限定は同時期に使用された内裏焼亡した後使用場所は十一世紀以降となり、内裏焼亡する同時期に使用例として十一世紀以降となり時の避難場所は妻后の居所のこと、居所と定まって、時の避難所である。十世紀以前なる前の史例は延喜四年の穏子立后時生母穏子は母后穏子が立后された時太子保明親王后の在性でもある。この時基経は保母穏子立后された時穏子は穏子が生母であった。この時基経は母后ない。仁寿殿西屋は保明に立后妻は母后立妻は皇子が立后前妻を持たず、太子保明親王内裏常寧殿を一条女の居所とした。一条帝は出立妻后は居所として使用していたこの時妻后は東宮を居所と后権後中宮権後中宮の施設を使用していたこの時東宮廨が使用されている。本人も后東宮廨の施設を使用した職曹司の施設を使用した。

政務の場としても固定化ない後宮殿舎としての藤氏長者であった光孝朝後に引き続き使用したいう後宮直廬となったとした上ではおく使用した後宮直廬として引き続き使用したと比重が移っていく。ここが後官・直廬は妃の居所の桂芳坊を使用し使用していた中重の短期短期間使用した以降は中重の短期間使用した以降芳内裏や後涼殿権中納言藤原師輔の時穏子権中納言を引き続使用しただ職曹司などを女御時代に使用したた三か月前にこの前にはと内裏に入った八月には三月内装使用の施設使用するため皇の前に始始後母后となるようにはとどまりの天皇の外戚ではなく皇のに母として、忠平長者の妻后

としての使用の出家・皇后直後避難場所として使用され他界した后皇后で妃となった皇后・女院は関係したない人物の使用場所が産所した後使用された使用場所神事の内親王天折した皇太子保明親王の母后を居所として頼りにした人物は職曹司の居所施設であった太保頼慶使用した職曹司の居所施設であったため出産の場として使用する延安頼子親王を一条后の時の中宮彰子立后した中宮彰子しかし、子安子后中宮の居所でありが防めとなる一条は春天皇の結び養和后の結び養和母后穏子が立后された時穏子立后当初三条朝にも立后当初清和後立后藤原清和初立立后藤原明子后藤原明子の変遷を検討する。

一六一

い実頼と頼忠である(90)。冷泉朝の関白実頼がミウチのキサキがおらず後宮直廬がもてないために、本来后のものであった職御曹司を多用することになるのは、ある意味皮肉である。

以上から明らかなように、后と関わりない人物が使用する契機は、光孝朝の基経である。光孝天皇は思いがけず即位できた恩義を基経に感じてしばしば特別な配慮をしたため、前朝には母后兄として職御曹司を直廬にできた藤氏長者の基経に引き続き使用を認めることは十分考えられる。王氏母后が常寧殿に住んだ宇多朝では使用例はみられないが、醍醐朝前期になると、后と関係がない皇太子の居所となり、藤氏長者の直廬となる。后宮職の付属施設として貞観殿を使用できる后のみが使えた職御曹司は、身内の后に便乗する藤氏長者直廬へと開かれ、まもなく后と関係がなくても直廬として使用することが可能になり、やがて后以外も居所として使用できるようになったことが想定できるのである。

さらに名称についても考えてみたい。「皇后宮職(東)院」から「職(御)曹司」と変わった時期を、岡村氏は良房と娘の清和母后明子の時とされる。確かに『大鏡裏書』には良房の曹司を「職曹司」と載せているが、これは承平元年(九三一)に参議実頼が語った内容としての登場である。また『西宮記』は、元慶六年(八八二)に王卿が参会した場所を「職御曹司」としているが、これも『九暦』天慶七年(九四四)条の中の文章なのである。一方『三代実録』をみると、清和朝の記事は「職院」「皇太后職院」、陽成朝も「職院」、光孝朝も「職院」である。一方、「職曹司」となったのは『貞信公記』は延喜十年、『紀略』は延長三年からで、以降「職院」という名称はみられなくなる。つまり名称変更は、醍醐朝前半に起きている。音だけが同じ「志貴院」が、延喜四年の皇太子遷御先として醍醐天皇御記に登場するのは過渡期であろうか。ちょうど后が常寧殿を使わなくなった時期と同じであるのは興味深い。『九暦』では師輔が皇太子の居所として東宮と職御曹司をあげ、さらに皇子出産前の女御安子のために「式御曹司」

かさ新所とは「弘徽殿」と呼ばれた、新鎮された内裏の事例に着目したい。三人目の妻、藤原遵子が多くの場合、入内・立后後も同所を居所としていることから、天皇の御在所である内裏「中宮御所」に立地する建物であるためか、立后以降の「中宮御所」とは居所として使われなくなったようである。平安中期以降、内裏に居所が置かれることがなくなる由であるのは、後宮における「中宮御所」の関係が弱まっていたことを意味している。職御曹司に滞在していた際の利用が固定化していたことに加え、『小右記』『御堂関白記』『権記』等から同所が職御曹司と呼ばれなくなる平安中期以降、后宮家ごとに利用する場所が定められるようになり、職御曹司の位置する平安宮中務省前の一区画は、同所以降『紀略』『日本紀略』に見られる「中宮御所」と呼ばれ、職御曹司は円融朝以降の天皇の在位中前である中宮御曹司、円融元年（九七六）六月十八日条に「后居所職御曹司」＝中宮職御曹司＝内裏の南庭で焼亡したとの記述があり、内裏の南庭で焼亡したとしても、皇后藤原遵子の居所であったとしても、申刻近くに内裏焼亡したとあり、地震災大震から後の居所について、その居所をめぐっては、円融天皇（中略）の時、后宮庁に少しの間后藤家等や大臣の居所に移り、徐々に内裏「后宮」と表現する別的な后宮庁の例は名呼び多くの時的扱は東見

たであり、円融同庁である。「弘徽殿」とは完にいて一人目の指示と思われうもの実質がに着堂しての父藤原藤子のではその父藤原藤忠関白太政事情を行ったが、新鎮された中宮印案所印鑑する場所や大臣藤所場合は中宮印案を行いかれ、中宮「印」とは後始を行ったい場所「中宮殿」で「式」「式」職御曹司の場所の酒離のあるのが場所近くに職御曹司庁がかりが建子と違うに「中宮」とは周違いないな皇すれであるという。この居子が中宮「式」と「式」が、行実賀は行へ中宮「式」内的と時は居行式の皇時は居子

所の弘徽殿」

居所で同庁が職御曹司に南殿縫御曹司が日庭縫殿所は天皇中略の管一るの例例的呼名

ず頼忠がいるので、これは藤氏長者曹司としての職御曹司である。このうち堯実資の庁座が設けられていたと考えられるのは、里第での庁座が遣子居所をはに設けられたように、「中宮」弘徽殿の中のどこかであると考えられる(94)。これは皇太子の場合も同様で、皇太子が里第にある時は里第で庁始が行われている(95)。

つまり后と皇太子の居所が、常寧殿や東宮という固定的な場所でなくなった時、庁の場所も貞観殿や東宮東雅院のように固定的な場所ではなくなり、居所近くの便所に設けられたと考えられるのである。別の言い方をすると、后は常寧殿を手放す時、その後殿である貞観殿をも手放さるを得なかったであろうし、同じ頃から職御曹司も、后が独占することはできなくなるのである。平安宮内裏における后の宮は、完全に解体したのである。

おわりに

以上、本章では平安宮内裏の后の宮について多角的に検討してきた。簡単にまとめておく。

第一節では平安時代初期から中期にかけて、妻后や母后の居所となった常寧殿について考察した。第一項では当初の常寧殿の平面プランについて、東側がハレの空間、西側がケの空間である七間四面で全体の桁行が九間、君子南面というように天皇同様、君臣関係に基づく儀礼を行える南庭をもっていることを確認した。第二項では『延喜式』を中心に后の儀礼について検討し、常寧殿を中心とした一角が、后居所であると同時に、儀礼の場であることがわかった。第三項では、五節所としての常寧殿について検討し、常寧殿が后居所でなくなる頃に、五節儀礼の舞台となったことを推測した。これらをとおして、平安宮における后の宮とは本来、玄輝門以南、南廊以北、殿舎でいうと前殿の常寧殿、後殿の貞観殿、西脇殿の弘徽殿、東脇殿の麗景殿、さらに空間構成からは貞観殿の左右にある登花

第三章　常寧殿と後宮十二司

も推測した。天皇とともに参加した皇后は、『延喜式』に「皇后東宮大饗料」という儀式への参加と関係があったためである。皇后宮は内裏の殿舎と同じ紫宸殿の南門から成立していたと考えられ、広大な空間であったため、東宮と同じ広さをもつ六殿（東宮殿）と推定した。

観殿は節会に天皇を含めた上級官職の奉仕者を中心に后宮職司の内裏観殿として居住空間であったように思う。后候御曹司内裏北寿殿の役所として明らかになる。両方の機能を小さく集約した中に同殿中央に居所を上化して接した中の正殿であったとすることができる殿中の員

「職御曹司」は天皇に奉仕する上級女官を中心に后宮職司が詰める場所であるとして大内裏観殿と内裏観殿が大内裏の場所にもつ女官用の職御曹司を内部では観殿居所と立ち寿殿の内裏の両方あったが、御曹司居所としての機能を明らかにした。ただし、後宮の中の「職御曹司」は奉仕する上級女官を中心に后宮職司が取り上げられた居所とした。一方、内裏職御曹司は内裏にある別の、内裏にある別の中宮職司が詰める場所とした。

平安宮内裏は唯一、男性が利用したと想定した。内部では天皇やその子供の男官が詰める場所として内裏内部の場所があったとし、役所としての場所があったとしたが、出産時に使用した賓観殿にあり、外以外に大内裏内以外に「式曹司」なる内裏以外に天皇初期の皇后は天皇大権を掌握する天皇人とし、それ以前の主人である天皇夫人となるような役を官外の独立した関係であり、妻別邸立した里邸のような小さな関係にあり、天皇とともに多くの戸居などが多く存在したことが示されている。

そして宮中の中で、唯一、藤氏長者が利用可能な場所ともなった。

そこに住んだのは、ホササキ皇太子である。

一日にはキサキと賀茂行事への関わり、外の権能の存在があり、内に対して権能の存在があった。

　証章式『』について

参加した皇太子・官女・多くの後宮女官が朝賀を受ける式典であり、正月一日皇后が朝賀を受けていたとされる。この記事から官人・朝宮天皇への朝賀は官女に直接仕える官女に以降は正月元日行幸昇殿にての立主人として官人独立の関係と雲上官であり天皇后宮居所として直接位置的な関係であったと思われる。

歌舞を続けた。
他に踏歌節会の主に采女宴供を位歌に天皇后宮権小椎主として存在したとしてよい九月菊酒供御薬供御薬を献じて九日朝歴進

墓使といった儀式があり、三月・十一月の上申の春日祭、上卯の大原野祭、四月・十一月の上申の平野祭、中酉の賀茂祭、四月・十一月上卯の大神祭へはそれぞれ使を発遣する。さらに三月・九月は潔斎、六月・十一月・十二月は人日間の御贖祭、毎月晦日の御贖、鎮魂祭、新嘗祭、殿祭などといった宗教的色彩の濃い儀式も行う。これらの公務を遂行するための公的な空間、つまり執務空間を含んでいるのが后の宮なのである。后の宮に住む后と、単なる生活の場としての一つの殿舎かさらにその中の一部しか与えられなかった他のキサキとは、国家にとって全く違う存在として認識されていたことは明らかである。皇后は正月儀礼の中で、夫人や女御など他のキサキ・全女官、さらに皇位継承者である皇太子から、親子関係がなくとも拝礼を受ける存在であり后の宮には天皇に奉仕する女官を含まれていた。后は、キサキの中の筆頭なのではなく、皇位継承者の母であるだけでもなく、全女官を統率し、天皇と性別役割分担をして後宮を支配することにより立后宣命にある「しりへの政」を行うという、他のキサキたちとは全く別の存在意義と役割をもつことが期待されていた。女官の統率者としての后の姿、天皇「家」の統括者としての后の姿である。さらに当時はまだ五位以上の官人の妻は外命婦といわれ、女官に准じた存在であったから、理念的には全官人の妻ひいては全女性の統率者という位置づけであったということもできよう。そしてその理念を具体化した象徴ともいうべき空間こそが、后の宮であり、その中心にある常寧殿だったのである。しかしその理念は結局、嫡妻観念が未熟な日本には根づかず、広大な后の宮に住んだ妻后はわずか二人であった。

母后居住を経て、醍醐朝以降、后は常寧殿に住まなくなり、ゆえに内裏内后宮庁として設定された貞観殿を后は使用しなくなり、大内裏の后宮職東院も独占できなくなっていく。代わりに妻后や母后が多用したのは、弘徽殿や藤壺という、天皇居所清涼殿に近いということが最大の存在意義である殿舎である。国家の中の唯一の后ではなく、天皇との関係性における筆頭者の后への変化である。まさに后の宮は解体したのであり、中国的性別役割分担によって

おわりに

第三章 常寧殿と皇后宮

に生まれ、后がその政を佐けるようにという理念が強く意識されていた。平安宮造営当初、内裏に同居する后を権力の源のありかとし、権威の象徴とまた后を母とする皇子を迎える母屋として、終焉の事まで嫡妻たる后の妻后としてのかかわり

「所」としての天皇が所生の皇権は分けられていくべきものであった。

註

(1) 橋本義則 a「平安宮内裏の成立過程」『古代王権と交流5 古代王権の成立と継承』名著出版一九九五、b「内裏と後宮」『日本の古代都城の内裏構造』一九九四の改稿二〇〇〇、c「一平安宮内裏再編の歴史的契機」『続日本紀研究』初出一九八五の改稿二〇〇〇。

(2) 吉川弘文館『後宮成立史の研究』塙書房初出一九七五の改稿一九九八、『一、一、一、一b、c、d』『古代宮都の内裏構造』初出一九八六の改稿二〇〇〇、『天皇・皇后・皇太上

(3) a『続日本紀』和銅四年四月庚辰(十五日)条。

(4) 橋本義則注(1)長岡宮内裏参考——内裏の構造と皇后宮——内裏以外——。

(5) 鈴木亘『平安宮内裏の殿舎と藤原氏飛香舎。寝殿から建飛香舎と考えられ、延暦十六年から九年以前以降に造替された。知太政官事弘仁三年九月戊午[十六日]条[日]已已[十八日]条[十九日][二十三日]。以下、本文九五〕とされたのは「雑令遊部」条にある当初からめて、皇后宮の所在とするべきである。

(6) 鈴木亘「寝殿造の柱周寸法補正式変と寝殿位置の変更」『新補式——補式の意味を——』「日本建築学会計画系論文集」二〇二〇。

(7) 川本重雄 「御簾屋の位置がみえるように、階の位置が位置に限り、母屋と異なる柱周寸法に変更された可能性がある。紫宸殿は常に母屋と異なる柱周寸法で建設されたと推測されているが、常寧殿・清涼殿はその限りにない。山岸常人「平安宮」の論文二〇二一。)

以下、本章の鈴木説は特山岸常人説はこの論文

しやすいように大床子は南廂に置かれる例が多いという(川本重雄「天皇の座―高御座・椅子・大床子・平敷―」『家具道具室内史』創刊号 二〇〇九)。この一〇年後の天慶七年に皇太后穏子は六十歳になり、娘の康子内親王が行った賀儀の記事が残る。史料に残っていないが天皇も母后の六十賀を行ったであろうから、この時などに変更されたものが儀式次第として残った可能性はある。もう一つは再建時に母屋にある帳台が変更され、その影響を受けた可能性がある。既述のように『新儀式』から判明する帳台は、母屋梁行の全体を覆い桁行も覆ったかもしれない四間×三間という巨大なものである。五節所としての便宜が考えられた『雲図抄』のような形である。その影響で御座が帳台の上から廂に出てきた可能性が考えられるのではないか。ただ、大床子の座を帳台上に乗せることは珍しいので、承平四年当時から全く全体が帳台であるような特殊事情があったかもしれない。

(8) 鈴木氏は馬道が無かったとされるが、論拠とされた『西宮記』穏子御賀の読み方について橋本・山岸両氏が疑義をだされており、両氏の読み方を取れば、馬道があったかどうかは不明になる。

(9) 馬道とは『平安時代史事典』(角川書店)によると「建物の間に厚板を掛け渡して、常には廊のごとく通行し、必要あるときはこれを取り外して奥まで馬を引き入れる通路としたもの。のちには殿舎の中の長廊下の称」という。常寧殿の馬道が単なる長廊下でなかったことは、五節帳台試の時に蔵人が殿西側の塗籠の東戸(馬道に接した戸)の開閉のために床子(腰掛の一種)に乗っており、馬道が低かったことがわかることから明らかである。

(10) 『小右記』天元五年(九八二)六月十三日条の中宮御読経始の公卿・殿上人の座が「常寧殿南廂馬道西」にあったとある。

(11) 『吏部王記』承平七年正月十四日条。

(12) 鈴木氏は仁寿殿も造営当初は九間(母屋は七間)を想定されている(「平安宮仁寿殿の復元」〔註(5)書所収 初出一九七七〕)。その当否はわからないが、もし仁寿殿が九間であったならば、常寧殿も二間であった可能性は低いであろう。

(13) 常寧殿南廂は、例えば弘徽殿を居所とした藤原遵子立后関連行事では公卿座や女史座として、御読経の時には公卿殿上人座として使用されている(『小右記』天元五年五月七日条、八日条、六月十三日条)。

(14) 『中右記』長治元年八月六日条、同二年十二月二十五日条。

(15) 図7(『大内裏図考証』)の常寧殿南廂は、南廂合め南北約八間、東西約一六間である。仮に一間=一〇~一二尺、一尺=三〇㎝とすれば、南北二四~二八m、東西四八~五七mの広さとなる。

(16) 宇多朝寛平四年に、母班子女王の六十賀が常寧殿で行われた記事が残っている(宮内庁書陵部所蔵『清和天皇母后以後代々御

第三章　皇后宮と春宮御曹司

(17)『延喜式』によれば、本文によって常寧殿と皇后宮の時と同じ名称があてられている場合、その「常寧殿」「中宮」「皇后宮」「春宮庭」「東宮」などの称はいずれも主体を表わす名称となっており、内廷的に御厨子所を設け、南廂に御簾を懸け、内部に御座を置き、ここに夫人が出御して朝賀を受ける節会が行なわれるのである。第一条には、元日朝賀のとき、中宮・皇后は表体文字による条があるのみ。これが全て復して主体を示す条文となる。

(18)これらの『延喜式』第一条冒頭部分に「皇后宮」「中宮」を使って、内部に御厨子所を置き、南廂に御簾を懸け、内部に御座を置き、夫人が出御して朝賀を受ける節会が行なわれる。このように朝賀が出御する節会が、皇后宮・中宮を皇太后とともに皇后宮・中宮に御座する居住者が置かれ、日常居所として同司の薬が多く欠くことができる。この条文は同時代の居住者がいる場合であるが、現在の現存では同司の薬の朝賀が復元するものと、設営はこのように規定されていたのであると考えられる。

(19)栗林茂氏は対象外条について論文(1)c「皇后宮儀礼の成立と展開」『皇后宮儀礼の研究』八木書店、二〇一三）は、以下本項の栗林説はこの論文に従う。『延喜式』明法条「延喜式春宮坊式」の栗林説はこの論文の後半部分とする。

(20)註(1)c論文を参照することにより近代的に内裏の『延喜式』上卷六「儀式」上明式即位式上記録式条に内献上明進御式「延喜式春宮坊式」に上明献御式『儀式』巻六「儀式」上明式即位式上進献上明御記録式条記載の内容であるが、これは同献御式上「入」に『神祇令』大宝以前とある(一九四〇)。

(21)『延喜式春宮坊功労』明拠条後殿上柴殿後加は之御座にあるか。

(22)橋本義則『証上式』訂正校註(12)論文。

(23)穏子皇后は来朝最時として子饗賞にあたり、鈴木氏の説は註(12)にある。

(24)仁寿殿について。

(25)註(16)にあるように御殿内の御居所の女房はキサキやキキ以外の朝殿内の女房はキキキの場合外は経営に置いているが、一般にはここに籠めおかれることがあったとすべきだが、後宮の内の基本的に使用したとあるのでこの時朝の籠えはキサキ以外の女房を居所として確認しきれたいが、朝時として使用されたと考えられる九〇。徳殿が使用したとしてもこの時期内の使用の時期の内裏の御曹殿の別名と呼ばれていないので五舎の一舎に常設されたとは考えられない。

(26)史料である。このように弘徽殿の残存状況を考慮すると、氏はただし弘徽殿が春宮坊として五月ないし当時の在任期間はかなり短く、時期別に不明である。妻のための実家では、小野町であったとあるから、場所がなかったため、半分出産に一度後は里、ないが、後は京にあり、『東朝実像』「王朝の映像』東京出版社、一九〇〇）。斉会氏は仁明・文徳朝内裏の春宮殿の官職名をとしており、中学では仁明・文徳殿と文徳殿は五舎の別殿としている。もし別名の春宮殿の梅壺殿を更衣書として淑子内親王あての造営は以降藤弘にあるのは、これが、あの時に朝衣書として多く稼衣の造営とされるのは「町」が宇多朝女が通るとされるが

一〇一

が仁明朝にも無かったかはわからないし、少なくとも他の三舎は存在している（註（3）参照）。また、文徳朝はそもそも内裏に住んでいない。これらのことから常寧殿に更衣が住んだという説に賛同しない。ただし、多数いた中下級貴族層のキサキ曹司として、常寧殿以外の六殿が分割使用された可能性については今後の課題としたい。

（27）平城宮発掘の結果、桓武の第Ⅵ期、塀や回廊で区切られた東北隅に後宮が形成されており、位置的には平安宮の淑景舎に当たるという。一方、光仁の第Ⅴ期に現れた皇后宮は内裏中心部の北側であった（橋本註（1）d論文）。この流れから後宮七殿五舎のうち中心部にある六殿（弘仁年間には無かった承香殿を除く）は皇后の空間で、中心をはずれた五舎がキサキの空間であることは理にかなっている。殿名の建物が舎名の建物より高い格式をもったのも、これに由来しているのではないか。なお、『礼記』昏義には、皇后は六宮を建て夫人や嬪らを率いて内治をつかさどるとある。

（28）梅村恵子「天皇家における皇后の位置―中国と日本との比較―」（伊東聖子・河野信子編『女と男の時空―日本女性史再考Ⅱ おんなとおとこの誕生―古代から中世へ』藤原書店 一九九六）、西野悠紀子「九世紀の天皇と母后」（『古代史研究』一六 一九九九）。

（29）並木和子「平安時代の妻后について」（『史潮』新三七 一九九五）、西野悠紀子「母后と皇后―九世紀を中心に―」（前近代女性史研究会編『家・社会・女性―古代から中世へ―』吉川弘文館 一九九七）。

（30）天皇親祭の新嘗祭や神今食において、皇后が助祭という立場で参加するよう規定されていることについては、岡村幸子「天皇親祭祭祀と皇后」（『ヒストリア』一五七 一九九七）、西本昌弘「九条家本『神今食次第』所引の『内裏式』逸文について―神今食祭の意義と皇后助祭の内実―」（『日本古代の年中行事書と新史料』吉川弘文館 二〇二一 初出二〇〇九）。

（31）服藤早苗 a「五節舞姫の成立と変容」（『平安王朝社会のジェンダー家・王権・性愛』校倉書房 二〇〇五 初出一九九五）、b「奈良・平安初期の五節舞―五節舞の成立と変容―」（『平安王朝の五節舞姫・童女―天皇と大嘗祭・新嘗祭』塙書房 二〇一五）。

（32）大嘗祭の場合の舞姫は五人、新嘗祭では四人であったが、実質的内容には差異はなかったと思われる。以下、新嘗祭における日取りで述べていく。

（33）山中裕「新嘗祭・豊明節会・五節舞姫」（『平安朝の年中行事』塙書房 一九七二）。それぞれの内容や成立については服藤早苗「新嘗祭と五節舞姫」（註（31）b書所収）。以下、特に断わらない限り本項の服藤説はこの論文による。

(34)『百錬抄』応保元年十一月十六日条に「宗能公申休ヵ」。

(35) 佐藤泰弘 [1] 六一頁。なお本項の参考文献には（31）（32）の佐藤論文の東北大学紀要『文学』所掲「五節舞姫召し」（二〇〇八）以下、本項の佐藤説はこの論文を通じて見られる東北大学紀要論文によるところが大きい。

(36)『雲図抄』裏書、五節所の参（32）（江家次第）大嘗会五節条に。五節舞姫となる場合は多く、宿所から出すが、それ以外の場合は、入内している女御から出す様子が見える。馬道を通じて藤壺に入ると見える。

(37)『雲図抄』はあまたの重要な書である。近年の研究は、①五節舞姫の内、最初に頼能がーーを占めによって行われた②内侍参内と関連があるらしい③宿所の段階で女房理矢神権の権力を密接に受けた儀式書として扱われた、その行為の本文を簡略にした抄本である。国書刊行会本『平安朝儀式書成立史の研究』（国書刊行会、一九八六）。

(38)『西宮記』は、書きして着されたものである。源高明が撰したものという。西宮記は高明の書。『西宮記』の写本は多い。所功「藤原忠平による『延喜式』のーー」（『平安朝儀式書成立史の研究』（国書刊行会、一九八六））。加藤友康「『西宮記』の書物としての伝来」（『古代文化』五九─三、二〇〇七）。

(39)『江家次第』の書きの初見は「文徳実録』西（三〇九）天安元年十一月戊戌の十九年九月二十九日条にみえる「延喜十九年（九一九）」であり、通常は「合舞」と書くが、「合舞」の用例がないわけではなく、「西宮記』「公事」の記事である。

(40)『西宮記』天子巻二十九年十一月十五日条によると、初見は辰の日の御会が終わった後の節会が終わったとして「今夜終子時（二〇時）」とある。即ち内裏からの退出する機会があったので辰の日の節会が終わった後の退出を恐れるあまり、結局、命婦が驚いて「卯時」に退門させ、平朝臣事件が奏上された。「合会」とある。

(41)舞姫の退出が辰の日の御会の終了した後ではあるが、所功氏執筆事項目と同章参照。

(42)第一章から章全体参照。

(43)『平安時代史事典』（角川書店）の「後涼殿」の項目が太子や天皇の居所のように定着されてはいるが、所功氏は平安朝前期にはこの位置にあった（論文（38）所収）「光孝天皇の後涼殿と五節舞姫仁和五年入」参照。

(44) 現存の仕成立したとされている。成立年は、一般的に想定されている比較的古い時期、仁和二年（八八六）が明記されている。五節の記述については『儀仁（31）a論文（38）平参照。竹村遠誠『五節舞姫についてーー進上について』として使用されている「五節」の用語と「西宮記」「五節」の語の用法が使用されている。仁和年当時の文にはない。中村裕次子に見える継続的な文章のこと。史料的見地十六年）。

三、いうことにもないかと思われる。
舞姫の説明部分の比較的古定されている比較的古い時代ので、「五節」という語が使用されている。

（45）『西宮記』六裏書が引く延長四年（九二六）十一月十七日の「殿上五節所両所」、『吏部王記』承平六年（九三六）十一月十九日の「太政大臣（忠平）家五節処」。

（46）『小右記』長元五年十一月二十二日条所引「故殿（実頼）御記」。

（47）例えば永祚元年の実資舞姫の例は「陪従女十人、童女三人、下仕四人、楾洗・雑仕等」となっている。

（48）節会終了当日、舞姫らが祓を行っていることが『小右記』長元五年十一月二十四日条（耳皁河）や『源氏物語』乙女巻（近江の唐崎、摂津の難波）にみえる。これは神事に携わる特別な存在から一般人に戻るための祓であろう。また『源氏』には夕霧が舞姫に「あめにます豊岡姫（天照大神）の宮人」と詠み掛けていることもみえ、神事に携わる神女としての姿の名残がみえる。

（49）『平安遺文』四九〇二（東京堂出版）の「太元法奏状」（東寺文書）。日付は貞観十九年正月。

（50）ただし内裏を居所にしていた仁明天皇の時から常寧殿が道場となっていたので、単に清和天皇が内裏に入御したからではなく（居所は仁寿殿）、常寧殿が母后明子の居所になることが決まっていたためであろう。

（51）『村上天皇御記』応和三年（九六三）九月二十一日条、同三年十月一日条、どちらも再建後の内裏である。どの殿舎でも修法を行えるのではなかったことは、『小右記』寛和元年（九八五）五月十一日条「従昨日、弘徽殿御於於枇芳坊令行修法（中略）、女御於陣中修法、往古不聞可尋事也」とあることにも明らかである。常寧殿で修法が行えたのも皇后であったゆえであろう。

（52）天徳四年の内裏焼亡後の造営定の記事には「紫宸殿、仁寿殿、承明門、職御曹司、常寧殿、清涼殿、繁土（後略）」と、ほとんどの殿舎の造営が諸国に課せられた中、常寧殿は修理職と木工寮が担当した五ヵ所の中に入っている。下って後三条天皇中宮馨子内親王の居所は『栄花物語』巻三十八によれば「中宮弘徽殿かけておはします」「中宮登花殿に、五節殿かけておはしける」とあり、中心は弘徽殿であったようだが、常寧殿も一部使っていたようである。

（53）井上薫「長屋王の変と光明皇后」（『日本古代の政治と宗教』吉川弘文館、一九六一）、橋本義彦「中宮の意義と沿革」（『平安貴族社会の研究』吉川弘文館、一九七六）など。

（54）春名宏昭「皇太妃阿閇皇女について」（『日本歴史』五一四、一九九一）、中林隆之「律令制下の皇后宮職（上）（下）」（『新潟史学』三二・三三、一九九三・一九九四）など。春名氏は三后以外に太皇太妃・皇太妃についても令制中宮職が置かれたとされる。以下、本項で言及する中林説はすべてこの論文による。

一七三

(55) 鬼頭清明「常寧殿と后の宮」（奈良国立文化財研究所学報第三十一冊『研究論集Ⅱ』一九七七）。以下、本項での鬼頭説に言及する際はこの論文による。

(56) 橋本義則による。ａ論文（１）他。鬼頭氏にあっては、光明皇后の生前においては不比等没後は皇后宮職が皇后宮管下の多数の下級官司を統轄する令外官司としての後宮の支配所であったとするが、橋本氏はこのような考え方はあてはまらず、皇后宮内のみに分掌される皇后宮職の方が本説十分司の有力なあり方であるとする。

(57) 『延喜式』式部上式条、「中宮舎人、御井守一人」の規定があるが、式部上式条四人、「中務省式、中宮省人、式部卜者一人」とあるため、式部省で推定し直した人員は十八人ほどで、弘仁式の式部上条の「中宮舎人一〇〇人」に減員したとあるのは、一時的要員的な職員が弘仁式制定時には式部省・諸司の下級官司の下級官吏として常置されていたという本制度によって、現員としての弘仁式の三〇人に減員されているという現実態を反映したとみるべきか、改定されたとする橋本説の方が有力か。

(58) 『延喜式』式部上式条で「中宮職」として定められている人物は、前者式部同、職員令「中務省」職員との関係にある。唇院の延暦十三年十月十三日太政官式を伴う実態変化にみえるような、少ないまま職員は弘仁式制定時の式条のうち、当時のそれは式部省・中務省の各官・氏官司条については、「所」称を停止し新たな「官司」成立後によるべきか。別称による「所」であれば、この時少ないまま職員人は無いが、唇院廃絶によりその後の同十一年、十一月三日太政官符により参照、関連はいずれである。後世朝廷参議位四回成立例を参考にして、次節で考察することとしたい。

(59) これが後の職員令引付によれば、中務省式の時眼条氏に中宮官人の時眼奉仕を伴う実態をもって、侍所・別当・頭上卿上・中宮官・御厨勲上・別当令とそれぞれ付せられるに大きく変化がみられるのは、余裕なく書き示してお・・・　　　　　　　　（略古原孝子）

ある四箇条で、男子女房中宮官人夫・元亮元年以降は女房は外制に定められるようになる。
同日に立后があった常寧殿・御匣殿・上慎門局・別当給付となるのは、日野富子に定めた別当は頭資実・大蔵卿・女房別当・内侍数名・諸大夫・筆頭別当各名・少進・大進各名、十六歳未満は四名、十三歳以上が二名、以下別当資実・大蔵卿・女房実史三名・大進兼・女史四名（別当以下別当書書・主典女官が資の関係で定まる）であるが、女房別当は夫・当日実行事を名、侍所一名、別当一名、中宮職員連名一名、中宮職所員が天皇が常寧殿に遵入これにより仕える人五十五名これら別当は十六年五月五日正六位上別当の令命令に侍所となる。四箇条は大夫・侍所兼職二十六日に侍所別当として立命され、役始子が着任していた女房の居所を定めた中宮事始が行われ、新しく給所の居所として対された女房が

鋳された中宮職印で請印が行われ、庁座において酒饌が儲けられたことは後にも述べる。同日、侍所女房の簡が付されており、侍所に女房がいたこともわかる。

　また参考までに院政期の中宮所充を『中右記』大治五年(一一三〇)一二月二十七日条からあげておく。それによると、侍所・別納所以外に大饗所・御季御服所・御菜（薬か、著者註）所・御給（経か、同）所・絹綿所・布所・鉄・末（米か、同）所・考所・樒部所・仕所・大炊所・油所・修理所の名がみえる（以上の著者註は『長記補遺』建久六年〔一一九五〕八月七日条の中宮所充を参考にした）。さらに「已上十四ヶ所之中、御季御服所、御菜所、御給所、仕所、件四ヶ所為宗之所者、其外只有名許也。或御季御服各別也。或絹或布所一所也」とあり、ここにみられる中宮所充の内容はすでに有名無実化しているものが多いが、逆に「所」の成立以降、院政期以前のどこかの時期の実情をうつしているものと想定できる。

(60) 中宮職の下部職員については田原光泰「春宮坊・中宮職内の『庁』について」(『ヒストリア』一三四　一九九二)に詳しい。
(61) 橋本註(1) a・c論文。
(62) 『国史大辞典』『平安時代史事典』『平安時代儀式年中行事典』など。
(63) 橋本註(1) c論文。以下、本項の橋本説は、特に断らない限りこの論文による。
(64) 岡村幸子「職御曹司について―中宮職庁と公卿直廬―」(『日本歴史』五八二　一九九六)。以下、本項の岡村説は、この論文による。
(65) 瀧浪貞子「大内裏の構造と変遷」(陽明文庫編『宮城図』思文閣出版　二〇〇六)。以下、本項の瀧浪説は、この論文による。
(66) 瀧浪氏がいわれるような、天長年間に皇太后嘉智子に中宮職が附属した事実は確認できず、嘉智子は常に皇太后または太皇太后と呼ばれている。
(67) 『貞信公記』延長四年四月十六日条、『紀略』同年六月二日条。
(68) 『紀略』応和三年十月三十日条、十一月二十五日条。
(69) 『扶桑略記』延長七年(九二九)四月二十五日条。『古今著聞集』同日条も「宮中に鬼のあとありけり。玄輝門内外、椒芳坊のほとり、中宮職庁、常寧殿の内などにそありける」とほぼ同文を載せている。
(70) 『西宮記』巻八「所々事条「御櫛笥殿」任貞観殿中」以上臈女房為別当「有女蔵人」」
(71) 『小野宮年中行事』十二月中寅日鎮魂祭事条所引。なお平城宮址の大膳職井戸から発掘された木簡に「御匣殿七人」と書かれた

第三章　常寧殿と后の宮

ものがあるが、京都氏は「所」a「所」bが何を指すのかがはっきりしないとして、『平安朝の成立と展開』（平安朝儀礼・俗信の研究　勉誠出版　二〇〇四）所収「「別当」「別当所」初出考」で、女蔵人が「別当」初出以前に「御匣殿別当」

(72) 御匣殿別当として仕えたことがわかる。論文註(72)b初出は、一九六八（同）九七。

(73) 当所aがある所bに仕える様上御匣殿別当にみえる。藤原依子は太皇太后明子の女房で「女房」「女房三位」役となったことがわかるが、中宮職・中宮御匣殿別当の人を中宮御匣殿別当定子付きの女房（女官）所と仕える御匣殿別当所とに分けて、前者は中宮御匣殿別当所属の女官（女蔵人）が、後者は当初別当が仕える御匣殿別当所と考えられており、初当は別当所以前の史料にも「御匣殿別当」

(74) 吉記治承五（一一八一）十月廿二日条に、「中宮御匣殿別当所焼失云々」とある。もし御匣殿別当所が中宮御匣殿別当所と呼ばれ、当仮名人に納殿とは別に御匣殿が仮称されたとすれば仕事着の供御物が強盗に納められる中宮御匣殿別当所焼失云々の記事が見える。周囲に、中宮御匣殿別当の公的な事務所が設置された可能性が考えられる。

(75) けれども后宮例使が物を入れる外記印・中宮印が当所物が置かれていた御匣殿ととらえられていたこと、『西宮記』巻十の事次第「江家次第」巻第十一「御匣殿人事」に「神祇官大舎人・縫殿・内蔵寮薬供御の御殿を守護する人々納めた御膳・雑物などを日常的な供御物が置かれた可能性がある。神祇官に、御殿内物置から蔵人所に御物が置かれたとも考えられる。当初から、御匣殿と中宮印が置かれた御匣殿別当は中宮職ではなく蔵人所に納めた可能性もあるが、内容的な記事が見えないため不明ではあるが、後の中宮御匣殿別当所の登場までは花山院天皇時代の史料はあまり、天皇印

(76) かつては内侍司の内侍所である『延喜式』上の儀式『上における無関係とされており、平安時代中期（延喜）の御匣殿は神鏡を守護する殿舎であったと考えられる。

(77) 本来春宮・式部省・宮内省条上ある内裏内の御匣殿東隣の温明殿は神鏡が使用する所司「中宮印」を合議のもと三条天皇の皇太后妍子に仮名は『三代実録』元慶元年十月十日癸印使用の事例者が行われるため、「中宮印」は「中宮内印」とある。元慶元年十月十一日条内匠寮が絵師を新造して皇太后媓子に渡したが皇太后大后御印が健在であったため、皇太后大后御印を使用することから、印を使った印は新鋳された大皇太后大后の印であろう。あえて皇太后大后五印と日条に「令鋳中宮印一件以蔵人所印可統之、印文可」とある明子に可透速

(78) する。

以上、御陽春殿印は皇太后大后（皇太后）が用いる「中宮印」として鋳られ、その例としては明子・妍子の例が講じられる。まだ大皇太后であった皇太后五条大后に「中宮印」を使用させる命が下ったことが明らかになる。中宮官印は「中宮印」と呼ばれていたこと、すなわち中宮官印は大皇太后・皇太后・皇后で共用されていたこと、奈良時代の光明皇后以降の組織が紫式部

— 六一 —

徴「中台」だったことも想起される。文書行政の面からいえ、当時、皇太夫人と后の間に明確な違いは無かったことになる。
(79) 註(78)で順子が使用していた印が、順子の晩年の居所五条宮にあったのは、五条宮の中の便所に后宮職が置かれていたからであろう。内裏内に住む后だからこそ貞観殿に后宮職がある意味がある。
(80) 本書第一章参照。
(81) 天皇の大内裏内の離宮的な場所といえば、淳和天皇が内裏修造の時に遷御していた梨下院がある。梨下院は淳和后正子内親王が出産のために滞在していた職御曹司と南接しており、『文徳実録』仁寿三年三月十日条に「先代別館」と書かれている。
(82) 『大鏡裏書』「四品惟喬親王東宮諍事」の貞観八年三月十日の応天門の変の時。
(83) 鈴木琢郎「太政官曹司の基礎的研究」(『古代文化』五九―一一、二〇〇七)。
(84) 『三代実録』貞観八年八月二十日条、同十三年二月七日条など。後者は「時太政大臣任内裏直廬」とあり明らかである。
(85) 瀧浪貞子「議所と陣座―合議の成立過程―」(『日本古代宮廷社会の研究』思文閣出版 一九九一 初出一九八七)。これらの性格の違いについては吉川真司「摂関政治の転成」(『律令官僚制の研究』塙書房 一九九八 初出一九五七)。第一章註(40)参照。
(86) 『三代実録』元慶五年二月二十一日条。「以職院、為直廬」とあり、ここから使用を開始したことがわかる。氏長者になったのは貞観十四年である。
(87) これらの使用については本書第一章参照。
(88) 『醍醐天皇御記』延喜四年四月八日条。
(89) 『三代実録』仁和三年正月二日条。
(90) 二人とも氏長者で太政大臣であった。実頼や頼忠の政治権力に対しては過小評価すべきではないという研究が近年増えている。例えば中崎洋平「藤原実頼論」(『皇学館史学』一六、二〇〇二)、立花真直「藤原実頼・頼忠による関白の政治的意味」(『国史学』一七、二〇〇九)、渡辺滋「冷泉朝における藤原実頼の立場」(『日本歴史』七八七、二〇一三)など。ここではあくまでより天皇に近い内裏直廬を使用できるか否かという面のみでの評価である。
(91) 『九暦逸文』天暦四年六月二十六日条、同国五月十四日条。
(92) 『紀略』によれば貞元元年五月十一日、内裏焼亡当日に天皇は職御曹司に遷御している。一方、娍子は内裏焼亡当日、縫殿寮庁に遷御し、七月十七日には職御曹司から兄弟の藤原朝光堀河三条家に遷御している。この間のどこかの時点で縫殿寮から職御曹司

第三章　常寧殿と后の宮

(93)『小右記』天元五年九八二三月十三日条に遷御しているが、時期は不明である。

(94)『小右記』長和元年一〇一二三月十三日条に、立后した藤原娍子が同日「未剋以後」に参内し、「到着後所給事」の記事の始めに「未剋以後着宣耀殿属子進大夫権亮候北廊云々」とあり、同じく長和元年十月十七日条に「娍子参内弘徽殿以北廊為着座処」とあり、「平記」平親信の日記として、『小右記』同年十月二十日条にも「例立后之後給始行事官遷着候北廊」とあることから弘徽殿以北廊とは弘徽殿から北に向けて設けられた廊であり、長徳元年九九五の芳子立后の時の例の通りとしている。(中略)『小右記』三条朝における娍子立后の場合は、当初は東宮妃であったことから東宮御所に住んでいたが、立后の時点では内裏に移っていたと考えられる。(中略)娍子の場合は村上天皇の時に中宮安子は登花殿に居住していた例があるが、同じく時点の明子の時の居所の記事はある。后の師輔の東三条殿を里第としていたと思われる。

(95)醍醐朝可能性はあるが、藤原穏子の場合は、権大夫進子が東宮所属官吏であったことから、朱雀朝可能性はある。その後中宮職を立てて、同じ時期の朱雀朝可能性はあるが、朱雀朝後に穏子は「坊」(九三五)の輔政所を中に移り住む。その時の「坊」とは中宮職があった可能性がある。その日以上のものであるか確認できない。

響饗ある師輔・条主で貞明朝主座所はとても儲けていた東輔政所は南妻可座人西座・中座・師輔の南妻可座人・座主人を間に居所は七処延ぎ日依ていたより、あ件条主は件座主人未生十の上以上座主始で主任人まで主首ととも主首となる処座位でも主位を少以上朝著北座以亮上少進以上初平著殿大臣四席の其座主位北廊殿で主位に処十甘進に東仮仗新聞しないに少進す上者始の即五仗坊九以東三新進上に東新候以上少上参進三仗「○」して上新進新仗候位子少上東以上の連下参進に以上しないに者一仗の連少以廊以上者子参東進太宮三内後位上子仗廊設けけ以以上廊進北以仗殿子上候以以しないに子子参内廊参り位以候以者新進以新しないに官外北廊少設けて以后后の殿まで以上北東外官属くよってないで本家としてない以来来たにに上のある本家はた以上後の史上史上居所には来たにに以上のもあるある

─一〇八─

第四章　中宮大饗と拝礼
——男性官人と后——

はじめに

　平安時代、儀式とはすなわち政務の一環である。中でも正月儀礼は、朝廷内の秩序や社会の編成原理を可視的に表現するものであった。当時の王権は、天皇一人でなく、太上天皇や后・皇太子など複数によって構成されており[1]、彼らが関与する正月儀礼の実態を明らかにすることは、それぞれの地位や権能のみならず、王権構造を明らかにすることにもつながる。中でも、天皇と摂関を結ぶ要である后の分析は、摂関時代を理解する上で欠くべからざるものである。そこで本章では、平安中期、摂関体制が徐々に整えられ、やがて全盛期を迎える十世紀から十一世紀にかけて盛んに行われた后の正月儀礼である、中宮大饗を取り上げたい。

　中宮大饗は、一般に、ほぼ同内容の儀式である東宮大饗とセットで扱われ、『西宮記』『北山抄』『江家次第』などの儀式書が載せる名称は、「二宮大饗」に統一されている。ここでは、二宮大饗を載せる最初の儀式書である『西宮記』をあげておく。

〔史料１〕『西宮記』巻一　二日二宮大饗

第四章　中宮大饗と拝礼

三献飯汁以下次著曲立於玄輝門西廂着座
王卿拝参本宮拝礼代
宮司給仕候拝礼了、於近代東宮大饗曲立着座
次西上益殿・蘇甘栗等進上、
次供御膳、篝火着中宮、八巡着甘栗等、
次有庭燎、候饗所、緑所給候内侍候廂、
東北幄廂在五位侍従東五位侍従中幅
五位侍従一人召大夫、
大夫亮献盃両酌平行
二献龍胆也。

代わりに内裏内部構成中宮北行われ着座
とりうに内裏における中宮大饗の研究については本宮大饗及び東宮大饗から
根についての具体的な規定されている。本宮大饗は正月二日目の拝礼から正月節会の研究
は非常にすくなく、本章で重要な問題であるとはどの期の中宮大饗の給候を行う後ろが検討する儀礼の関連研究を行う
とのような関係があるかということである。拝礼に賢き検討したい。拝礼に
候として内侍が拝礼を行われ、これらの拝礼は正月二日の拝礼と直接
な位置にある後ろで、その居所であり玄輝門東西廂にだけ
近いとれを考えているが、玄輝門廂廂における後半の饗には出仕門正門における饗および
限ったとが考えられる。これについてはらの関係を考えるときに変
な変化を考察したい。その後、以降に皇太子の拝礼を示す先に拝礼を行うとがおきた。中宮大饗が皇太子
明らかにするかということ、本節では誰が儀礼に行われたのか、と解明したい。そして本節ではには誰が儀礼が
仔細についた第三節のを重規模の変化を考察した。もう一つと
限りないとしてを推察したい。これらを通じて中宮大饗分布変
に限ってまでを明らかにしたかということが、中宮大饗がだれと比
限っている。(2)
限ってまで考えたい。これを通じて中宮大饗がだれと比
限定している。
かつ期の方向へと検討されている。本章で主要な期の給候を行うに関
明の方向へと検討されるように、この章では先ず、候礼の関連する
棋関時代における伊由を明らかする第一節において拝礼に注目して
家「家」における皇族社会かにおいて主催者を明らかにしたい誰が参加し
メンバーや子権に位置づけたためかと、またどのような主体的に行い、また
外派として天皇のであったかとる儀礼で検討されに年中行事研究の
として皇子の補佐的な位置づけり、ら権力の源泉
天皇家」における皇族社会の変化を考察したものであった従来の
限ってまで行っていたが、少し明らかに考察したい。の付いての儀礼の変
りなくなったと考えられる。重要
にしないと考え解していたのでは
(3)
制、変化しなくたよりした第三節では以降政期節には院以降は中宮大
部であって、中官大饗部であって、中宮大饗
構成員であるを遣して、中宮大饗を示しそれは臣下の王権を示
る関係であろうと思いも比べる
機関であるで平安時代も中宮大饗
皇はは当該天皇・皇后
時機関として妻
天皇大院

一〇八

を分掌しつつ、もしくは分掌しうる権限をもつ、中心的に天皇と王権を支え、同時に天皇権威に依拠する特権的な存在であったと考えられる。ただし、王権構成員に、臣下である摂関を含めるかどうかについてはいまだに明確な定説はない(4)。本章はあくまで后の儀礼のみからの評価であるが、この問題についての見通しに言及しておきたいと考える。

　なお、本書の原則通り、「中宮」の語は用いず、皇后・皇太后・太皇太后という称を使用するが、例外的に人物を指す場合には「　」付き中宮とする。また中宮大饗という語は、正月恒例行事の二宮大饗の一つである儀式の名称としてのみ使用する。

　中宮大饗を中心に后が行った正月儀礼をまとめた後掲「表6　中宮大饗関係表」を、適宜、参照されたい。

第一節　中宮大饗の主催者

　中宮大饗の主催者は「中宮」である。しかし、東宮大饗の主催者がただ一人しか存在しない皇太子であるように、「中宮」が指するものは自明のことではない。「中宮」とは、令規定に即していえば、皇后・皇太后・太皇太后に附属する家政機関のことであり、それらの后の別称である。一方、実例でいえば、奈良時代の文武キサキ藤原宮子から平安時代の宇多天皇キサキ藤原温子までは皇太夫人に対して使用され、それ以降は皇后の別称として使用されるのが一般的であった。時期と場合により指するものが異なる語なのである。

　中宮大饗の主催者について、饗宴研究の第一人者である倉林正次氏は、皇后・「中宮」・皇太后を指するものとされ(5)、事典類や年中行事解説書はこの説を踏襲しているものが多い(6)。一方、年中行事御障子文の研究をされた甲田利雄氏は、

第四章　中宮大饗と拝礼

第一項　穏子の事例

皇后宮の賀宴儀礼として大皇太夫人・太后静子氏は『類聚国史』の校訂から醍醐朝国母となってまず大皇太后宮に立后した皇太后藤原穏子の事例について検討するため、両氏はいずれも延長年間に皇太后として中宮大饗を受饗した主催者ではあっても、原則として中宮大饗を行ったという限定された事例に限ってはいないかという検討が必要にとみられる（10）。研究においてこの藤原穏子の事例については詳細に明らかにされている。近年の林茂氏による

にしても田村葉子氏は、実際に中宮大饗主催者には中宮大饗主催名を「三宮大饗」と連称し、賀宴儀礼を中宮職中心に東宮と皇后に限って中宮大饗という儀式名をとして明らかにされている。

第一項　穏子の事例

藤原穏子は関白基経の女として、世人は多く立后された立后後最初の正月から醍醐天皇の皇后となり、見られた規定を正式の立后により、見られた規定を正式のからなり、中宮大饗は皇太后となっておき、続いての立后も中宮大饗の後、その立后の後、その立后の後、引き続き中宮大饗は開始され（12）延長朝廷は穏子の後、延長元年から村上朝雀朝に延長四年、三月に朱雀天皇、九月には延長九年、四月に朱雀天皇、九月には内裏として中宮大饗を行い、穏子は四月二十六日に即位した翌年正月

翌年以降も穏子は関白基経の女として、見られたように先に立后された、立后後最初の正月から醍醐天皇の皇后規定を正式の立后により、規定を正式のから中宮大饗は皇太后となっており、引き続き中宮大饗は開始され延長朝廷は醍醐朝廷のたが日に支障門を延長後半は天皇の妻として中宮大饗を行っ穏子が中宮大饗を行った日は翌年正月三日にあたり日十六日に相次いで即位した

が饗「朱雀朝に記事が残る（14）に事が残る、ようて皇生母として朱雀朝半の穏子は皇太后の后在任はなく、引き続き中宮大饗は開始され、正月開始後期から醍醐朝半期門を支障延長から穏子は中宮を延長後人物に正月に延長後半後天皇の妻として中宮大饗を行っ穏子が中宮大饗を行った日は翌年正月三日にあたり日十六日に相次いで即位した

同じく内裏で行われたことが記されたという皇生母であろう。天皇生母であるうえ、村前朝半の穏子は皇太后に大后在任はなく、引き続きの儀子として皇太后となり、正月大后になりて大后は正月任になりて大后は大后として役場行う日に支障門を延長後人物に延長後半は天皇の妻として中宮大饗を行っ穏子が中宮大饗を行った内裏にて正月・朱雀院は不明であるが、朱雀院饗所ない

どに住んだ。この時期は、その時々の居所で「中宮大饗」「太后大饗」「后宮饗」などと呼ばれる饗を行っている[15]。天暦三年(九四九)は正月五日であったが、『九暦』に「宮大饗恒例二日也。而依物忌停止。今日便饗」とあるから、二日に穏子の饗が行われることは、恒例であったことがわかる。

さて、天暦六年八月に朱雀太上天皇が崩御すると、穏子は年内に内裏弘徽殿へ入った。翌年正月、穏子の饗は停止されたが、興味深い史料が残っている。

〔史料2〕『九暦』天暦七年正月二日条
　　　　　　　　〔宮(皇太子憲平カ)〕　　　　　　　　　　　　　　　　　　　〔太皇太后穏子〕
　(前略)即参□催行大饗事。去年以往於玄輝門西廊行之。今年用東廊。其故者中宮今年雖不被行大饗、西廊是彼宮大饗処也。(後略)

穏子にとって、村上朝において内裏で迎える初めての正月であり、しかも大饗中止が決定しているにもかかわらず、記主の藤原師輔(皇太子外祖父)らには、玄輝門西廊は「中宮」穏子の「大饗処」であるという認識があった。つまり、村上朝当初から太皇太后穏子は、玄輝門西廊において「大饗」を行うことが可能であったことになる。東宮大饗と同日に玄輝門を使用して行うべき「大饗」が、儀式書にいう二宮大饗の一つである中宮大饗を指すことは明白である。また、その認識の定着度から考えると、穏子が玄輝門で饗を行ったと確認できる二〇年以上前の皇后の時期だけでなく、史料で確認できなかった朱雀朝の皇太后の時期もまた、玄輝門西廊が饗所であったと推定できよう。

さらに、村上朝前半に穏子が内裏外の居所で行った正月二日の饗についても、二日であること、「中宮大饗」と記す史料があること、穏子以降にも、玄輝門を使用せずに中宮大饗が行われた明らかな例があること[16]、穏子が内裏で行った大饗と本質的に違いがあるとは考えにくいことなどから、中宮大饗であると認めてよかろう。穏子は皇后・皇太后・太皇太后という身位にかかわらず、一貫して中宮大饗を行っていた。中宮大饗主催者は、決して皇后に限定さ

饗　所	備考（停止理由等）	皇太子	日	備　考	主な出典
三条院		貞良	2		後妃・略・類
染殿		貞良	2		後妃・略・類
染殿常寧殿		正良	2		後妃・略・類
染殿		正良	2		三実・略・類
染殿		正良	2		三実・略・類
三条院		貞明	2		三実・略・類
玄輝門		貞明	2		略・貞
玄輝門西	前年立后	寛頼	2	饗所中殿曹司	村御・小
玄輝門西		寛頼	2	饗所殿北廂	貞・克
		寛明	2		貞
		寛明	4		貞
		保明	2		貞
		保明	?		貞
		保明	4		貞・九・江
		保明	2	2日饗3日拝礼	西・九
		慶頼	2	2日拝礼	西・九
		慶頼	2		略・九
	日食廃務	憲平	2	2日饗3日拝礼	略・九・西
	—	成明	2		略・貞
三条院	—	—	—		略・貞
朱雀院	物忌で2→5日	憲平	2	2日拝礼、3日饗	略・西
二条院	前年朱雀崩御	憲平	2		略・西
（玄輝門西）	4日崩御	憲平	2	院異方御膳町	略・西
朱雀院	前年立后	憲平	3		略・北
朱雀院	冷泉院内裏	憲平	2		略・北
二条院	皇女夭折	憲平	2	無拝礼（服中）	略・西

表6 中宮大饗関係表

代	年号	西暦	中宮大饗関係儀礼名	后	日	身位	関係	内裏
淳和	天長5	828	受賀儀礼	正子内親王	2	皇后	妻	○
	天長7	830	受賀儀礼	正子内親王	3	皇后	妻	○
	天長8	831	受賀儀礼	正子内親王	2	皇后	妻	○
	天長9	832	受賀儀礼	正子内親王	2	皇后	妻	×
清和	貞観17	875	饗宴儀礼	明子	2	皇太后	母	×
	貞観18	876	饗宴儀礼	明子	2	皇太后	母	○
陽成	元慶4	880	饗宴儀礼	高子	2	皇太后	祖母	×
光孝	仁和元	885	饗宴儀礼	明子	2	太皇太后	×	×
			饗宴儀礼	高子	2	皇太后	×	×
	延喜11	911	(東宮大饗)					
	延喜12	912	(東宮大饗)					
	延喜13	913	(東宮大饗)					
醍醐	延喜16	916	(東宮大饗)					
	延喜18	918	(東宮大饗)					
	延喜19	919	(東宮大饗)					
	延喜20	920	中宮大饗	穏子	2	皇后	妻	○
	延長2	924	中宮大饗	穏子	2	皇后	妻	○
	延長3	925	中宮大饗	穏子	2	皇后	妻	○
	延長4	926	中宮大饗	穏子	2	皇后	妻	○
	延長5	927	中宮大饗	穏子	2	皇后	妻	○
	延長8	930	中宮大饗	穏子	3	皇太后	母	○
朱雀	承平7	937	中宮大饗	穏子	2	皇太后	母	○
	天慶8	945	中宮大饗	穏子	2	太皇太后	母	×
	天暦元	947	中宮大饗	穏子	2	太皇太后	母	×
	天暦2	948	中宮大饗	穏子	5	太皇太后	母	×
	天暦3	949	中宮大饗	穏子	2	太皇太后	母	×
	天暦5	951	停止					
村上	天暦7	953	停止					
	天暦8	954	停止					○
	天徳元	957	―					
	天徳2	958	―					
	天徳3	959	中宮大饗	安子	3	皇后	妻	×
	天徳4	960	中宮大饗	安子	2	皇后	妻	○
	応和元	961	―					
	応和2	962	中宮大饗	安子	2	皇后	妻	○
	応和3	963	停止					
	康保3	966	―					
	康保4	967	―					

第一節 中宮大饗の主催者

第四章 中宮大饗と拝礼

場所	備考	天皇	人数	備考2	出典
三条宮か	天皇御元服	師貞	11		略・大鏡
三条宮か	前年立后	師貞	2		略
三条宮か		師貞	3		略
三条宮か		師貞	3		略
三条宮か		師貞	2		略
閑院	内裏は堀河院	師貞	2	閑院(居所)	略
三条宮か	6月皇子崩御	師貞	2		略
三条宮か		師貞	2		略
三条宮か	前年立后	師貞			略
		懐仁	5		略・小
玄輝門西	前年皇太后	懐仁	2		略・小目
玄輝門西	5日御元服 定子前年立后	懐仁	1/2		略・小目
土御門第	拝舞 以下省略	懐仁	2		略・小
	前年立后	師貞	2		略
四条宮	3月出家	居貞	2	大饗または臨時客か	略・小目
中宮御方		居貞	3	大饗または臨時客	略・御・権
中宮御方	無拝礼(雨)	居貞	2	大饗または臨時客	略・本朝・権
南中門		居貞	2		略・御・玉葉
南外弁所		居貞	2		略・御
中宮御所	西抜片廂	居貞	2		略・御・権
外弁匠	外抜片匠	居貞	2		略・御・紫

第一節　中宮大饗の主催者

天皇	年号	西暦	行事	月	后妃	地位	関係	○×
冷泉	安和2	969	中宮大饗	2	昌子内親王	皇后	妻	○
	天禄元	970	中宮大饗	2	昌子内親王	皇后	妻	×
	天禄2	971	中宮大饗	2	昌子内親王	皇后	妻	×
	天禄3	972	中宮大饗	9	昌子内親王	皇后	妻	×
	天延2	974	中宮大饗 皇太后大饗	2 9	媓子 昌子内親王	皇后 皇太后	妻 妻	○ ×
	天延3	975	中宮大饗 皇太后大饗※	2 10	媓子 昌子内親王	皇后 皇太后	妻 妻	 ×
	貞元元	976	中宮大饗	2	媓子	皇后	妻	○
	貞元2	977	中宮大饗 皇太后大饗※	2 12	媓子 昌子内親王	皇后 皇太后	妻 妻	○か ×
	天元元	978	—					
	天元2	979	皇太后大饗※	9	昌子内親王	皇太后	妻	×
	天元3	980	—					
円融	天元5	982	—					
	永観元	983	皇太后大饗	9	昌子内親王	皇太后	妻	×
	寛和元	985	中宮大饗	2	遵子	皇后	妻	○
花山	寛和2	986						
	永延元	987	中宮大饗	2	詮子	皇太后	母	○
	永延2	988	中宮大饗	2	詮子	皇太后	母	○
	正暦元	990	中宮大饗	1	詮子	皇太后	母	○
	正暦2	991	中宮大饗	2	？			
	正暦4	993	（院拝礼） 中宮大饗	2	詮子 定子	女院 皇后	母 妻	× ○
	正暦5	994	中宮大饗	2	定子	皇后	妻	○
	長徳元	995	中宮大饗	2	定子	皇后	妻	○
	長徳2	996	皇后宮大饗※	20	遵子	皇后	妻	×
	長徳3	997	大饗または臨時客	3	彰子	皇后	妻	○
一条	長保5	998	中宮大饗	2	彰子	皇后	妻	○
	寛弘元	1003	中宮大饗	2	彰子	皇后	妻	○
	寛弘2	1004	臨時客	2	彰子	皇后	妻	○
	寛弘3	1005	大饗または臨時客	3	彰子	皇后	妻	○
	寛弘4	1006	中宮大饗	2	彰子	皇后	妻	○
	寛弘5	1007	中宮大饗	2	彰子	皇后	妻	○
	寛弘6	1008	臨時客	2	彰子	皇后	妻	○
	寛弘7	1009	中宮大饗	2	彰子	皇后	妻	○
	寛弘8	1011	中宮大饗	2	彰子	皇后	妻	○

第四章　中宮大饗と拝礼

場所1	場所2	備考	皇子	数	典拠
批把殿	玄輝門西		敦成	2	御・小・左
		不御内裏	敦成	2	略・御・小
		有（略）、御物忌停止（小目）	（敦成）	2	略・小
土御門第		拝礼あり	敦成	2	小目
	玄輝門東	前年立后	敦良	2	臨時客＋拝礼
	玄輝門西		敦良	2	有または停止
玄輝門西		［庇饗］臨時客か	敦良	2	「東宮拝礼」
玄輝門西			敦良	3	小目・江鈔
土御門第 批把殿		無拝礼	敦良	2	小目
土御門第 批把殿		臨時客か	敦良	2	左・小目
		雨　無拝礼	敦良	2	左・小目・栄
藤壺東廂		同日、朝覲行幸　拝礼あり	敦良	2	左・小目
批把殿		臨時客か	敦良	2	左・小目
土御門第か 大炊御門第か 批把殿		以下、省略 不御内裏 無拝礼「例は拝礼あるに」	敦良	2	略
大炊御門第		無拝礼（雨）	敦良	2	小略
		前々年12月道長薨去により服中 無拝礼（雨）	敦良	2	小略
大炊御門第		前々年立后	親仁	3	春
		並立后、毎年交互、大饗を行わない后は拝礼か	貞仁	2	拝礼のみか	春

天皇	年号	西暦	行事	回数	后	称号	関係	判定
三条	長和元	1012	中宮大饗	2	彰子	皇后	妻	×
三条	長和2	1013	中宮大饗	2	妍子	皇后	妻	○
三条	長和3	1014	停止	2	(妍子)	皇后	(妻)	×
三条	長和4	1015	有または停止	2	(妍子)	皇后	妻	○
後一条	寛仁元	1016	臨時客か	2	彰子	皇太后	母	×
後一条	寛仁2	1017	臨時客	2	妍子	皇太后	×	○
後一条	寛仁3	1018	中宮大饗	2	彰子	皇太后	母	○
後一条	寛仁4	1019	中宮大饗	2	威子	皇后	妻	○
後一条	寛仁4	1020	中宮大饗	2か	彰子	皇太后	母	○
後一条	治安元	1021	中宮大饗	2か	妍子	皇太后	×	○
後一条	治安2	1022	中宮大饗?	2	彰子	太皇太后	母	か
後一条	治安2	1022	中宮大饗?	2	威子	皇后	妻	○
後一条	治安3	1023	中宮大饗	3	威子	皇后	妻	○
後一条	万寿元	1024	中宮大饗 *拝礼	2	彰子	太皇太后	母	×
後一条	万寿元	1024	臨時客か	3	妍子	皇太后	×	×
後一条	万寿2	1025	中宮大饗 *拝礼	2	彰子	太皇太后	母	○
後一条	万寿2	1025	皇太后拝礼	3	妍子	皇太后	×	×
後一条	万寿2	1025	*拝礼	23	威子	皇后	妻	×
後一条	万寿3	1026	中宮大饗	2	彰子	太皇太后	母	○
後一条	万寿3	1026	臨時客	2	妍子	皇太后	×	×
後一条	万寿3	1026	臨時客か	3	威子	皇后	妻	×
後一条	万寿4	1027	(院)拝礼	1	彰子	太皇太后	母	×
後一条	万寿4	1027	停止	2	妍子	女院	×	×
後一条	万寿4	1027	臨時客か	2	威子	皇后	妻	×
後朱雀	長元2	1029	停止	2	彰子	皇太后	母	×
後朱雀	長元3	1030	中宮大饗	2	威子	皇后	妻	か
後朱雀	長元4	1031	中宮大饗	2	威子	皇后	妻	○
後朱雀	長元5	1032	中宮大饗	2	威子	皇后	妻	○
後朱雀	長元6	1033	中宮大饗	2	威子	皇后	妻	か
後朱雀	長元8	1035	中宮大饗	3	威子	皇后	妻	○
後朱雀	長元9	1036	中宮大饗	2	威子	皇后	妻	か
後冷泉	長暦3	1039	中大饗または *拝礼か	3	嫄子	章子 皇后 中宮	妻 妻	○
後三条	延久4	1072	—		寛子	皇后	妻	

第二節　中宮大饗の主催者

第四章　中宮大饗と拝礼

		帥
六条院	立后前	後二・中
六条院	立后前	後二・中
（六条院）	雨院拝札・小朝拝も停止	中
六条院	前年立后	後二・中
東三条第東廂	前年立后	中・著聞
六条院	以下省略 師実・師通・忠実参列	中
玄輝門	忠実参列	後二
枇杷殿		殿・中・本殿
小六条	前年立后	中
四条洞院第	前年立后	後二
四条洞院第	拝舞	台
	拝舞	殿
玄輝門	前々年立后	守仁	台
	拝舞	2	兵
	拝舞		兵

〔関係〕は時の天皇との関係で×は母・妻以外を示す。以下省略。

史、略＝『日本紀略』、本朝＝『本朝世紀』、西＝『西宮記』、北＝『北山抄』、江＝『江家次第』、記、小日＝『小記目録』、権＝『権記』、左＝『左経記』、紫＝『紫式部日記』、栄＝『栄華物語』、右記、殿＝『殿暦』、台＝『台記』、兵＝『兵範記』。

一九〇

第一節　中宮大饗の主催者

天皇	年号	西暦	中宮大饗	2	后	后位	妻	○×
白河	永保元	1081	中宮大饗			皇后	妻	○
	寛治2	1088	（前斎宮拝礼）	2	媞子内親王	前斎宮	准母	×
	寛治3	1089	（前斎宮拝礼）	3	媞子内親王	前斎宮	准母	×
	寛治6	1092	*拝礼停止	1		皇后	准母	×
堀河	寛治7	1093	*拝礼		媞子内親王	皇后	准母	×
	嘉保元	1094	（院拝礼）臨時客	1	郁芳門院	女院	准母	○
	康和元	1099	（*拝礼）	1	寛子	大皇太后	×	×
	康和3	1101	（*拝礼）	2	寛子	大皇太后	×	×
	康和5	1103	中宮大饗	3	篤子内親王	大皇太后	妻	○
	長治元	1104	（*拝礼）	2	寛子	大皇太后	×	×
崇徳	天承元	1131	臨時客	3	聖子	皇后	妻	○
	康治元	1142	*拝礼	1	得子	皇后	母	×
	康治2	1143	*拝礼	2	聖子	皇太后	准母	×
近衛	久安3	1147	*拝礼	1	得子	皇后	母	×
	久安6	1150	*拝礼	1	聖子	皇太后	准母	×
後白河	保元3	1158	中宮大饗	2	忻子	皇后	妻	○
六条	仁安2	1167	*拝礼	1	育子	皇后	養母	○
	仁安3	1168	*拝礼	1	育子	皇后	養母	○

註　「后権礼名」おおび「皇太子」の「―」は大饗を行うべき后や皇太子が存在しないことと中宮大饗とは認められない后の大饗には※、后の拝礼には＊を付した。
出典名は略称を用いた。後紀=『日本後紀』、三実=『日本三代実録』、類=『類聚国史』、江次=『江次第鈔』、貞=『貞信公記』、九=『九暦』、御=『御堂関白記』、小=『小右記』、著聞=『古今著聞集』、春=『春記』、後二=『後二条師通記』、帥=『帥記』、中=『中右記』

[九]

后位にあった皇太后や太皇太后が主要な主催者と考えられる中宮大饗が、国史大系本『紀略』元年正月二日条に「中宮大饗に侍」とある皇后遵子の父である伯父頼忠邸に東宮中宮大饗を行ったとの記事がある。しかし遵子が皇后在位中の母の次のためになったものかは明らかではないため、本項では条朝以降に比定されるものとしては穏子のみが行われたとしてみてい条朝の藤原穏子以外にみられない。

「后位は生母である天皇の正月の実母」=「中宮」=皇太后や太皇太后が皇太后に有皇太后及東宮大饗云々と記された事があるた項の母后の中宮大饗

後は現母朝最初の円融・花山朝には母が存在しなかったため、「紀略」正月二日条に「東宮中宮大饗」が行われた条朝の藤原穏子以降しかなく、一条朝の穏子以降しかしながら穏子に関係を深く中宮大饗を

第二項　母后の中宮大饗

第四章　中宮大饗と拝礼

た皇后穏子が中宮「皇后・皇太后・太皇太后」を通称名が皇后式名がる。醍醐朝皇后太皇太后であった中宮大饗以前は中宮職・皇后宮職・皇太后宮職・太皇太后宮職へ指すものであり、以降を指すものであり、天皇の母であるようにな天皇の母であるようになった朱雀朝の時代に開始された、穏子が中宮大饗を行事を通して村上朝推測される。「皇后」の別称として中宮職に設置された中宮大饗を中宮職が・皇后・皇太后・太皇太后が命制におけるゆえに、中宮大饗を規定された天皇妻であるのためであるのためであったのは初穏子であり、中宮大饗を行ったのである「中宮」であったのが知る人物の

一一九

大饗」と記すのみであるが、『小記目録』には「皇太后宮大饗」と書かれている。東宮大饗と同日の正月三日にしかも前者は玄輝門使用を明記されて、皇太后詮子の大饗が行われているから、これらの年に中宮大饗を行ったのは母后詮子であることがわかる。

ただし、一条朝においては、妻后が存在していたとしても、母后が中宮大饗を行い得たかはわからない。正暦元年（九九〇）十月、藤原定子が皇后（妻后）に立ち、翌年九月に、母后である皇太后詮子が出家し、院号を宣下される。女院は后の儀礼である中宮大饗を行うことはできないので、両者ともに行うことが可能であったのは、同年正月のみである。しかし、この年は「二宮大饗事」という『小記目録』の記事しか残っていないため、判断はできない。

一条朝の次に母后が生存していたのは後一条朝で、母后は太皇太后藤原彰子である。彰子は、その次の後朱雀天皇の生母であるが、すでに出家し女院となっていた。また、その次の後冷泉天皇の生母は即位前に薨じているから、後一条朝は摂関期最後の母后が存在していた時期ということになる。その彰子の場合をみてみたい。〔史料3〕は後一条朝初めての正月の記事である。この時、妻后はまだ立てられていない。

〔史料3〕『御堂関白記』寛仁元年（一〇一七）正月二日・三日条

　二日。(中略)参内。後参宮御方、着大饗、我留。

　三日。参院、無拝礼、依無御出也、上達部参中宮御方、数巡後退出。

「宮御方」が指す人物を、大日本古記録本や大日本史料の校訂は皇后妍子（前天皇三条妻后）としている。『紀略』同日条は「中宮東宮大饗」とあるのみで、人物比定はされていない。そこで記主道長の行動を追ってみると、二日は内裏に行き、「宮御方」で大饗に出席し、そのまま宿し、翌三日は「宮御方」から院＝三条上皇の居所三条院に参上している。つまり「宮御方」は三条院以外にいた人物である。妍子は前年十一月に三条院に遷御しているから、大饗

第二節　中宮大饗の主催者

一九三

第四章　中宮大饗と拝礼

を行った形跡が残されている「官御曆」内裏には中宮大饗と見える史料もあり、影子が妹の威子が母后にかわって影子が中宮大饗を行っている[18]。この場合、寛仁二年は母后にあたる彰子が無く、一条天皇皇后であった彰子が母后として中宮大饗を行ったと考えられる。もうひとつは「臨時の皇后宮立」により立后後以降に中宮大饗を行うのを例とされたが、治安元年（一〇二一）十月、三条天皇皇后娍子が中宮大饗を行っている[19]。その翌年の寛仁三年は母后で立后した後、翌治安二年に中宮大饗を行った例であり、前述のように母后が中宮大饗を行ったものと考えられる。

一方主催者である母后がその時々の状況により中宮大饗を行ったこともあり、三条天皇皇后藤原娍子にも、その後の後一条天皇皇后藤原威子にも、母后が不在になる場合があり、その場合は妻后が皇后とがに立てる正月一日以降に共通してその後の中宮大饗を行っている[23]。後一条朝初年に中宮大饗を行った母后彰子が、当時、三条朝元年と同じく三条朝母后和子が中宮大饗を行っていたがことに関わる例であろう。前妻后も母后もいない四条朝元年（二〇一一）に[22]、前の母后が中宮大饗を行ったのである[23]。

そのような時、后が皇后身位にあるにも限らず、母后がいないため妻后の位置にある皇后が一条朝以降、妻后が皇后となっている場合は母后と異なって立后した後、翌正月に中宮大饗を行うのが先例となっているにもかかわらず、前天皇皇后が周辺部に位置するよう母后の優位が決まっていたことが推測される[25]。

この位置については、現天皇のみの立場に限らないと思われる。つまり、このような時、妻后がなくても皇后が立后していない場合には、最初に述べたように后の皇后は中核部に位置するが、母后がいる場合には周辺部に位置する、そして后が立后した場合にあっても、母后は中核部に位置するので、本来はすべて、現天皇妻后は王権構成員ではない、天皇と母后の関係がみな王権大饗のかたちであるとすれば、母后・妻后がみな行うとすれば、現

王権内部における位置によって決まるといえる[26]。天皇の妻として中核部の立場になり得るが母后が位置することのように最も重要なのは母后であり、后が重要な役割を担うことになるが、母后のみが中核部に位置することができ、示すもので深い関係があるが、王権内部ではすべて、母后の位置によって決まる。

九四

第三項　一帝二后並立期の展開

　このように、中宮大饗は、天皇との関係を樹酌された上で、一名の后のみが行える儀礼であるから、后位それ自体に付属する権能、すなわち后権とは必ずしもイコールではない。つまり、中宮大饗を行う后は複数いる后の中から選択されるというプロセスを経ているともいえるのである。そして、行う后を決めるのは、基本的には天皇であろう。
　『西宮記』『江家次第』によれば、中宮大饗の饗宴では蘇・甘栗が供される。蘇・甘栗は、正月大臣大饗においては、天皇より派遣された蘇甘栗使より賜わるものである。道長の任大政大臣大饗で蘇・甘栗が出された時、実資は「正月大饗事也。蘇甘栗者従内裏所賜也。而有此物、如何」と批判している。これからすると、中宮大饗で蘇・甘栗が供される以上、天皇から賜わったと考えるのが妥当である。中宮大饗は儀式次第上も、后が独自に催せるものではなく、天皇の承認が必要であったことがわかるのである。
　さて、王権中枢に位置する后が選択されるということが特に意味をもったのは、十一世紀の一帝二后並立期であった。天皇との関係において、二人の皇后はともに妻である。その意味では同格であるはずの妻后のいずれかを、中宮大饗主催者とする必要が生まれたのである。この時、クローズアップされたのが摂関との関係であったのは、摂関体制完成期当時の王権の安定をはかるためには、ある意味で当然であろう。その結果、摂関により近しい妻后のみが中宮大饗を行うこととなる。実際に、三条朝において上であった左大臣道長の娘妍子と並立していたもう一人の皇后藤原娍子や、後朱雀朝において関白頼通の養女嫄子と並立していた皇后禎子内親王が大饗を行った史料は残っていない。つまり中宮大饗という儀礼によって、摂関との親疎を基準に、二人の妻后の王権内における優劣が端的に示されることとなったわけである。

第一節　中宮大饗の主催者

一九五

第四章　中宮大饗と拝礼

ずれ家社会の支配が隆盛を迎える時代であった。『小右記』にみる有様でも氏長者自身が務する関白道長のみならず摂政道長の関係も微妙であったため、内覧摂政長徳二年（九九五）四月の立后であり、四年後の同年四月に崩御するため、関白道隆の妻子が定子である。一人娘の彰子が内親王を儷す。これに伴う関係はいかにも妻の父がいないだろうか。この彰子が五条天皇の女皇にもなり后位にある以降入内して道長の長女中宮大饗を行ってきたが、大饗を行ったのはやはり大后の内覧長官、大臣の史料上確認できる条朝の翌年四月に后彰子が正史上大饗の入内により内裏御覧下で后が皇子出産のため退下した彰子が内裏へ入るにあたって長保元年（九九九）、彰子が定子と同時期に内親王となったのも異例である彰子が入内して二年後の大饗を行ったかどうかにおいて、一条朝において中宮大饗を行ったかどうか、内裏や先例が重視されたが故なのだろう。

長和三年に初めて出産のため内親王を産んで大后となってからは、后の拝がおそらくこれより先に立后が後朝拝にあたっては、一人皇后章子が国母として近く、この時は藤原宣孝の妻であり、

愛宕であり方策の中で再認識されたいう有様である。

ないという理由とし長和元年に出て大后方策だったが彰子も同時期に退下したために内親王だったので故、藤原隆家五年後に皇后となり、三条朝に入ったといえ、里第五条天皇を儷す五歳に再生し中宮大饗を行う選択したたからといって后が大饗を行っていてもほかに選択しかなかったと考えられる。天皇の祖母になるとしてもしたが内裏にて入る里第御覧院彰子は翌年四月にも内覧御司大殿下、大饗次の翌年四月には一条朝の翌年四月に后彰子が正史上史料確認できる、確認できるこの条朝の

当時后が加わりないとし、新年の例として祀入退出の機に一連儀が行われたが公卿もいなかった疎儀の故障で年中皇大饗を行う従う飾様も相応しいと長元年に儀式を行えず元年に意識が整えなかったが研子が生まれ整えず大饗で四月に中宮大饗を行わなくても天皇大饗の須必ができる条件としるのだろ、そう。

あるべく由として「長和三年に出産の方内退入の契機となり、内重親し先例に皇彰子が退下した中宮大饗の故、祀藉子研子が退下した皇ー、ー一朝の中宮大饗が内裏にて大饗を行って中宮大饗研子が整えなかったが逆研子が月に儀式に行えらそもたとえ中宮大饗を不御可祀内裏や加えなる「不可祀内裏」ということ条件しあるの（30）

でその理由とし長和三年に出産の初日方策だっため、入内の直接の契機はやや退下けしやれや内重視し、先例と皇彰子が退下期の中宮宮大饗を行ったために故、大饗を行たとしている。
公卿が参加しなかったのも氏長者意識の意思の強行にでるでも、その条件十分にだとした次の相がである、城次の相が大饗が十分においない選定にあるといくしているところでは響饗条件になるしようていて天皇やしたら天皇のは支備后

の独断でできることではなく、無事遂行するためには貴族社会のコンセンサスが欠かせない。つまり、正月に内裏にいない后に中宮大饗を行う資格はないという新条件は、時の一上摂関に近い后が大饗を行うことに大義名分を与えやすいものであった。皇后娍子が内裏にいることが確認できる時期は短く、しかも正月には皆無である。その結果、一上道長娘の妍子が中宮大饗を独占することとなった。妍子が皇子四人を産んでいる娍子より、王権内・貴族社会内で上位置していることを可視的に表現することこそが、新条件の直接の狙いであったと考えられるのである。

さらに、この時期、内裏に居住できる特権的な后とは、母后と妻后のみに限られていたので、新条件は、母后ではない前天皇妻后、つまり時の王権中枢に位置していない后を中宮大饗から完全に排除することを可能にしたという側面も指摘できる[32]。これは王権中枢の后とそれ以外の后の間の格差をさらに広げることになったであろう。

以上のように、中宮大饗を主催する后とは、根本的には、太皇太后・皇太后・皇后という后全体を指していたが、当初から、現王権中枢に位置する、現天皇の母后と妻后が優先されており、さらに一条朝以降、天皇のみならず、摂関との関係をも樹酌されるようになった。現天皇と摂関の紐帯となるべき后のみに限定することで、安定的な関係の維持や現王権の流れを汲む次代王権への安定的な継承につながるように整備されたのである。中宮大饗を行うことは、貴族社会に対して、王権内における后間の優劣を可視的に表現することであり、ひいてはそれぞれの后の所生子に格差をつけることにもつながったであろう。中宮大饗を行える立場にあることを明示する儀礼を行うことで、王権の最も中枢にいる后に権威を集中させ、ひいては、現王権の権威や安定に寄与したと考えられるのである[33]。

このように現王権に有益な方向へと主催者が限定されたとき、行う后にとって、さらには王権にとって、中宮大饗は単なる華やかな年頭儀礼としての以上の意味をもっていたことを示しているう。そこで、次節では、后と参加者が直接相対する拝礼を検討することで、その政治的意味を考えてみたい。

第二節　中宮大饗の主催者

一九七

第二節　中宮大饗拝礼

第一項　拝礼参加者

　最初に述べた中宮大饗前半における中宮大饗拝礼に伴う拝礼以下「中宮大饗拝礼儀礼」という）は、元日朝賀の儀礼と類似した国家的権威確認儀礼である。元日朝賀の儀礼で示された朝賀の対象である君主が無用であることは前述した。中宮大饗拝礼は、朝賀の対象が朝賀的要素を変えて君主から朝賀を施す側の中宮に向かうという国家秩序を変えていることから、国家秩序形成について再検討しなければならない。その検討にあたっては、「拝礼」を伴う中宮大饗拝礼儀礼の[　]（35）須有拝礼がどのように君臣関係以下「君上・諸番」という）主人による中宮大饗前庭における行拝礼である。すなわち、元日節会における行拝礼の中宮大饗の庭拝部に従って来ており、この中宮大饗の意味が重要な参列者の意味が、一つに、拝礼があり、中宮後ろ側からの臣下からも比例（36）「也」と述べている。ここに直接拝礼を受ける立場かの天皇の奉仕従属を約束し、臣権側である王権下位の者が直接拝礼を行う。

　そうしていずれにしても共有拝礼を行う側は臣部分にあり明確の国家的秩序を表しているようには見えないが、誰かが共有拝礼を行ったかを検討した。ただ、共有拝礼の表しを行った側のみの検討ではその側からの拝礼を受ける側の君臣関係を構築する直接拝礼を受ける直接拝礼を受ける立場ある王権中枢に位置する人々とは具体的

　母后や妻后である本節では拝礼部分に注目して明らかになったが拝礼を行うにあたって共食を賜った拝礼を賜食がかなり重要な構成要素として共通して推測されることから、全体的位置づける部分を共有していることで多

は誰であったのであろうか。

　中宮大饗ならびに東宮大饗の参加者について『西宮記』『北山抄』は「王卿以下」『江家次第』は「公卿以下」とごく簡単に一括して載せるだけである。田村葉子氏は、饗参加者については、座の設定および賜禄の範囲から五位以上とし、拝礼参加者については、十一世紀以前は東宮は「春宮坊官人」中宮も「同様な」人々、十一世紀以降は「摂政や殿上人など天皇と人格的な関係を持つ官人」とされ、その上で三宮大饗全体の参加者について「天皇・東宮・中宮という王権中枢と人格的な関係をもつ六位以上の支配者層」とし、小朝拝との近似性を指摘されている。一方、栗林茂氏は、拝礼・饗とも儀式書に人数制限がみえないことから、理念上は五位もしくは六位以上の官人が全員参加するものとされている。

　特に田村説は非常に示唆に富み、小朝拝との近似性を指摘する点で意義深い。しかし、実は后と皇太子では拝礼参列者が異なっていたことが、次の記事から明らかになる。

〔史料４〕『小右記』長和二年（一〇一三）正月一日条
　（前略）次参二中宮一飛香（研子）舎香。右大臣（顕光）已下及内殿上人拝礼。次参二東宮一舎（敦成）饗。左大臣（道長）已下宮殿上人拝礼。（後略）

　妍子への拝礼参列者は「内殿上人」＝内裏・天皇の昇殿者、敦成親王へは「宮殿上人」＝東宮・皇太子の昇殿者と明確に区別されている。『小右記』後一条朝寛仁三年（一〇一九）正月一日条においても、皇后威子拝礼参加者は「摂政及左大臣已下侍従人殿上」であった。『江家次第』の注釈書『江次第鈔』に「内昇殿人列中宮拝礼、東宮昇殿人列春宮拝礼」とあることとあわせ、遅くとも十一世紀初めには、拝礼参加者は昇殿制に明確に対応していたことがわかる。そして、現実的には東宮昇殿者と内裏昇殿者は重なる人物が多かったであろうが、理念的には、皇太子は自分の宮の昇殿者から拝礼を受け、それに対して后は内裏昇殿者から拝礼を受けていたことになる。

第三節　中宮大饗拝礼

第四章　中宮大饗と拝礼

中宮大饗拝礼

堀河朝寛治七年(一〇九三)正月二日の皇后篤子内親王の中宮大饗拝礼は、白河上皇(天皇の母后)の内裏殿上拝礼が正月一日に行われ、大内裏行幸・〈公卿〉皇女(？)・公卿(殿上人)拝礼の流れを汲むための内親王拝礼する前に、中宮大饗拝礼を行うように、院御所にて公卿以上五位までが「上」位にはし「上」として臣上達部以下五位以上には「六位以下」「六」に改

これが中宮大饗における例外となっているのは、同大饗に参列した皇后同上に参列した拝礼参加者はほぼ同じ人物であり、左・右内大臣〈公卿〉〉の皇子女(白)天皇内大臣中宮大饗人〈公卿〉殿上人たちが達する論理的にあり、大内殿人上拝礼する前に院御所に対応して、中宮大饗拝礼に参加する必要がなかったことがあげられる。

ことが中宮大饗における明確的参列者ではないため、改めて中宮大饗拝礼に参列した明確に描かれていないが、所属する官司などに限定されるのである。春宮功官人の拝礼を想定したのであろう。十世紀半ばには春宮功官人すべてが参加していたが参加官人を中心とした拝礼を考慮したと考えられる。このように拝礼を受ける者が皇太子であるためには本来東宮傅・東宮大夫・東宮亮拝礼参加者同書の東宮傅・東宮大夫・東宮亮拝礼参加者のみが中宮大饗に記事がある

「東宮之臣」という昇殿者と直接君臣関係を結ぶという人格的関係でもあるが、皇太子東宮官人に限定されたのはある年後延長八年の中宮大饗は醍醐皇太子(明)から六年後弾正尹以下の中宮大饗大夫・東宮亮・東宮大夫など東宮官・総大夫・東宮亮・東宮大夫・東宮亮なって一四日の中宮大饗拝礼参加者のうちみえる記事が中宮大饗における記事がある前

十月から人に限定された昇殿者と直接君臣関係を結ぶ皇醍醐親王雅子で天皇開始からへはそう考えに中宮大饗はとあるで皇親始子雅明親王薨去

素服を着すべきか、もしくは、朝賀儀同様、吉服を着すべきが問題となり、それに対して醍醐天皇、朝賀に准じた拝礼がある以上、二宮大饗は公事であるゆえ吉服を着するよう仰せている[38]。つまり、両親王は二宮の拝礼に参加していたと考えられる。彼らが内裏昇殿者・東宮昇殿者であったかは不明だが、一般的に親王は内裏昇殿を聴されるし、皇太子の異母兄であるから東宮昇殿も聴されていた可能性が高い。何よりも、彼らは中宮職官人や春宮坊官人ではない。中宮大饗開始当初から、拝礼参加者は、少なくとも附属職司に限定されていなかったことは間違いないし、十一世紀同様、昇殿制に対応していたと推定できるのである[39]。

　　　第二項　后と内裏昇殿者

　昇殿制に対応する拝礼として、もっとも著名なのは小朝拝である。小朝拝とは、周知のように、正月一日、内裏昇殿者が清涼殿東庭において天皇に拝礼する儀礼である。天皇への正月拝礼が、文武百官が朝堂院に参列して行う朝賀の場から、小朝拝へと移行するのは、醍醐朝延喜年間である。これは律令国家の宮廷機構や制度を媒介とした官僚制的秩序儀礼から、人格的従属関係を媒介とする「家」的原理に基づいた儀礼への変化であり、昇殿制、公卿・殿上人・諸大夫制に代表される各天皇との直接的な人間関係が、貴族社会の構成原理となったことを示すものと評価されている[40]。

　同じく昇殿者が拝礼する東宮大饗の開始時期は、醍醐朝延喜年間、中宮大饗はその次の延長年間である。この十世紀初めという時期に、天皇・后・皇太子という王権中枢の人々への拝礼が相次いで整備されたのは、昇殿制という新たな貴族社会の編成原理およびそれによって生まれた公卿・殿上人という新たな身分秩序に対応した新たな儀礼が必要となったためと考えられる。小朝拝と中宮大饗拝礼・東宮大饗拝礼には類似点が多い。例えば、公卿以下の列立作

第四章　中宮大饗と拝礼

きる自身の昇殿した人々頭や蔵人頭や蔵人など頭人が正月に院と臣下との関係を確認し奏上・啓上した。このことから院昇殿者が参上し拝礼を行ったとしてもそれは内裏昇殿者が行ったものと同様に臣下として摂関や公卿が院以下周囲を巡るように拝礼を行う正月拝礼を表現しているのであって当時の身分秩序を可視的に参入者の身分秩序を表している作法であると共通しており天皇・皇太子・院・后などの人格的関係を結ぶまたこれは遅くとも十一世紀初め主権中

なおこれに注目すべきは「時」と「場」である。円融朝から見られるようになるのは内裏昇殿者から内裏昇殿者への拝礼であるということが明らかになる中で内裏昇殿者による侍所や侍所別当など特別な立場にあるいは后関連の男性が伺候する場であると思われるこれは后の独自の官房機構自家政機構の登場についており皇后・中宮女房の昇殿者のみがあるらしいことが明らかになれた。

もしかから后すなわち春宮帯殿の拝礼を行ったのは九世紀前半「殿上人」という語が成立する以前から摂関公卿が奏上上啓する体制が確立していたと考えられるからそうだとすると円融朝以来信任する奉仕者のように天皇・皇太子に対する拝礼の実態は不明であるが明らかなる男性のみが参ずれるものであった。このような拝礼を受けることにより后は君臣関係の儀礼における「証」、すなわち君臣関係の儀礼における「朝」の字が用いられないことから考えるにあたってはゆえに群官儀礼における「朝賀」は皇后・東宮昇殿者のみに限られる。群官儀礼における「朝賀」は皇后・東宮昇殿者のみによる拝礼においては群官が昇殿するがあら拝礼を受けるのみであり、群官儀に限られる。官（妻后）の朝賀にはもと制に限られる。官（妻后）朝賀には皇太子・群官・女官が行いその流れを汲むものとして群官のみが「朝」資格を持つとしている。

だから后に対する皇帝の臣格的関係による臣子的関係であり春宮帯殿の先行儀礼を結ぶ関係であり、春宮帯殿の先行儀礼として内裏昇殿者が内裏における『開元礼』『儀式』『貞観儀式』に征して皇太子に対する拝礼は君臣関係の儀礼にな原則として皇太子が行う群官による拝礼は臣下関係にな、それゆえ群官による「朝」の字が用いられない。それゆえ『儀式』『貞観儀式』における東宮昇殿者の受饗儀礼に関しては「朝」の字が用いられない。群官が皇后に限られる。群官の東宮大饗においては拝礼が行われる場なから群儀であるとしている。

たものであろう。人格的関係を結ぶ行為中宮大饗においては皇帝の臣格的関係で関係を結ぶにおいて内裏において行う群官拝礼内裏における内裏昇殿者の拝礼を証する『開元礼』『儀式』『貞観儀式』に則り皇后殿舎が内裏に内裏昇殿者の拝礼を証する儀式『貞観儀式』における東宮昇殿者の受饗儀礼に限るため皇后（妻后）朝賀が群官が行うにあり「朝」朝賀を受けるものであり、その流れを汲むものとして波及行うにたるもの

かから中宮大饗に対しては人格的関係を結ぶ関係にてにおいて内裏に内裏昇殿者の拝礼を証する『開元礼』『儀式』『貞観儀式』における東宮昇殿者の受饗儀礼において皇后（妻后）朝賀が群官が限るにあり「朝」朝賀を受けるものであり、その流れを汲むものとして波及行うにたるとみる

いえる。ただし、后居所の前庭に列立して拝礼がなされる中宮大饗に比して、群官朝賀の場合、后居所（常寧殿）と離れた玄輝門に列立する遙拝のような形になっており、后と群官の関係はやや間接的である(44)。しかもその受賀儀礼は短期間で廃れていた。一方、母后は受賀儀礼の対象外であった。それゆえ中宮大饗において、后が自分と人格的関係をもつ宮昇殿者がいるにかかわらず、当代天皇と人格的君臣関係をもつ人々、后自身と君臣関係にあるのかある意味では曖昧な人々から直接拝礼を受けるよう規定されたことは、后という地位を考察する場合、一つの鍵となると考えられる。

この醍醐朝以降、妻后の地位が変容していくことは、並木和子氏や岡村幸子氏の指摘がある(45)。例えば、それ以前の空白期と対照的には全天皇に妻后が立てられたし、また、所生子がない時点での立后や后位を争う話が多発し、皇位継承とは必ずしも連結しない、独自の地位としての妻后が登場したといわれる。この原因は明らかにされてはいないが、妻后が内裏昇殿者と人格的君臣関係を結ぶことができる特別な地位となったことも、影響しているのではないだろうか。

一方、母后にとっての意味はさらに大きい。当時、母后が関わる正月儀礼としては朝覲行幸がある。しかし天皇家の父母子秩序を表す朝覲行幸は、後一条朝寛仁年間までは別居父母に対する儀礼であって、同居母后には行われていない(46)。しかも、朝覲において母后に拝礼するのは天皇だけであるから、天皇に供奉する臣下と母后の関係は間接的でしかない。平安前期の文徳朝後半、もしくは清和朝に、天皇とその母后の同居が始まり(47)、時を同じくして前期摂関時代が開始されたことでもわかるよう、摂関政治の要としての母后の政治的重要性は増していた。しかし、天皇「家」内の秩序の中では特別の位置にあって、国家秩序の中では后の一員という以上の立場を明示されてはいなかったといえる。それに対して、中宮大饗拝礼は、母后と臣下の関係を直接的な君臣関係にあるものとして、初めて明

第四章　中宮大饗と拝礼

に規定したのである。そこでこれは儀式成立時の事情を考えると当時の母后の国家的秩序の中に占める当時の政治的地位の想定から考えるべきであろう。所生の親王が立太子あるいは即位しても母后が当然ただちに東宮大夫・中宮職が成立するとはかぎらず、ふつう中宮大夫の保存を待つことになる。ここで中宮大饗があらためて保存に立つ東宮の皇太子の事情を考えると、長期以降の保存にも延期成立時期の儀式成立当初からが規定されたが、

饗儀式が行われたのかが規定である。

けれども、これが実際に行われたのは初めから長期以降である（四八）。また儀式成立初期の成立時の事情を考えると、母后として元服以前の正月の儀礼として誕生しても皇太后にも、中宮大饗にも生にする母后となる時点を考えるとあらためて東宮大饗の儀式成立当初の一〇年間の皇太子が十五歳に類似した形で立太子と同じく正月五日に初めて見えるように可能性が高いのが。しかし当時の醍醐朝の淳和以来のこの時代の皇太子立太子の年齢は低く、母后の措置であたためも朝廷に母后以下の年令では当たらずそれ以外の薬儀礼の流れからいえば保存以来の皇太子の立太子十一年一月（九一一）のはずの母が非妻成立期も儀式成立期もあれ、

べく保明で稳子が即位後であろうとあらためる。これら子が國立后とあたこと、皇太后、正月后として誕生した稳子がの母として位置づけられたように妻と想定された新たな母后は妻の股存在したていなかった。その妻の股保存の案があられるとさて中宮大饗が行われるようになった草立したのであるから、中宮職は殿立后のみ皇后の制とはずして中宮大饗を行える可能性も想定されえたのは十年以上も妻の股と殿から以降であるから、妻と股の緊密措置であるため保存以来一〇年の皇太子死の翌月不当立后もしくは保明成立期も

であり待稳子は母で妻として存儀ではない中宮大饗をあらかじめ受ける皇太后を実態を国家的秩序に存して妻は皇太后立后にあたることで、中宮大饗を受ける母后の地位は以前母が大きい一七年間行った政治的権力が太后にありうる。以上藤原摂関始期以降、中宮職以上のからは母后ではない妻は大きくことなる。母后は異なる母として後ろよ藤原順子・明子・班子以降よりより高い権威や権力を手にした。とゆえこの時代の国母の母子として時代の朝服に准じる以降の儀である国母として「国母」の詔を以上に拝礼を拝礼賜殿を内裏の詔加を受けるわけと受けるから主要な生殖機関体制中宮

であるそでは必ず稳子・明子いとする結果であり妻稳子待はまず中宮大饗をこなしたようであるその中宮大饗を実際に行った政治的権力が子よりも異なる母としては藉原以降もことなり一〇年以上の儀での中宮以降は藉原稳原順子・明子・以降よりこの権力を手にしたようてゆえこの時代の国母の母子として時代内裏を拝礼を拝礼賜殿を受けるのは稳子

初めての后であった。臣下との位置づけが曖昧であったそれ以前の母后とは異なり、当時の政治の中心的担い手であった内裏昇殿者から拝礼を受け、彼らと君臣関係にあることを明示する中宮大饗を行い続けることによって、前代までは比べものにならない政治的権威や影響力を手にしていくことになったと考えられるのである。

さて、中宮大饗における拝礼は、后と内裏昇殿者が人格的君臣関係を結んだことを宣言するものであったから、新しい后にとっては特に重要であった。後一条朝寛仁三年正月二日は前夜の雪のせいで地面が濡れており、拝礼は停止されるところであった。しかし敢行された事情について、『小右記』は「太閤命云(道長)、中宮初有大饗、若無拝礼如何(威子)者、諸卿随其気色致拝礼」と記す。ここからは、娘である新后に拝礼を受けさせたい前摂政道長の強い意向がうかがえ、同時に、后が内裏昇殿者に直接、君臨する存在であると宣言することの重要性が読み取れるのである。

第三節　拝礼の独立と中宮大饗の衰退

第一項　母后への正月拝礼

治安元年(一〇二一)正月二日、皇后威子の中宮大饗が行われる前に、太皇太后彰子が拝舞を受けるという出来事があった。これについて『小右記』は「此宮無大饗(彰子)、然而依異他宮、殊可有拝礼之由関白有命(頼通)」と記している。なぜこの時「殊に」拝礼を行うという関白の命令が必要であったのか明らかではないが、この三年後の記事である。

〔史料5〕『小右記』万寿元年(一〇二四)正月三日条

第四章　中宮大饗と拝礼

（前略）関白相引諸卿、参中宮有拝礼、先大皇太后、次皇太后、次参皇太后、影孰有所嫌、拝舞者酌無、后宮拝礼者、此后宮之礼有拝礼、中宮大饗

之儀如此、又異他宮敷－－（後略）

太皇太后まり、而於大皇太后・皇太后宮相当時、皇太后宮有拝礼、先参皇太后宮、次中宮[55]、異他宮敷

ある皇太后・皇太后宮の拝礼は実例のない事なる前天皇妻后の中宮大饗の場合、中宮大饗以外に妹研子が行なう正月拝舞（拝礼）が[56]行われるのは初例である。この初例が後の恒例となるのだろうが対する皇太后の母であり現天皇である一条朝以降は初例となる場合である妹研子が行なう正月拝舞の拝礼が[57]「殊に」行われたのはなぜか。それは治安元年以降という時期的なものに加えて拝礼者・拝舞者が朱雀村上朝の母后穏子の出家後以来一ヵ月ただ一人となるだけでなく拝礼・拝舞者の内裏昇殿者の君臣関係の例が妻后が内裏昇殿となった并立する母后と妻后による拝礼・拝舞が母后威厳を保つための独立した位置づける影子が受ける拝礼は中宮大饗の場を借りて拝礼を独立させれば母后と妻后の中宮大饗は母后威厳強まるよう独立の傾向が三ヵ月の皇后拝礼と同年の皇太后研子の独立拝礼（拝舞）[59]朝原則が破られたによって母后の出現といえる天皇の娘ではない中宮影子が母后として正月長道長三条朝において天皇妻后「家」という場合には確認を行うできる場合には母后確認を行う際の同じで皇太后母信における場合、天皇母信の場合、同年中皇太后母信における同年にまず原則が破られ三年と同じ皇太后がとりては母と影子三年の皇后威厳独立したと位置の上母威厳を受けると皇后と妻后による母后よに独立した夫人后ための並立しそのようによって年中臨時の例が万寿年例として新例が周毎年開か続けうして朱朝関係は一条朝後朝家の出臣関係と中宮臨時の場にお

れは母后として威厳特に必要と考性関係の構築とみられるのであるから確認される母后における正月拝礼を行なう際の
ずに母后威厳を行う非在不明

的守な拝舞を受けるが太后のまり后宮大饗を行なう場合には母后確認正しく行なうためである中宮大饗母后基本原則が最高礼です

いてであり、后の御前で饗宴を行う臨時客においても、拝礼が組み込まれるようになったと考えられる。

ここで注目に値するのは、皇太后妍子が拝礼を受けていることである。威子は後一条の妻后であるから、中宮大饗を行い、内裏昇殿者から正月拝礼を受けることが可能な立場にある。しかし皇太后妍子は母后でも妻后でもないから、本来ならば年賀礼を受け、後一条天皇の昇殿者との間に直接的な君臣関係を結ぶ立場になく、この前年、万寿元年の〔史料5〕では拝礼は行われていない。ところが翌二年になると、関白頼通以下、公卿・殿上人らは、母后彰子のもと拝舞を行った後、「引参皇太后、再拝」「着座」と妍子にも拝礼を行っているのである。さらに妍子は同年正月二十三日に皇太后大饗を盛大に行っている。中宮大饗ではない正月三ヶ日以外に行われる后の大饗は、円融朝の皇太后昌子内親王が恒例としていたが、その後は一条朝に皇后藤原遵子が一度行った以外、史料に残っていないし、今回の妍子以降の例もない。異例の、母后でも妻后でもない后への正月拝礼、正月下旬の皇太后大饗が立て続けに行われたことに、妍子の権威を高めようとする意図を感じずにはいられない。が、妍子は皇子を産んでいないから、所生子の権威づけや皇位継承と関係するものではあり得ない。考えられるのは、御堂流の后の特別性・尊貴性をしらしめる手段として、正月拝礼が利用されたということではないだろうか。この後一条朝前後、道長は儀式の場などにおいて自身の御堂流が他流とは隔絶した権威をもつよう力を注ぎ、それが後の摂関家という「家」の成立につながったといわれるが、后の正月拝礼の展開にも、同様の分析が可能だと思われるのである。

こうしてみると、果たして道長を王権の外におくことは妥当なのであろうか。道長、もしくはその前史である兼家期の摂関は、それ以前とは大きく変質しているといわれる。同時に、変化した摂関をより王権にひきつけて考える、もしくはきっきり王権構成者として位置づける研究も提出されている。この中宮大饗という儀礼の展開を考えると、道長執政期に大きくその性格を変えていることは明らかである。主権者が、天皇との関係のみならず、摂関との関係

が低下したといえよう。

朝子の三例（一〇八二年）以降、中宮大饗は立后の際のみ拝礼を伴う形で挙行されており、院政期の成立とともにみられた最大の意義が、最大の危機でもあった天皇の昇殿者からみて、史料の残存状況からみるかぎりこれまでに検討してきた摂関期の中宮大饗の延長にある形式と大きく異なる点は、摂関外部にある道長にとって、中宮大饗は自らが率いる摂関家内部の整備を進めるためにも有利な資格のコンサイズによりながら、王権内部に有利な形で変化を遂げたといえよう。本来、公卿会議と同様な形で整備された摂関家「家」に有利な形に変化したといえる。この結果からある程度王権の安定化がなされるようになったために、王権を支えるべき重要な構成員たる后が独占し

第三項　中宮大饗の衰退

これまでにみてきたように摂関期における中宮大饗は王権秩序の中も道長執政期に条件ではなく、一条朝以後にいてもそれが条件であったことを前提にして、中宮大饗を一条朝・道長執政期に独立したものとして位置付けるのは条件ではない。そもそもこのように考えられるのは、一条朝中宮大饗成立期の王権構成員の変化であり、中宮大饗の儀礼が成立するに至った摂関政治の変化でもあると考えられるだろう。

第四章　中宮大饗と拝礼

二〇八

とはいえ、この中宮大饗は王権の中で道長期を頂点として、その後急速に衰退をみせることになる。

折子の三例（一〇八二）以降、皇位継承として拝礼を伴う中宮大饗は乖離したためか挙行されない。

（67）
醍醐朝の成立により、院政期推測できる。ただし、皇后藤原賢子となる堀河朝康和五年（一一〇三）皇后藤原苡子の立后にあたかも臨時客の儀も行われていることから妻后である例のみとしても、史料の残存状況からみるかぎり関白斉信が臨時客の実施がみえる場合がある。母后と妻后がいる場合、妻后から中宮大饗を受けた堀河朝嘉保元年（一〇九四）皇后篤子内親王の立后以降、院政期白河朝嘉保元年（一〇九四）皇后篤子内親王の妻が大饗を行っていた例が白河朝嘉保元年皇后篤子内親王は四〇歳であって五八歳の白河天皇を支持する年長者として位置した後、白河朝五年中宮大饗が皇后藤原苡子の立后にあたり挙行された。

のが王権にとってそれほど意味をもたなくなったことが大きいと思われる。さらに、中宮大饗を利用してきた摂関にとって、摂関家が権門化し家格が定まっていったことや、摂関家出身ではない妻后が生まれたため、積極的に推進する意味が低下したことも影響しているのではないだろうか。

　一方、母后が中宮大饗や臨時客を行った例は皆無となる。彰子が出家し院となる直前の万寿三年が、母后にとって最後の中宮大饗であった。しかし彰子以降も、母后が正月拝礼のみを受ける例はしばしばみられる。院政期でいえば、寛治七年（一〇九三）に堀河准母皇后媞子内親王、康治元年（一一四二）・同二年・久安三年（一一四七）に近衛生母皇后藤原得子、同じく康治元年・久安六年に近衛准母皇太后藤原聖子、仁安元年（一一六六）・同三年に六条養母皇后藤原育子などが拝礼、多くは拝舞をされている。この当時、母后は数年で女院となることが通例であったため、天皇（准）母が生存して后の地位にいる期間は短く、史料に残る事例も決して多くはないが、現天皇の母女院への正月拝礼が定例化していたことを考えると（ただし院昇殿者から）、母后への正月拝礼も定例化していったものと思われる。(68)(69)院政期に、王権の中心人物が天皇から院へと変わったため、内裏昇殿者と君臣関係を結ぶことの意義は、摂関時代と比較すると低下したかもしれない。しかし、王家の正当性の確立に（准）母后の存在が大きく寄与した時期のことであるから、母后と内裏昇殿者の関係を君臣関係としてはっきり位置づけることは、やはり王権にとって意味があったであろう。ただ、彰子の時に拝礼のみを行えるようになったことで、君臣関係の樹立・確認は、必ずしも饗を伴う中宮大饗は必要なくなり、そのために母后が中宮大饗を行う例が皆無になってしまったと考えられる。(70)

　中宮大饗はその中に内裏昇殿者からの拝礼を含むことで、天皇家内において天皇より上位に位置する母后を、昇殿制を基盤とする当時の貴族社会の構成原理とリンクさせ、名実とも母后が貴族社会に君臨する存在に昇華する重要な役割を果たした。と同時に、その機能を独占できなくなったことで、その意義は著しく低下し、衰退への道をたどる

おわりに

中宮大饗と拝礼にはいくつか特徴があるものである。(7)

奈良時代における皇后は内裏外に独立した皇后宮に住し、内裏に住む天皇とは空間的に隔絶されていた。また皇后宮職という皇后の家政機関および理念的には全官人が仕える朝廷を独自に持ち、皇太子が誕生した場合、皇后宮は皇太子を養育する役割も果たした。元日に皇后は皇后宮において群臣および皇太子からの拝礼および朝賀儀を受け、群臣の拝礼および朝賀儀が行われた後、最後に天皇の朝賀儀が行われるようになっていたのであり、この拝礼および朝賀儀は武朝以降、日拝と称される儀礼となった。正月一日に日拝を受けた皇后は中国的な君臣関係に基づく共同饗宴儀礼である中宮大饗を催す役割を担った。しかし、唐礼にある男女役割分担の影響下に成立した中宮大饗は長期間成立することなく、妻后不在が続いた平安時代前期に皇后を安定化させるべく発生した受賞儀礼は拝礼のみとなった。(72)

二人の妻后が並立したわれた醍醐朝から村上朝にかけての皇后・皇太后は即位に関わる新たに成立した場合、身位に応じた個人的な権威を中心として王権を支えることとなった。まだ拝礼のみになる中宮大饗は成立しえなかったが、拝礼は成立した儀礼となる。まさに妻后のみのための儀礼となる。この儀礼は王権を支える中心的な個人としての妻后への拝礼を目的とする場合、身位のみならず妻后の主体を立したいう目的が並立することとなる。(74)

これは一人の皇后・皇太后が立てられたときの中宮大饗の妻后が並立わた場合にもあり、摂関期における中宮大饗・拝礼の役割となる。したがって、主権者である天皇の妻后が変化が生じた役割ではあるが、主権者にしたものである。(75)

九〇年代から安定不在期に発生した受賞儀礼は王権を安定化させるため妻后として基本的に王権を支える役割のものが主権者に近い中宮大饗と拝礼という個人的な中心としての妻后の人的な権威を支えるものとなり、王権上昇基盤に近い天皇と妻后の関係では母后として基盤的な行為のものが主権を行うものの安定を基本と整備されたとし妻后の特色的な私になり続く。

第四章　中宮大饗と拝礼

二一〇

ることがわかるのである。

　もう一つの大きな特色は、后と内裏昇殿者の間の君臣関係を可視的に表現する儀礼であったことである。昇殿制成立以降に行われた正月拝礼は、小朝拝も院拝も東宮大饗も、拝礼をする者と受ける者同士が人格的君臣関係にあった。しかし中宮大饗においては、后宮の昇殿者ではなく、内裏の昇殿者が拝礼をする。これにより、母后や妻后が天皇と人格的君臣関係にある者の上に直接的に君臨する存在であることが明確化された。この意味は母后にとってより大きく、天皇の母であるという、天皇「家」内のいわば私的な関係がその権威の根拠であった母后が、公的に内裏昇殿者に直接君臨する立場にあることが、初めて明確化され儀式化されたことになったのである。中宮大饗とは、母后・妻后という、王権の中で特に重要な役割を担い、摂関と密接な関係にある后に、天皇と王権を中心的に支える昇殿者との人格的・直接的君臣関係を及ぼすことによって、王権全体が安定的に維持されるよう企図されて、成立・展開した儀礼であると意義づけることができるのである。

　このように、中宮大饗の最重要要素は、その后の特別性を最も明らかな形で表現できる拝礼であったが、拝礼の際立った重要性は、一方で、中宮大饗に衰退をもたらす要因ともなった。後一条朝に母后と妻后が長期的に並立し、時に母后が拝礼を受けることができなくなったため、本来は中宮大饗の場に限られていた拝礼が、独立した儀礼として行われるようになったのである。これにより、母后の中宮大饗が行われなくなり、やがて妻后も含め、衰退していくことを考えると、中宮大饗の儀礼としての意義は、内裏昇殿者が后に対して正月拝礼を行う唯一の場であったことに由来する部分が多かったことが、改めてわかるのである。

　中宮大饗が名実ともに恒例の年頭行事として盛んに行われたのは、醍醐朝後半から後冷泉朝の約一五〇年間である。これはまさに摂関体制が整備され、全盛期を迎えていく時期である。約三〇年間、中宮大饗を行い続けた穏子が、

第四章　中宮大饗と拝礼

政治力を継続的に行使した天皇と結関した母后の嚆矢である。それを次代に結ぶ要となる地位として新たに形成された主権的国家の支配秩序論が展開されるための儀礼が中宮大饗と拝礼であり、次代の母后人事に大きく寄与することで中宮大饗と拝礼を受けた中宮の位置づけが継承されたとして宿命づけられるものである。棋閣時代の母后の儀礼を考えると、棋閣時代の母后の儀礼は

註

(1) 黒板伸夫「藤原忠平政権の考察」『摂関時代史論集』吉川弘文館一九八〇。「一〇世紀における王権と棋閣に対する研究動向として、山中裕氏編『摂関時代と古記録』吉川弘文館一九九一。佐藤信・神谷正昌編『摂関時代史論集』吉川弘文館二〇〇四。

(2) 仁藤智子『平安初期の王権と棋閣』吉川弘文館二〇〇〇。「一一世紀の王権論——都市王権論と中論秩序——」(『歴史評論』六四四、二〇〇四)。「日本古代王権論の現在」『日本古代中世の政治と権力』吉川弘文館二〇〇六。

(3) 大隅清陽「平安時代の儀礼と律令制——王権論に関わって」(初出二〇〇一)、『律令官制と礼秩序の研究』吉川弘文館二〇一一。

(4) 木本好信氏や権義脩氏の多くの論文などがある。(註(1)の地位をめぐる動向について、拝礼は平安中期以前にも形式化されていないため新しい主権的国家の支配秩序構築の儀例として日本古代王権論初期に報告した口頭報告『お茶の水女子大学院人間文化科学研究年度修士論文報告』二〇〇二)。本章では藤原穏子を扱うため例え外の神谷氏は王朝成立研究および藤原穏子と王権根幹の儀礼として扱っている。

(5) 倉林正次『饗宴の研究——儀礼篇——』桜楓社一九六五。

(6) 国史大辞典「正月拝礼」、『平安時代事典』「正月拝礼」、「皇后宮及東宮拝賀事」『年中行事事典』「年中行事秘抄」『新訂増補故実叢書』山中裕氏『平安朝の年中行事』塙書房一九七二。

(7) 中行事書房『年中行事』など。中田祝雄「正月」(七七)

（8）太田静六「大饗儀」「三宮大饗と大臣大饗」（『寝殿造の研究』吉川弘文館　一九八七）。
（9）『延喜式』が規定する「受賀儀礼」には皇后受賀と皇太子受賀があり、前者は皇太子・女官・群官の朝賀から成る。このうち中宮大饗と直接関わる群官朝賀は、内裏常寧殿にいる皇后と玄輝門に列立する群官との間で拝礼・賀詞・令合と賜禄がなされるもので、『儀式』にも同様の規定がある。なお「受賀儀礼」という呼称は栗林茂「皇后受賀儀礼の成立と展開」（『延喜式研究』八　一九九三）による。
（10）儀式書に「饗宴儀礼」の規定はないが、清和朝に皇太后藤原明子が、陽成朝に太皇太后明子と皇太夫人藤原高子が、光孝朝に太皇太后明子と皇太后高子が行った実例が残る。居所において饗および賜禄が行われている。「饗宴儀礼」の呼称は栗林茂「平安朝における三后儀礼について―饗宴・大饗儀礼と朝覲行幸―」（『延喜式研究』一一　一九九五）による。以下、特に断らない限り本章の栗林説はこの論文による。
（11）栗林註（9）（10）論文、田村葉子「三宮大饗の成立と背景」（『史学研究集録』一九　一九九四）。以下、本章の田村説はこの論文による。
（12）『貞信公記』延長三年正月二日条。
（13）『貞信公記』延長三・四年、『吏部王記』同八年の各正月二日条など。
（14）『西宮記』裏書、『貞信公記』天慶八年正月二日条。
（15）『紀略』天暦元年・二年正月二日条など。
（16）例えば、村上朝天徳三年正月三日に朱雀院で行われた皇后安子の中宮大饗（『紀略』）。
（17）また、後の『後二条師通記』寛治五年正月五日条によれば、寛仁元年の中宮大饗では、再拝ではなく拝舞が行われていることがわかる。古記録本これも「研子」のこととするが、後述するように、最高礼である拝舞を臣下が行う対象は、後一条朝では天皇と母后彰子に限られている。ここからも、この年は皇太后彰子が行ったことが判明する。
（18）『左経記』寛仁三年正月二日条。なお、饗所が玄輝門廊ではなく承明門廊であったのは、栗林氏がいうように、彰子が皇后ではないため玄輝門使用を遠慮したのではなく、一条院里内裏であったためであろう。東宮大饗所も承明門であった。
（19）『小記』寛仁三年正月二日条。
（20）『左経記』寛仁四年正月二日条、『小記目録』同三（二カ）日条。中宮臨時客は、正月二日頃、公卿殿上人らが参加した后御

第四章　中宮大饗と中宮拝礼

(21) 小記目録の饗宴部分は比較的簡略であるため、中宮大饗の代表的な儀礼としては検討が必要であるとして後考を期したい。
(22) 小記目録長元元年十一月日条、『左経記』万寿三年正月三日条、同年正月九日条。万寿三年正月三日に天皇臨時客を行ったことについては、天皇元服後に臨時客を行った例があるため、本章では触れない。
(23) 小記目録長元元年十一月日条裏書、同年正月九日条。
(24) 『紀略』『小記目録』『左経記』長和元年正月二十九日条。
(25) 紀略、天延元年十月十日条に順徳天皇の妻である三条天皇皇后娍子の中宮大饗が行われたと認められたためよく分からなかった。そのため妻后の中宮大饗の初例は長和元年九月二十七日に立后された三条天皇皇后娍子の中宮大饗が最後の例である。
(26) 本論文発表後、中本和氏により妻后の中宮大饗についての共通認識があったと考えられている（後述）。皇太后宮に先立って立后された皇后宮・中宮でも中宮大饗が行われており、それ以外の皇太后宮・中宮に最初は行われないことが明らかにされている。これらのうち、立后当日又は前後日に母の妻である皇太后宮・皇太子妃内親王である皇太后娍子、外祖母中宮大饗を九月二十七日に立后後当日に行った前例もあり、三条天皇妻后娍子の中宮大饗は、正月九日前後の妻后の中宮大饗ではなく、立后後当日に即位大嘗祭に相当する公式な「一家」儀礼として行われた（三条天皇皇太后宮娍子・皇太子内親王禎子の立后後の中宮大饗）（※『紀略』の表）。ただし、本章で「中宮大饗」と表記している『紀略』「皇太后宮大饗」「皇太子内親王大饗」「中宮大饗」「紀略」は、『紀略』を中心に東宮拝礼とつしつ検討した中宮大饗の類似の儀式。

『小記目録』「中宮」という表現する個々にあっては、中宮大饗の儀礼として直接母后立后の場合を再確認する。東宮社ので立場であるかどうか、中宮大饗と直接母后中宮大饗とあって中宮大饗の意義を考察する上で、条朝の中宮娍子にとって皇后娍子が中宮大饗を八回もしたのは、太皇太后娍子・中宮威子の並びの中で、主催者として存在感を示すためではなかったかと推察される。これは、母后立国司優先された場合は中宮拝礼とされ、東宮立国が行われた場合は中宮大饗と「紀略」が何帳としたかが結構、これは中宮威子が特殊例として排除されたと考え、それは必要だと思われる。

うろうかオ所有かなる『小記目録』が排除する個々にあっては、万寿三年については参考としえ難かえ大饗を行ったものであるから考えれば、最後の大饗といえる日中宮大饗について「同日中宮大饗」と記事があるかなり、太皇太后大饗を東宮社で行ったべく立場である以上、中宮大饗を東宮社で行ったことを公然年三月に母后立国の上条関係者を再度に大饗を賜うこと以上間行者であろう中宮大饗の立てない大后でその中宮大饗が安年三月で威子立国の記事の上以上、この場合は優先されない立場で、三回行記ではあった母子とは、妻后中宮大饗が行うこと母子の場合は、何故中宮拝礼があるにも何故立国後必要成立を経緯したのか、何の修験を行うがあり、あることは何かに中宮拝礼が優先された場合、中宮大饗が表として最先だれば妻后中宮大饗と母子特殊例ではなく参考に排除されたと考え

四三

するなら、寛仁三年に威子が皇后後最初の大饗を行ったこともまた特殊例にあたるのではないか(立后後最初の中宮大饗を重要視することは本章第二節第二項参照)。また、後冷泉朝の二人の妻后が交互に開催したことをあげ、「よって、母后より妻后が優先されたことが明らかである」と述べておられる。しかし後冷泉朝に母后は生存しており、祖母彰子は女院で后の儀礼は行えないから、妻后優先を導くことはできない。以上から、「本来なら行えない母后彰子」という評価には同意することができない。

(27) 『小右記』寛仁元年十二月四日条。

(28) 後朱雀朝九年間の中宮大饗は、妻后嫄子が行った長暦三年のみ史料に残る(『春記』)。嫄子は同元年三月立后、同三年八月崩御、同二年正月は出産退下中のため、同三年以外行える年はない。史料の制約もあるが、その嫄子の一例以外みえないので、里がちであったもう一人の妻后禎子内親王(三条皇女)は行えなかったと考える。

(29) 栗林茂氏は「後期摂関期の三后儀礼権に関する一試論─冷泉・円融王統の儀礼者を含めて─」(『古代文化史論攷』一六、一九九七)の中で、中宮大饗以外の大饗や朝覲行幸を含めて、同様の指摘をしておられる。

中本氏は註(26)論文において、中宮大饗開催者と藤氏長者との関係を重視し、三宮同日に行う重要性を強調され、藤氏長者の娘か姉妹以外の后の場合は、皇太子と同日開催ができず、本来の役割を果たせなかったと評価されている。新しい視点であり、確かに村上皇后安子は当時の氏長者実頼の姪で、所生の皇太子憲平と同日に行ったはない。しかし安子の大饗開催日が判明する三例のうち、天徳三年に安子が朱雀院にいるという地理的な問題があり、三日に皇太子による母后安子拝覲が行われたため、扈従してきた卿相らを参列者に同日に安子大饗が行われたと考えることが可能である。また穏子は「内裏外に居住していても同日開催しており居場所は同日開催への障害はならない」と、天慶八年例をあげておられるが、当時朱雀朝で穏子は内裏にいた。管見の限りでは、穏子が内裏外にいて同日開催した例はない。それゆえ安子についても地理的問題を考えてよいように思う。

それ以外の二例(天徳四年・応和二年)も安子は三日に行っており、式日ではない三日に行っているのは皇太子であるので、安子と氏長者の関係に原因を求める必要はないのではないか。実頼は、入内した娘が安子立后の二年前に亡くなった後は後宮政策を行っておらず、また自身、安子所生憲平の東宮傅であり、内心はともかく、安子と憲平の同日開催を阻止するというからごきまな手に出るかは疑問である。

(30) 『栄花物語』巻三十六。

(31) 万寿四年に皇后威子が行わなかった理由についても、『紀略』は同文を載せている。

(32) 木本好信『平安朝官人と記録の研究』おうふう、一九〇〇年、第四章「中宮大饗と中宮拝礼」。

(33) 中本氏は註(26)論文の中で、『小右記』長和三年正月二日条における「不御随身」の記事について、「不御随身」とあるのは后妃が大饗を催す際に公的指標としての随意的な指標とするべきものがなくなったため、后が自らの出産直後の特殊な事情であったとしても、客観的には随身を用いるべきだが、優先順位が無く規律を持ち出す所以が無いとは言えないことから、中宮彰子自身の主体的な判断によって随身を用いなかったと解釈し、以上の論拠を基に、「万寿四年正月二日条」の「不御随身」も、中宮威子の皇太后妍子が内裏で行われた大饗に参列することができないために、皇太后代として大饗を行い、東宮大夫に「内裏」と一緒に指示して随身を用いないように命じたが、後見のために中宮威子が内裏で行う大饗へ東宮が出席されたために、中宮威子の東宮大饗が催されたが、中宮威子が権力を誇示した評価があった。

(34) 大隅註(2)論文。

(35) 『小右記』長和八年正月一日条。

(36) 『小右記』寛弘七年正月一日条。

(37) 「陣」の時期は「侍臣」「公卿」「侍臣殿上人」「殿上侍臣」「上達部侍臣」「非参議殿上人」「殿上人」という言葉が多数用いられているが、『九暦』ではこの類の言葉は「侍臣」「殿上」とあるのみであり、『九条殿遺誡』の『小右記』長和八年正月一日条の例に倣うならば、当該条における「侍臣」も殿上達部並びに近臣ということで良いだろう。

(38) 『小右記』長和八年正月一日条。

(39) 東宮の当時の関係は別として、皇太子たる者が后である母后の侍臣の地位にあるという関係は、西洋における主君と臣下の関係に近似している。しかし、十世紀後半以来、藤原氏の氏長者の地位が確立されたために、父である天皇・皇太子と母である后との関係は、日本古代における天皇と后の君臣関係とは過程が異なり、司祭職階者の君臣関係はむしろ実践されたが、その結果として皇太子が后の侍臣の地位に従属することにより、日本古代の中でも特異な結果を表していることがいえよう。八世紀の日本古代王権体制の中では、司祭職の強化が目立ってきた時期があり、その時の日本的な要素が加わったように見える。

(40) 「后」は王権全体の関係において、下位の臣下関係にある者の父母であり意識されていた天皇の、平安朝の臣下としての皇太子は、天皇・上皇・父母后の氏族制から一歩抜け出て、日本古代の特権を表すべきで、その実践から結果として、『日本』「朝制の成立の『『平安文化』」の成立について、『日本古代文化六・五・六、二〇一三〉。『平安朝王権の成立と古代王権文化稿』「平安王朝儀礼と宮中行事」九六五年初出、九一六・吉川弘文館」、『童家と王権』一九九八年、吉川弘文館、などにおいても、九七三年、吉川弘文館に詳しく指摘してある子皇太子等の服喪期間を

二〇〇四　初出一九九九）など。

(41) 院拝礼については、岡田荘司「『私礼』秩序の形成」（『平安時代の国家と祭祀』続群書類従完成会　一九九四　初出一九八八）、服藤註(40)論文など。院拝礼の資格が院昇殿者であることは、遅くとも十一世紀初めに遡ることができる。寛弘七年正月三日、左大臣道長が諸卿を引き連れて冷泉上皇御所へ院拝礼に参上する際、権中納言行成と参議源頼定が同行しなかったのは、「不昇殿」彼院」したためとあるからである（『権記』）。

(42) 『小右記』天元五年三月十日条。

(43) 藤森健太郎「『儀式』『延喜式』における皇太子の正月受賀儀礼について」（『古代天皇の即位儀礼』吉川弘文館　二〇〇〇　初出一九九二）。

(44) 后の目前で拝礼を行うのは受賀儀礼の中の女官朝賀であった。これが皇后が後宮を治めるという皇后内治制に基づくものであることは、橋本義則氏が指摘されている（「『後宮』の成立─皇后の参親と後宮の再編─」『古代宮都の内裏構造』吉川弘文館　二〇一一　初出一九九五）。遙拝である群臣朝賀との違いは、男性を排除する平安初期の後宮のあり方も影響しているだろうが、儀礼構造からみると、皇后が治めるのはあくまで女官であり、男官を直接治めるという理念はかったといえるかもしれない。

(45) 並木和子「平安時代の妻后について」（『史潮』新三七　一九九五）、同村幸子「皇后制の変質─皇嗣決定と関連して─」（『古代文化』四八-九　一九九六）。

(46) 服藤註(40)論文。

(47) 本書第一章。

(48) 『紀略』『貞信公記』延喜十一年正月四日条。

(49) 田村註(11)論文。

(50) 延喜年間には、醍醐天皇養母の藤原温子が皇太夫人であった。ただし、温子は東宮大饗開始上限の同五年に出家し、同七年に崩御している。

(51) 並木註(45)論文。

(52) 服藤早苗「王権と国母─王朝国家の政治と性─」註(25)書所収　初出一九九八）、西野悠紀子「九世紀の天皇と母后」（『古代史研究』一六　一九九九）など。

第四章　中宮大饗と拝礼

(53) 朱雀朝末期事也」。後の中宮大饗の初回の例である長暦三年中宮嫄子大饗は雨儀で行われたが、庭中で拝礼ができず廊で拝礼が行われたが中宮大饗における拝礼の庭中で行うことが重要であったことがわかる。(『春記』長暦三年正月二三日条)。

(54) 家父長制的な后であるかぎりで「家」的な立場にたつ后がこの拝礼を受けることは親子関係における父親の優先性を浸透させる結果となったのである。中宮大饗に対する拝礼における参列の場面をみてみると、親王・公卿はまず中宮の御簾内に伺候した天皇に対し拝礼し、その後、中宮に対し御簾内に伺候した后に対し拝礼する形となった（『中右記』堀河天皇寛治三年正月三日条、鳥羽天皇天仁二年正月三日条（後述）など）。(4)(史料)〔4〕のように、中宮大饗における拝礼は天皇の庇護下にある母后に限定に参列した上で天皇に対する拝礼のあとに母后に対する拝礼が行われることが多く、国家的な場における権威を高めることで自立した「家」の確立を企図していたことが知れる。

拝礼を独占しようとした道長は拝礼者に限定を加えることに拠って、娘の皇后藤原彰子を拝礼対象として家の流れを継ぎ、独占的な権威をえる戦略を利用し、かつ后の父のみに影響を与えうる拝礼者もまたその親族的立場にあるものであった。

(55) 仁年中娘の皇后彰子に対する拝礼が道長の影響下にあったことは、東山圭子氏研究会編『日本女性史論集 2 政治と女性』吉川弘文館、一九九八年。服藤早苗『日本古代の母と女性—王権・家・ジェンダー』吉川弘文館、二〇〇二年）。

(56) 三条朝長和五年正月一日、現天皇・中宮王家の妻后には伝令の成立」『中世王家の成立と院政』吉川弘文館、二〇一一年）。その後、正礼礼が行われたとされる后姿をみると、朝拝礼が停止された後、大饗・拝礼の儀礼が内裏の「后家」として特有であった時代がやってきた時、十月の朝拝禁止から正月の拝礼儀礼が可視的に認識されていたのである。日記に出てくる拝礼の儀が十九日以降でなければならないのは、朝廷礼に限ることにおいて、これには特殊な政治状況がある。子太后であり、影政を行う左大臣頼通と母后である子を擁する後一条天皇が拝礼に参列した特殊な状況にあった（『小右記』『御堂』『略記』所見）。

一一八

(57) 治安元年以降、母后彰子の中宮大饗も拝礼も確認できないのは同三年のみである。『小右記』の破損がひどく不詳だが、一日の小朝拝、三日の二宮大饗拝礼とも雪霽のため停止された同年、同じ理由で彰子への拝礼も停止された可能性が高そうである。

(58) 『小右記』正暦四年正月三日条、『御堂』『権記』長保二年正月一日条など。

(59) 『左経記』万寿二年正月二日条、同三年正月二日条。

(60) 『小右記』万寿元年十二月四日条、『左経記』万寿二年正月二十一日、二十三日条、『栄花物語』巻二十四「わかばえ」。

(61) その後の妍子の正月儀礼は、万寿三年は『小記目録』三日条が「皇太后宮饗事」と載せ、同四年は『小右記』三日条は「次参太皇后宮」とのみ記し、『栄花物語』は臨時客があったとするが、拝礼の有無はわからない。この年九月に崩御。

(62) 服藤註(52)論文、末松剛「摂関家の先例観と御堂故実の再検討」(『平安宮廷の儀礼文化』吉川弘文館　二〇一〇　初出一九九九)、告井幸男「摂関期の有職故実―御堂流の検討から―」(『摂関期貴族社会の研究』塙書房　二〇〇五　初出二〇〇一)など。

(63) ただし、妻后でも母后でもないのに正月拝礼を受けた后は、管見では妍子のみである。堀河朝寛和元年・同三年、長治元年に後冷泉妻の太皇太后寛子(頼通女)が拝礼を受けている記事はあるが、拝礼をしているのは頼通の孫師通やその子忠実のみのようなので、家内の尊属女性に対するものと考えられる(『後二条師通記』『殿暦』『中右記』)。これは、院政期における摂関の地位や内裏昇殿者の地位の変化とともに、天皇退位(崩御)後も健在である摂関家出身の后が少なかったことも関係していよう。

(64) 吉川真司「摂関政治の転成」(『律令官僚制の研究』塙書房　一九九八　初出一九九五)、加藤友康「摂関政治と王朝文化」(同編『日本の時代史6 摂関政治と王朝文化』吉川弘文館　二〇〇二)など。

(65) 玉井力「一〇―一一世紀の日本―摂関政治―」(『岩波講座　日本通史　古代5』岩波書店　一九九五)。

(66) 上島享「中世王権の創出と院政」(『日本の歴史　第08巻　古代天皇制を考える』講談社　二〇〇一)。

(67) 伴瀬明美「院政期における後宮の変化とその意義」(『日本史研究』四〇二　一九九六)。

(68) 院政期の女院拝礼の条件については、栗山圭子氏が天皇母(国母)・院との同宿(院正妻)の二点どちらかを満たさなくては対象とならなかったことを明らかにされている。王家構成員の存在形態が「天皇」を基点とした摂関期から、院政期には「院」を基点とするものに変化したと定義されていて非常に興味深い(栗山註(55)論文)。ただし、氏は摂関期の大饗時における女院・后宮拝礼について「天皇母(国母)に対してなされるべきものと認識されていた」とするが、妻后に対しても拝礼はされているし、非妻后・非母后の妍子(後一条朝)になされた例もある。右の認識は拝舞に限定されればいいが、一般的な拝礼としては摂関期には天

第四章　中宮大饗と拝礼

(69) 皇母に限定されるのではないか。深草天皇生母の藤原苦子が承保元年正月一日拝礼を受けている例などがみえる。

(70) 鎌倉時代にたてば、院政期前期の中世王家における皇后・皇太后・太皇太后の立后は藤原結子が中世前期の王家の后妃で同年正月五日に拝礼を受けている例などがみえる。栗山圭子（註55）「中世前期の王家と后位—不婚内親王立后の意義—」書所収、初出二〇〇二。

(71) 山中裕（註44）論文。女院拝礼についてもふれられている。『中右記』長治二年（一一〇五）正月五日条によると、白河院拝礼のスタイルが院拝礼の典型となるとされるが、その理由として男性官僚が律令制の枠組みで組織する摂関家の拝礼とは別に、院がそれを排除し必要な人材を独自に編制したことがあったとみる。堀河天皇朝における院権確認の儀礼が行われた後、君臣の位階序列を前提とする給年給官年爵の変遷の中で、河内祥輔『中世前期の藤原摂関家と王家—比較日本中国比較史再考 II 書所収、初出二〇〇五）における母后と成立した中宮立后から求める大饗礼は、不婚内親王の稚母・親王妃とは異なる母儀となる母后立后とは並び立たないと考えられる。

(72) 橋本義彦（註44）論文。

(73) 梅村恵子（註64）論文。西野晴店、一九六九。

(74) 吉川か中世子「天皇家における皇后の位置」（註52）論文『中国と日本の比較—一九世紀の天皇と女性史再考 II』書所収、註25書所収、初出二〇〇三）など。

(75) 本書第一章。

古代から中世にいたる国母から女帝の母と女院とおにをおくなる誕生一〇〇二。

二三〇

第五章　女房女官饗應
──女性宮人と后──

はじめに

　皇后の権能を表すものとして、しばしば「しりへの政」という語が使われる。その具体的内容について、奈良時代以前では、皇后独自の政治権力や天皇家内を統率する権限と解釈されることも多い(1)。しかし、嵯峨朝の橘嘉智子立后宣命において「しりへの政」を「閫中（后妃がいる後宮）の政」と言い換え、これが近世にいたるまで立后宣命の定型となるように、平安時代以降における「しりへの政」とは、少なくとも理念的には後宮統治、いわゆる内治を指したと考えられる(2)。

　古代中国の儒教的な国家統治理念では、皇帝が群臣を統治する外治に対し、皇帝の輔政者として后権が付与された皇后が、他のキサキや女官から成る後宮を統治する内治を担当するとされていた(3)。この皇后内治制がわが国に積極的に導入されたのは、奈良末に、内裏外に独自の宮を営んでいたキサキや皇后が内裏に住むようになり(4)、新たな後宮秩序が必要となったためと考えられる。後述のように、平安前期の嵯峨・淳和朝に行われた皇后受賀儀礼や女王禄儀に、その可視的表現をみることができる(5)。しかしながらこの時期を除くと、皇后内治が儀礼として表現された例は皆無と

第五章　女房女官饗禄

さて、「きさき」の「政」に立つ后官命の文言についていえば、男性官人との関係が完全に切り離されていたわけではなかった。かつては権能や地位の残された皇后という棚に片付けられることが多かったが、道長が内裏女官を統率する考え方は有効で、近年実態が描かれている。十一世紀以前の后官命の文言『枕草子』『紫式部日記』等には記述があるが、三条朝の藤原妍子に仕えた女房の人脈が片寄っているためにわかりにくい。自分個人に仕える女房の提供と有名な逸話があるにしても、后官命は自ら女官人の提供に与らなかったとは言えない。

ただ、嫌われがちな藤原妍子の父キサキの父として立つ后の地位から考えれば、昔のままではなかった。平安中期以降の変化の一端は、后官命から女性官人の関係を明らかにした。天皇の妻后のうちにも中官と呼ばれた者は皇后を助け、皇后の職務を変えた。女房女官と呼んだ者の権能を表現し、皇后以外の皇后や官人とそれらの関係上で明解を検討した上、女房女官に命名して女房女官様を取り、皇后様を考えた。特に平安前期の日本官人女官や皇后給、その変様の比較検討の上で断じる。

なお、位置する章では、本章の意義を見つめる基本的な章を明らかにしておく。平安中期以降の変化により、后の恋明瞭にしたのは、同女后の身分であるのは、明らかに中官と呼ばれ、皇后と呼ばれる者を統括と呼ばれた。両者とも立后により后官命の皇后となるが、皇后の役割を検討する。

〔6〕
〔7〕

最近の際後官のみに囲まれた女房の女官の関係については、近年の文事に立ててほほ主に

第一節　平安時代の女官

　最初に、平安時代の後宮女官の構成について先学の研究(8)をもとに簡単に述べておく。女官とはもともと朝廷に仕える女性官人全般のことを指し、天皇に直接奉仕しその生活を支える後宮十二司がその中心であった(9)。平安時代に入ると、男官の昇殿制の影響を受け、女官も、昇殿を聴され房(部屋)が与えられた上級女官と以下の下級女官にわかれて後宮十二司の職務を代替し始める。彼女たちが女房と呼ばれることが一般的になる十世紀中期までには後宮十二司はほぼ解体され、女官は再構成されるにいたる。十世紀後半の円融朝頃には、天皇の乳母が内侍司次官である典侍に任じられて上女房(＝内女房、天皇・内裏の女房の意)の実質上トップとなり、典侍―掌侍―命婦―女蔵人という序列で天皇に奉仕するようになっていた。そして、単に女官といえば上女房以外の下級女官を指すようになり、それらの女嬬・采女・刀自らが内侍所・御匣殿・糸所・掃部・主殿司などに分配されて役にあたり、さらにその下に長女・御厠人・樋洗・今良・雑仕女等の最下級女官がいるという構成ができあがり、院政期にも引き継がれることとなる。

　一方、后に仕える女房は宮女房と呼ばれ、女房三役(宣旨・御匣殿別当・内侍)以下、命婦・女蔵人という上女房同様の公的身分や位階を帯びていた。しかしその実態は、女御家女房が主人の立后により位階や禁色勅許を与えられ、正式な内裏女房に昇格した者であった。

　周知のように、平安中期、貴族社会の編成原理は、律令国家の官僚制的秩序から人格的臣従関係を媒介とする「家」的秩序へと変化していく(10)。男官の場合、代替わりごとに昇殿者や蔵人が改任されるなど、各天皇との直接的・人格的な君臣関係がその基本となった(11)。女官の場合も同様である。上女房の中心は、乳母をはじめ即位以前から天皇

第五章　女房女官饗様

第二節　藤原遵子の女房女官饗様

第一項　皇后遵子の女房女官饗様

円融朝の天元五年(九八二)、女房・女官が皇后遵子の女房女官饗様に参列した事例がある。

史料１『小右記』天元五年五月八日条

今日中宮（遵子）有女房女官等饗、件事追可被進歟、披相調付、
　　　　　　　（藤原実資）
蔵人進輔成朝臣勧盃、次典侍已下女官等候先衛門督（藤原光卿）
献中納言（藤原為光）献
中略
紅梅綾三重、袴袷三腰加白亀甲染、錦少々絹等也、自呉莚大掛
襲女装束各令著参入候、乳母廉法師定任侍中宮、
各位五員音声、参任紅梅作平寶冠子、上典侍橘恭子候饗東御簾
合、衛門督典侍賢不見掛著平寶、上東面、乳母廉同著
先給典侍、次給女官参其、饗事座引陪膳、
典藥允禄之、仍此
相調賜了云々、

廉中納言進成朝臣
進輔中納言成朝臣奉仰
執行内裏中宮、巡女官等
候御前、余（実資）執着合十余人着座、
次蔵人五十余人饗、
蔵人頭参人等、各五盤着、
候廉丁・御厨進三本理髪、
伴著事候丁、
廉中納言進成朝臣進給宣
乳母廉取給、史同着女参、
母廉参人候様大·
掌侍廉給候様大·

たくさんの奉仕者が存在し、女房と個人的な奉仕関係で結ばれていた在女房女官の裏を聴された者であった。在女房女官様は、内裏女房女官を聴された個人的な君臣関係で結ばれた人で多くの奉仕者の多くが入内した。以前から各々宮で昇進した者と、内裏にも仕えることができた。名所の奉仕した者は内裏中宮に仕える女房となり、后妃殿や后の実父の母にあたる女房などは、掌侍の兼参を聴された女房であったという。参れた者たちは、そのような女房であった。

各、別の子によって、天皇や后を個別に仕える上で、天皇と同者は同じに公的に女房ではあっ上、后の別にした人格的君臣関係で結ばれた女房であっても、彼女たちは天皇に

四三

戌時(夜八時)から暁更(明け方)までという非常に長時間にわたる饗宴であった。一見して目をひくのは、高位高官の男性が女性に盃を勧め酌をして接待にあたり、女性だけが酒を飲み食事をするという形式であることであろう。このような例は管見では他にない。なぜこのような饗が行われたのか、供応側と客側にわけて登場人物を検討してみたい。

　1　供応者

　名前があがっているのは、まず勧盃・行酒役である。勧盃とは盃を差し出す役であり、行酒はその盃に酒を満たす、いわゆる酌をする役である。最重要の一巡目の勧盃を行ったのは、遵子の附属職司の長官(中宮大夫)である中納言兼右大将藤原済時である。二巡目は、遵子の母方の祖父にあたる権中納言源保光があたった。三巡目が、記主の蔵人頭実資、遵子のいとこで附属職司の次官(中宮亮)と家政機関である侍所の別当を務めていた。一方、行酒役は、実資の兄であり同じく遵子の侍所当の右中弁懐遠(後の懐平)、遵子の弟の侍従公任、文章生出身の蔵人大江定基(後の入宋僧寂照)である。給録役として名があがっているが、実資、附属職司の三等官(中宮大進)の源輔成、さらに一本理髪という正式の髪上姿で奉仕する宮女房である女蔵人であった。なお、母屋の御簾内には遵子の父である関白太政大臣頼忠と、もちろん遵子本人がいたと考えられる。

　このように、接待している男官は公卿クラスを含む豪華な顔ぶれである。彼らのほとんどは遵子の血縁者か宮司(中宮職司)で、前者は父の太政大臣以下、弟・祖父・いとこ、後者は大夫・亮・大進が揃っている。翌日、この日来なかった女房らにも給禄することになるが(後述)、その給禄役も宮司であった。つまりこの女房女官饗は、親族や宮司といった皇后宮関係者が総出で接待するものであったということができる。

第二節　藤原遵子の女房女官饗 　　　　　　　　　　　　　　　　二二五

第五章　女房饗様

対客2　女房饗様

女房の座の設営記事にも引用されている様子が描かれたのであるから、供応の座は引用される客側対応しての座が敷かれたが、量がかかれていなかったためである。「自余の座前には膳が立てられ、弘厳殿の又廂には台盤が立てられ、命婦五人（内侍二人と女嬬三人）以下の女官が着座した。命婦以下女房・女官は東北の膳物とわかれる。そして座は中島の島から博士以下の座」というわけである。

なお、この様子を絵に描いた様は違うだろうが、円融天皇の乳母であった橘徳子典侍として招かれて坐していることから、同様に乳母重子への寵愛厚き様子が描かれているのであろう。

彼女たちは酒饌を給りそして退出した。彼女たちには下級女房（長橋局以下）及び食事以上の位にわたって食事が配されたが、別の記事にはわかれた様子が記されて、上級女房は長橋局以下の女官に準じて参加しての別の座があり、それには特別扱いとして饌を賜うとも記されている。

さらに別日に、例として頼忠公の場合、乳母子の（服）・御乳母である乳母皇妃子は最重要人物として招かれ、女房・女官と接待された。弘厳殿の御前に同席させられ、典侍として他の乳母様も集められて、弘厳殿に参るべきとするとよばれた乳母であることから、お子様への同様の乳母の重乳母を賜り三人招が賜り同様の給仕を受け、その様は別の記事にわたって記された特別な記録である「昨日参内せられた後所にお参した女房所・官・身分内侍所に参すべしや後の儀礼の基本姿勢であ所属する女房内

「命婦・侍従・女官等「＝上蔵人等「＝天皇の乳母」お仕な嬪の上を召集して、女房・女官と接待した上で、司中・親族を合わせた皇后・皇族がた皇后・皇子・内侍・宮司・官・房付きすべての女官・女房官全体によっての女官・女房所衆のことにしたがった後・女房・女官・宮人下級女官礼の身分々たきか、これは上後女官体の饗応ずる

以上のようにという上級女官であ

あることがわかった。しかしながら、前述のように、上女房とはあくまで天皇にのみ奉仕する存在であり、上女房が天皇不在の皇后宮に集まるということは基本的にあり得ないはずである。ではなぜ、この時、皇后遵子は上女房らを集め、饗禄を給わったのであろうか。

第二項　立后当日の儀礼

　遵子の立后はこの年の三月十一日のことであった。先例どおり、里第四条第に退下していた遵子は、ここで立后宣命を受けた。そして、皇后として初めて内裏に入御したのが五月七日、上述の女房女官饗禄が行われたのはその翌日であった。新后が内裏女房女官に饗禄を給わったことの意味を考える上で、立后当日の新后と男官・女官の関係をみてみたい。

1　立后大饗儀と男官

　立后儀は、天皇の臣下として位階制の枠内に位置づけられる女御などのキサキを、王権中枢構成メンバーの一員にして天皇唯一の嫡妻である皇后へと転換するための儀礼であり、その中心は立后当日に行われた。
　平安中後期の儀式書『西宮記』『北山抄』『江家次第』によると、当日の儀式には内裏儀と本宮儀があり、まず内裏紫宸殿にて天皇出御のもと立后宣命が宣制され群臣が拝礼を行う。次いで、清涼殿にて新后の宮司除目、大臣より后宮啓陣の仰せが下る。宮司らはすぐに里第に行き、まず新后に啓慶し拝礼を行った上で本宮儀を行事する。その他の公卿も里第に向かい、髪上した正式の姿で出御した新后に拝礼する。参列者は公卿・殿上人ら内裏の昇殿者である。その後、昇殿者を中心に、諸卿ら里第に集まった男官に酒饌が供され、給禄がなされる。この本宮儀は『栄花物

第五章　女房官饗様

語『新儀式』や院政期の史料には、女房官饗様に対しては直接触れられていないが、立后大饗に類似する点が多い。立后儀は正月の中宮大饗に準じる意義があったと考えられているが、[14]その理由の一つとして、内裏における「公」の政を宣言する場としての意味があるためと考えられている。両者の周囲における君臣関係を相対化することによって、天皇と中宮大饗に対する皇后と君臣関係を構築したのである。[15]立后大饗様は、これにより新たな君臣関係を樹立し、皇后宮官人との関係を樹立した。内裏において書かれた「大饗」とよばれたことが、立后大饗様を饗給したことは、初めての立后であったため、同じく対応する史料はほとんど見当たらないが、中宮大饗同様な饗応・共食による君臣関係確認の礼は、立后儀中宮大饗に[16]拝礼されているが、これが立后理由があったため、多く皇后宮官人の君臣関係樹立であるのだから、多くの皇后宮官人が立てられたのであろう。

2　立后大饗儀における女房・女官

a　立后大饗儀における女房・女官の関与

b　立后大饗終了後の女官の派遣。女官における雑事従事をあげる。

c　三日間の理髪（髪上役）など女官の職掌。（『御堂関白記』[1010]十月十六日条、『中右記』[1121]十月二十四日条など）[17]

まず2　立后大饗儀における女房・女官

a　最初部の主殿寮と女官に饗儀。（『御堂関白記』[1010]十月十六日条、『西宮記』大治五年など）

侍がいなかったように思われるが、上臈の女房の特権であるとうに、下級の女官にもみな・bの階層を女官と天皇乳母女房の階層関係である天皇乳母女房が務めるように立后当日に本官を務める。それは立后に当日から開始された[18]。饗膳を供する役割によって立后始儀御膳の供奉にあずかることとおかけにおける食膳を供する役割であるから（ａ）、後宮十二司の内裏女官の膳奉仕について天皇の朝餉御膳の御料は少なくないが上典女が場合、少女典女侍儀中宮大饗時などの女御典膳の場合は女上典

房であったことがわかるのは天皇乳母の宰相典侍が務めた後一条朝藤原威子の一例のみで、後冷泉朝章子内親王の時は里第京極殿の家主関白頼通の室隆姫[19]。さらに『江家次第』は本所上﨟女房としており、上女房が務めるのは決して恒例ではなかった。

この理髪は、男官からの拝礼を受けるため出御する前に后の髪を結い上げ、釵子・朿・頷などで飾る役で、平安中後期の立后儀で判明している例ではすべて上女房、それも多く上女房トップの天皇乳母典侍が務めている。初見は遵子例で、前述の女房女官饗様に最上位女房として登場する天皇乳母の典侍橘恭子が行っており、儀礼の格式を高めたことであろう。しかし、この乳母典侍らの理髪奉仕は、実は着裳儀でもみられるものであった。十世紀半ばの『新儀式』には、内親王着裳儀の髪上役は更衣・尚侍・典侍などの上女房が務めると規定されている。さらに臣下の娘の着裳儀においても、天皇乳母典侍が理髪を奉仕することがあり、豪華な着裳調度の多くが礼として贈られたという[20]。上女房にとってかなりの臨時収入を得られる機会であったのは立后大饗も同じで、例えば妍子立后儀の理髪を三日間務めた天皇乳母兵部には、衣筥に入れた女装束と織物の綾掛等・絹三十疋、さらに紫檀地螺鈿薫炉・銀籠等、小筥に薫香を入れて薄物に包み、銀の五葉の枝に付したものが贈られ、お伴の上女房四人にもさまざまな様が与えられている[21]。

つまり、上女房の理髪奉仕は后のみの特権とはいえず、莫大な様は里第まで来て理髪を務めたことに対する感謝やお礼と考えられ、例えば「しりくの政」を掌る皇后に対して、上女房が奉仕することが当然というような内治制に基づく意識はみられないのである。

前述のように、立后大饗において、皇后と男官の間には君臣関係が構築された。また稲部・主殿などの女官が大饗に奉仕するさまは儀式を通して人目に触れ、皇后と下級女官の間に新たな関係が始まったことが明確にわかる。し

第五章　女房饗様

第三項　女房饗様の意義

　女房饗様といえるものは、内裏女官の準備を成す上女房に女官の中核を成す司的組織の効果を希薄にしているのであるから、その場合立后大饗奉仕者における新后と上女房との間に付いてはそれに限られたし、新后上女房の間に新たなる理髪関係が成立しまた内裏女官の中核を成す上女房に女官の準備を成すものといえないとはいえないのであるが、新后と上女房の関係は構成要素を比較して人格制の新たな関係が構築されたものであった。そして見立后と上女官女房に対応する公卿殿上人で、先に立后宣言する関係にあるが、前者は新后の後宮家臣関係を示す内人儀礼である後宮初立宣言（のちの政）」にのみ対応し、後者は新后に立后宣告により新たに女官女房として人格的関係を新たに理髪

　そうであるならば、これはやはりたと内裏女官の準備を成すといえないのであるから。新后となる女房官司が務めており、立后儀式は女官女房大夫によって正式儀式の本官を同司として勤進された、女房権大夫は皇后宮権大夫と同じ立后大饗様は同司と権の異母兄弟の大夫名が多くへ遵字の大夫名がつけられていたと見てよい。そのようであるたら、『西宮記』『北山抄』『江家次第』に規定された大饗様の大夫は済時大将大納言の大夫の兄弟にも名になる規定があるのではないか。(23)が備座に献盞と名つけている。

　見上巻絵役は「女房とこと女官とが主にて女官司に勤仕の絵役を務め勧盞役とし献盞役は親王や供応者である内大臣摂政が務めたのであるが、立后大饗の様の勧盞に女房と大夫で、その正月儀式の上女房様本官の月中宮大饗の本官女房と大夫で、中宮大饗の本官女房は立后大饗同にて候女房の親王・大夫と権の大夫・同司絵の「西宮記」「内食司」同じく勧盞と主例を作った。『江家次第』には同次第が『北山抄』『大饗四位と五位の勧上駿が大饗

一三〇

表7　遵子の女房女官饗と立后大饗の比較

	遵子女官饗	遵子立后大饗	備考
日時	天元五年五月八日戌時〜暁更	天元五年三月十一日日没〜鶏鳴	
場所	内裏弘徽殿（＋南渡殿）	四条殿（寝殿＋西対）	
皇后座	弘徽殿（母屋カ）御簾内	寝殿母屋	
父親座	弘徽殿（母屋カ）御簾内	公卿座上東頭に巡後着座	
主な饗座	典侍＝又庇第二間高麗端畳 五尺台盤一脚 掌侍・命婦・女蔵人 ＝又庇第三四五間カ 紫端畳台盤 女史＝常寧殿間の南渡殿 紫端畳台盤 ＊ただし乳母は御簾内へ	公卿＝東庇高麗端畳机 四位殿上人＝南庇紫端畳 五位殿上人＝南廊（南渡殿）	
一献勧盃（行酒）	中宮大夫中納言済時 （台中弁懐遠 （侍所別当・いとこ））	中宮大夫中納言済時	研＝父左大臣道長・大夫道綱（おじ） 城＝大夫隆家 威＝兄摂政頼通・権亮兼房・ 大夫斉信（左少弁経頼（いとこ））
二献勧盃（行酒）	権中納言保光（外祖父） （侍従公任（弟））		城＝亮為任 威＝兄左大将教通・異母弟権大夫能信
三献勧盃（行酒）	中宮亮蔵人頭実資 （侍所別当・いとこ） （六位蔵人秀才大江定基）		城＝弟修理大夫通任 威＝異母兄左衛門督頼宗・ 権中納言経房（頼宗おじ）
	典侍＝白大掛二重 掌侍＝白大掛二重頭	公卿＝大掛 ＊ただし三位は＋赤（絹カ）	江＝大臣＝白大掛二重 執政は＋織物細長一重カ

第二節　藤原遵子の女房女官饗儀

第五章　女房女官饗様

給様とは、大臣頼す様とある条欄、（様＝威子備考研子例や大夫執政の父のみ献盃している点『小右記』寛仁二年十月十六日条
給様とは、大臣頼忠す様とある（威子＝嬉子例＝『御堂関白記』長和元年十月十四日条
者としては、一連子が想定できる。新たな立后大饗も女房女官饗様も、献盃するのは執政のみである。女史＝五歳女孺乳母の母は紅梁掛正絹
最後として内裏に参入した時期を比較すると、立后大饗も中宮職司大夫と大夫と同様で実例では職司関係者（少将侍従たし＋乳母＋女裝裳掛正絹＋紅梁掛朱裏
だから、皇后達子の立后後に初めて立后する立后当日女房女官饗様も、父や兄弟が多いためか、立后大饗は判明しない。
以上のように行われたと想定できる。立后当日大饗が新たな立后当日の翌日に内裏に参入したということも一関わる例が多いとはいえ、内裏女房との関係築上の立場上、内裏女房の親族である女官も家族として内裏に立ち入ることができるたのような女房女官饗は、立后の女房女官饗は、立后直後に立后当日の本宮饗にて行うたため、立后当日の本宮饗にて女房

給様者		
典侍＝命婦侍従＝大進亮典侍＝五歳女孺	*頼忠様は大清拳する	執政＝大納言白大掛一重領
乳母の母は紅梁掛＋紅梁掛朱裏	不明	召人侍従三位白大掛一重領
女史＝五歳女孺紅梁掛正絹紅梁掛一重領	四位白正絹	五位参議＝白黄絹
	侍従？＝正絹	次婦従四位上＝諸大夫五位以下殿上

*頼忠様は大清拳する

＊江家次第巻七十立后事
江＝『江家次第』
城＝『城記』（小右記＝『小右記』
子例＝『御堂関白記』長和元年四月十七日
威子例＝『小右記』寛仁二年十月十六日条
嬉子例＝『小右記』

おける男官に対する饗禄と対をなす立后儀礼であると定義づけることができる。女房への勧盃や酌給禄を、公卿を含む宮司や親族が務めるという他に例をみない特異な形式であったのは、立后大饗において、公卿から男官への勧盃など宮司や親族が務める形式に対応しているためと考えられる。立后大饗によって新后と男官の間には天皇と男官に准じて君臣関係が結ばれたように、女房女官饗禄儀によって新后と上女房らの間にも、天皇と上女房に准じて、形式的にせよ、君臣関係が結ばれたとみなすことができるのである。つまり、立后後初入内時の女房女官饗禄とは、新たに立てられた后を頂点にした後宮秩序が成立し、今後は新后が「君」として「臣」たる女官を統治して「しりへの政」を掌ることを宣言する儀礼であったのである。

第三節　そのほかの皇后による女房女官饗

第一項　遵子以降

皇后が行った女房女官饗禄は儀式書に記されていない。史料上も円融朝の遵子例しか残っていない。しかし立后後初入内時に給禄のみ行われた例は、他にもみえる。それをまとめたのが表8である。

一条朝の彰子立后後初入内翌日である長保二年（一〇〇〇）四月八日、彰子の父道長の日記には「宮女官絹給」と書かれており、「宮（彰子）女官に絹を給う」と読むことができる。「宮の女官に絹を給う」とも読めるが、ふつう女官とは内裏女官を指し、宮女官という語はみえないから、新后が上女房・女官に給禄したのではないだろうか。

明確なのは、次の三条朝、同じく道長女の妍子の例である。立后後初入内日のことである。

〔史料2〕『御堂』長和元年（一〇一二）四月二十七日条

第五章　女房女官饗様

表8　立后後初入内時女房女官饗様

皇后	立后	初入内	饗様	女官典侍	女房層（合）[台盤所]—女官	出典
藤原遵子	天元五年三月十一日	天元五年四月□日	翌日	○	初入内	円融
藤原彰子	長保二年二月廿五日	長保二年四月廿七日	翌日	○	乳母典侍・長女・御匣殿 侍・御匣人	御堂 小右記
藤原妍子	長和元年四月廿七日	長和元年四月廿七日	当日	△	「公卿・長女・御匣人・刀自」	御堂
藤原娍子	長和元年四月廿七日	長和元年四月廿七日	翌日	○	×	小右記
藤原威子	寛仁二年十月十六日	寛仁二年十月十七日	五日後	○	見参あり	小右記

註：女官様ではない可能性もあるが、影□□の供奉したものは見参参加とみなす。

立后当日入内するか、少なくとも立后後初めて入内する日は、公卿以下の饗が行われるのはいうまでもないが、この日の内宴に陪膳し、影饗の上位にある女官は特別の意味があるだろう。上位五位以上のみ公卿以下の影饗の流れを汲むものとしてこの女官たちの役割は実際に影饗に集中したようだ。一方、諸官女房参入する実際に女房が上位のもの同様の女官が行われたとみられる女房が五位以上であるのは上卿以下と同じ意味がある。その上位五位の女官たちが「政」の文言と申文を同じように考えるのとあわせて見ていただきたい。そのように考えるとき、約一年後に立后した妍子の場合、立后初日からすでに「政」が御簾側にあり長女が

その一人である城子女官初入内にあわせ、その権勢上立后による簡略化されたり、道長はそれを押さえながら、その後初入内日の長女上位乳母参じ見え後藤爾の集約化もの饗宴の流れを汲む女官上位以下の儀礼特別の意味があるのとして最上位の内侍五位以下供奉しその儀礼典侍ら女官上位のものとしてである後初側目居所にて藤壺に参じた日翌日に内裏へ行啓した日当日に内裏御簾内にて天皇に見えた日翌日に女官を集めて饗を行うようになった違い女房女官ともに同様の儀礼が行われた例から見て道長は同様の儀礼を行うべく命じたが、女官内人の儀礼は果たされず、「政」から同様にして長女上位のもの以下五日目か同じように、そのように長女上位のもの以下五日目からである「政」から「政」の文言申文を停止させようとして長女上位のもの以下五日目から「政」は長女上位のもの以下五日目から御簾側に長女上位のものが立后後初目にする

天皇乳母以下五位以上の女官以下の上位女房

[新補]　二人綾搭合廿五綱婦合二束　　　候内女方見参参上
　　　　　　　　　　　　　　　　　　　　　　　　　　　　　　　軍女長女御匣人。負勤仕得結賜物乳母
綾搭一綱賜物、命婦以下五位以上女五人。
等裝束賜物乳母

「今日、宮司給物於公女。唐衣三領・綾褂一領不足、密々可送。夜稼唐衣」という手紙が届いている[24]。写本に「卿歟」という書込みがあるように、公卿であったかもしれないが、公女＝公家の女房・女官を指し、女房女官様給(ﾖｳｼ)であった可能性も提示しておきたい。

次の後一条朝の皇后威子が給稼を行うのは、立后後初入内の翌日であった。

〔史料3〕『小右記』寛仁二年（一○一八）十月二十七日条

女官等給二正絹一余定。又、内大盤所被レ送二絹二百疋・梡飯等一。又、被レ出二梡飯太皇太后(彰子)大盤所一云々。

内大盤所とは清涼殿にある上女房の詰所であり、ここに絹や梡飯を「送った」ということは、上女房が威子の居所藤壺に来ていないことが明らかである。実際に参上していた前代の妍子の時とは変化しているのである。

そしてこれを最後に、立后後初入内にあたって上女房・女官に給稼が行われた史料はみえなくなる。次の後朱雀朝以降数代の立后記事はほとんど残らないので終例は不明だが、詳しい立后後初入内記事が残る堀河朝の篤子内親王、鳥羽朝の藤原璋子、崇徳朝の藤原聖子などにみられないので、院政期前に廃れたと考えられる。

実は、院政期には別の女房女官様給が盛大に行われている。キサキの婚姻初入内時である。当時、入内の数日から一、二週間後の吉日に、天皇が初めてキサキ曹司に行く初渡御儀と女御宣下が行われたが、この日、前もって定められた様行事が清涼殿の大盤所等へ様を運び、上女房・女官に給うのである。入内儀礼の一環として大々的に実施されるため史料も多く、例えば父頼長の詳細な記録が残る、近衛朝の女御多子入内時に給稼されたのは、乳母二人、典侍四人、掌侍六人、命婦二人、蔵人六人、得選三人の三三名の女房と二六四名の女官であり、内大盤所には梡飯を差し入れられた[25]。乳母への様が織物の唐衣・表着・打衣・褂五領・単・摺裳・張袴・六尺の帷子・蒔絵の衣笥、長絹二五疋というように皇后による立后後初入内時給稼とは比べ物にならない豪華さではあったが、様と梡飯が大盤所に送られるというように皇后による立后後初入内時給稼とは

第三節　そのほかの皇后による女房女官饗

第五章　女房饗禄様

女房饗禄様

婚姻入内時女官饗禄様は、入内時まで広くへの点については、皇后妃様が記される天皇の入内時には皇后威子の入内時には、彰子が女御となった時は入内時より天皇太子妃様として入内した後定着した考えられる。新たな親王がキサキを女房女官が女御となった後に皇太子の入内には贈物をして挨拶をしたというようなキサキ前の女官官嫁入に近い生活をしていた新中宮饗禄様同じ諸を通して新たな君主関係を入内した場合に入内する場合は、キサキ方の女房・女官からみる目的であったという非常に関係を表すようなキサキがサキからの給様に似ている。但次第がキサキに入内する場合は、『江家これは身分的な関係からも、その場合は家司的な仕丁女房からの給様とはないといえよう。実は院に目的があったのではあるかもしれない。また院政期に切り取るえで、新后が即位する際、新后は臣下の立場であっても、時の内裏でが真正の婚姻儀礼に物語『栄花物語』に贈物を花山上女房から御部門賜ったと記されており、特別な新朝見は史料上初見自分の居所である東宮で新后に女房仕

房から夫の乳母以下への贈物というようなものとはとにかく、これは一条朝内時代に女官の時に内時代に贈物したキサキに女房女官の内時代に贈物したキサキに女房前後の女房女官の内時代の女官を検討したとしてはともなく、まや前日不参加ではあるが女官の内を検討したが、少女官の計画を新様に先例新様に先礼とがあった。史料上先例としてはなって残っているとはいうものの、全体的な儀礼がしてあり、記録には詳していくに書史料的に記事を残していてあなる。ようになるがに先例はない、という所□[令カ]や[令見カ]所る。「或は『小右記』の所る。先例はなく、皇子立[日后カ]における事書きしに一条后立日[日后カ]五月八日条に関しては皇子等

次に饗禄様子以前[2]項饗禄様子以前

旧例子遵子遵子は以前に女房女官を兼ね任して『記事親王=銭）と血緣者であり前日不参加を少ないものの、新様に先例があり、女官を内御計画の饗禄様に絵師すし新様に先例した。史料上先例と全体的感銘あるが、これらを礼物となった記事としていく詳細となるる。或は所□[令カ]や[令見カ]の所ある遵子立日后について[日后か]五月八日条に関しては皇子等

「自余具在家法記」とあるように、その時々の饗様を別紙に詳細に記していたようであり、立后後初入内の椎事を行ったという記事も、三月二十三日・二十四日、四月五日・十五日、五月三日・五・六日と残っているが、女房女官饗様については当日以外は触れていない。また、三月十一日の勧学院学生参賀に対して給禄しか行わなかったが、先例では饗をも行うことがあったため、「或時給饗様、或時事依倉卒、不披儲饗」と説明している。もしこれまで女房女官給禄のみであったにもかかわらず初めて饗を行うのであれば、実務担当者である実資が何らかの記事を残しているそうなものではないだろうか。

以上のように、立后後初入内時に上女房・女官に給禄をすることは、遵子以前からの先例であったことは間違いない。そして、遵子の時だけ特別に饗を行ったのではなく、もともと饗と禄がセットで新后から上女房らに給されていたと推測できるのである。

　　　第三項　平安初期の女官朝賀および饗様

遵子以前から、立后後初入内時に皇后から上女房・女官に饗様が行われていたと推測するもう一つの理由に、平安初期に皇后と全女官の間に饗様を伴う年頭儀礼が行われていたことがある。いわゆる皇后受賀儀礼のうちの女官朝賀である。

『延喜式』巻十三中宮職に、正月二日、皇后が、皇太子・群官・女官からそれぞれ朝賀を受け賜様をし、女官とのみ饗宴をもつことが規定されている。栗林茂氏によると、唐文化が盛んに輸入された嵯峨朝に書礼を継受して成立し、平安時代の最初の后である橘嘉智子と、その次の淳和朝の正子内親王が行ったもので、皇后と朝賀を申す者の君臣関係を確認する「君臣の礼」に基づく儀礼であったという。このうち女官朝賀の実例は残らないので、『延喜式』

第五章　女房女官饗様

饗宴の内容を簡単にまとめておく。

a　内親王以下主として五位以上の女官および五位以上の男官の妻が饗に参入し昇殿上
b　六位以下命婦以下の女官および北面の五位以下着し五位以上の女官は北面して再拝する。
c　啓賚者が参上の座について全員再拝し、かつ内侍以上の者は退出する。
d　饗宴経営者御前に臨んで賚を申しあげる。
e　饗宴後昇殿を聴されし者以外は折櫃に給はる。

このうち饗賜様・啓賚・賜禄は本来記紀にみられるような日本古来の儀礼であり、キキサヘが着すのは唐風の朝賀に対応する皇后に対する「朝賀」の規模的にも儀礼的にも縮絡された可視的表現であった。そのうえで日本の女官人たちによる共同会食の節会が共伴として全位にサキキサヘと同じ上位者へ給はることを繰り返すことにより、皇后と臣下の君臣関係を再確認させ、目指指すことは、皇后と臣下の君臣関係を施すことは、朝賀と同様、天皇がおこなっていた天皇・皇后両陛下の君恩を推し量るために行うものである。しかし少なくとも後宮官人朝賀が成立した日本では、キキサヘを参会するうえでは、元日朝賀の頂点に位置する元日朝賀の研究制度による点において、女官制の成立が伴うといわれる[32]同性のみの共同会節会の共伴によるところがたいへんに大きく、饗礼の強化として目ほかならない。

平安前期、皇后に対する男性官人による朝賀がおこなわれなくなった元日朝賀に対して合理的な儀礼を検討した結果、后の合

うによって合わせて、皇后と、女官前部に皇后官人は皇后内治制の節会とおよび共伴として行われた共同会節会を伴うということになった[31]。正月に響様を伴うことにより、女官の三儀礼として位置啓となり男官が返饗する一連の儀礼として、日本独自の天皇と皇后の共同飲食による君臣関係を

一体感をもって成立するのであって君臣関係支配体感を

高めるように、皇后と皇后が統べるべき女官が共同飲食をして一体感を高め、後宮秩序が保たれるよう企図したためであったのではないか。そして、女官朝賀と円融朝の女房女官饗宴と比較すると、饗が后宮で行われる点、饗を給わるのは、前者は殿上に昇ること聴された命婦以上であり、後者は主に昇殿者である上女房である点、皇后とそれらの上級女官が共同飲食をしている点、給禄を伴っている点、饗に預からなかった下級女官にも禄が与えられる点などが共通する。一方で、朝賀を伴わない点、キサキが参加しなくなった点、前者は毎年行われる年中行事であり、後者は立后時に一度だけ行われる儀礼である点が大きく異なる。君臣関係や身分秩序を維持・強化するためには、儀礼の反復は非常に重要であるにもかかわらず一度限りで、しかももともと朝賀・饗・禄の中でもっとも君臣関係を明示しうる朝賀を欠いているわけである。つまり女房女官饗宴とは、女官朝賀同様、皇后を頂点とする後宮秩序を示し、両者の君臣関係を表す儀礼としての側面は評価できるが、一方で、表現としては相対的に弱く、皇后と上女房・女官の君臣関係を表す儀礼がほかに存在せず、立后時だけ一度であることを考えると、維持・強化装置としても不完全であるといわざるをえないのである。

第四項　女房女官饗宴成立時期への推論

　立后後初入内時の女房女官饗宴の成立時期は不明である。ただ、平安前期の女官朝賀が淳和朝の後に生じた九〇年間の皇后不在期の間に廃れ、醍醐朝の皇后復活以降五人目の皇后遵子の時に、その理念を受け継ぐ女房女官饗宴が行われていたことを考えると、思い浮かぶのは、醍醐朝延長元年（九二三）の藤原穏子立后時である。
　この時、穏子は出産を間近に控え、里第退下中であった。実は、平安前期の立后儀は新后も内裏におり、常寧殿で男官からの拝礼を受けていた。(33)ゆえに、穏子は里第で立后した最初の皇后と考えられ、穏子を先例として、基本的に

第五章　女房女官饗禄

行う上屋上屋を架す屋上屋を架すに似て上述したところを検討してみることはあるが、それは内容を治めることを目的とする。皇后内侍司のない皇后内侍の時代を治めるという皇后内侍制が可視的にまとめてみている。ここでは嵯峨淳和朝に行われた正月女官対し

―――――
第四節　後宮の中の皇后
――――――

関係構築儀礼としての上昇制が導入される以前に、内侍司を内裏女官十二司などとして形式的に統括する皇后女官のひとつである尚侍を給わる女官が実在しなかったため、同司が朝賀の系譜を引く蔭子女王ら従関係社会構成原理である人的関係や典侍女孺女蔵人内侍司が最初に尚侍が後宮に入り、女官女嬬女蔵人の可能性が指摘できたと考えられ、女官の指摘できるときにしか無は、後宮に尚侍が最初に入内立后した人物が内侍としては最初に天皇と皇后を取り結ぶ存在であり、立場にあった。推測される。事実当然後宮に入り儀礼を行い得たのは後宮に開始されたものと思われる。直接的君臣関係は低下したと考えられるゆえに、女官影子の時の清涼殿大饗それは女官朝賀であり、〇年を経ぶ形骸化ものではない。女官が母后であるから、母后のしかも女官清涼殿大饗だろう。

皇后穏子というと皇后受賞儀礼のひとつ「延長元年以来親族の居は后妃や母などが立后する以前に凡て后で立后する際、最も儀礼を行いなり敷位する立后初めてであるうか立后初めて別格とたためであろうか穏子立后の時が穏子であるから後宮初入内初は内裏殿

一〇四

〇四二

朝賀(朝賀・饗・禄)であり、皇后と全女官の関係は君臣関係として位置づけられ、皇后を頂点とする後宮秩序が成立していた。

二、平安中期醍醐朝に九〇年ぶりに誕生した皇后と女官を関係づけるため、この頃、女房女官饗禄が成立した可能性を指摘できる。これは立后後初入内時の一度だけで拝礼も伴わないが、后宮において皇后と女性昇殿者が共同飲食をし、全内裏女官に禄を給う儀礼であり、女官朝賀に比すると弱いながらも君臣関係を構築し、皇后を頂点とする後宮秩序、皇后内治制を可視的に表現するという意義があった。

三、史料に残る女房女官饗禄は、円融朝の皇后遵子によるものである。一連の立后儀は、本宮儀において新后と男官の君臣関係を、立后後初入内時饗禄において新后と女官の君臣関係を構築するという二本立になっていた。ただし、男官との間には毎年中宮大饗が行われ君臣関係の確認・強化が図られたが、女官との儀礼は立后時のみで、内治という皇后の「しりへの政」を象徴的に示してはいるものの、この頃にはすでに実質は失われていたと考えられる。

四、立后後初入内時女房女官饗禄は、その後、三条朝には上女房が后宮に集まって給禄のみ行われていたが、後一条朝には禄を単に女房詰所に送るだけとなり、やがて完全に姿を消した。

皇后内治制を表す儀礼は、九世紀前半に成立したあと、徐々にその儀礼要素を失っていき、十一世紀半ばに終焉を迎えた。これは一条朝以降、一人の天皇に二后がたち、また母后・妻后が同時に内裏に住むようになり、形式的にせよ、後宮統括権を一人の皇后に帰する儀礼を行うことが難しくなってしまったことが大きく関係しているのではないだろうか。

同時に、女房女官饗禄の変化は、後宮における皇后の役割の低下を如実に表しているよう。女房女官饗禄が行われ

第五章　女房女官饗應

女房が皇后に上申する形ではあるが、これは女房女官饗應という事実は、女性官人が女房を統治するようになっていた平安中期には皇后として絶対的な可能性がある。そのため初期の「キサキ」を治める皇后は女房女官の主としての高い地位にあった。しかし十一世紀半ばよりキサキの婚姻儀礼が完全に消えていくと同様に、キサキの実名も完全に消えていく。他のキサキとは別次元の存在であるキサキとしての女房女官の主としての天皇が存在することが、后位女房女官の主としての現象として女房女官の仕える後宮内の絶対的な存在としての皇后に変化していった。女房女官は仕えるべき主人を皇后とし、女房女官の主人であるキサキの存在しない後宮では、仕えるべき女房女官の主人がいないことになる。したがって後宮における女房女官の主人とは、隔絶した人格的君臣関係に結ばれている皇后の存在がなくてはならないのである。すなわちこの段階の後宮における唯一絶対的な地位の皇后の存在が、後宮の統括者の皇后の存在となる。それに替わる

註

(1) 春名宏昭「太上天皇制の成立」（『史学雑誌』一〇一―二、一九九二）、「上皇について」（『史学雑誌』九九―二、一九九〇）、中林隆之「律令制下の皇后宮職」（『新潟史学』三三、一九九三）、「〈しらすめ〉の政」（上）（下）（『国学院雑誌』九一―六、一九九一、九二―八、一九九一）

(2) 田村葉子「初期奈良時代からみた立后の成立―藤原光明子の立后をめぐる皇后の構造に関する試論」（『古代史の研究』四、一九八三）

(3) 木村正「日本古代の後宮の存在形態について」（『古代史の研究』三、一九八一）。橋本義則「平安宮内裏の成立過程」『平安宮成立史の研究』（塙書房、一九八八）。

(4) 三崎裕子「キサキの宮の存在形態について」（『史論』四一、一九八八）。

(5) 栗林茂「立后儀礼の成立―『延喜式』）「中宮式」の成立と展開について」『平安宮成立史の再編』（塙書房、一九九五）。

二四

（『古代宮都の内裏構造』吉川弘文館　二〇一一　初出一九九五）、梅村恵子「天皇家における皇后の位置─中国と日本の比較─」（『女と男の時空─日本女性史再考Ⅱ　おんなとおとこの誕生　古代から中世へ』藤原書店　一九九六）。

(6) 『小右記』長和元年四月二十七日条。
(7) 服部一隆「娍子立后に対する藤原道長の論理」（『日本歴史』六九五　二〇〇六）。
(8) 角田文衞『日本の後宮』（学灯社　一九七三）、吉川真司「平安時代における女房の存在形態」（『律令官僚制の研究』塙書房　一九九八　初出一九九五）など。
(9) 養老後宮職員令には、内侍司・蔵司・書司・薬司・兵司・闈司・殿司・掃司・水司・膳司・酒司・縫司という後宮十二司が規定され、単純計算で二七五人という規模の女官がいたことがわかる。
(10) 川本重雄「正月大饗と臨時客」（『寝殿造の空間と儀式』中央公論美術出版　二〇〇五　初出一九八七）、岡田莊司「王朝国家祭祀と公卿・殿上人・諸大夫制」（『平安時代の国家と祭祀』続群書類従完成会　二〇〇四　初出一九九〇）、服藤早苗「正月儀礼と饗宴─家〉的身分秩序儀礼の成立」（『平安王朝社会のジェンダー家・王権・性愛』校倉書房　二〇〇五　初出一九九三）など。
(11) 古瀬奈津子「平安時代の『儀式』と天皇」・「昇殿制の成立」（『日本古代王権と儀式』吉川弘文館　一九九八　初出一九八六・一九八七）。
(12) 吉川註(8)論文。
(13) 例えば、後述の、上女房である円融天皇乳母の命婦良峯美子は、皇后遵子の宮女房としても著名しており、兼参が聴されていた（『小右記』天元五年三月十日条）。
(14) 『栄花物語』巻六・巻十、『中右記』『扶桑略記』寛治五年正月二十二日条など。
(15) 本書第四章。
(16) 平安前期の立后儀とその意義については、田村葉子「立后儀式と后権」（『日本歴史』六四五　二〇〇二）、田村註(2)論文参照。
(17) 『小右記』天元五年三月十一日条。以下、遵子の立后儀については本条参照。
(18) 吉川註(8)論文。

二四三

第五章　女房女官饗様

(19)『栄花物語』巻八「はつ花」に加階一人着裳〈……服藤早苗「平安王朝社会の成立式女式」（註(10)書所収）初出二〇〇一）。

(20) 道長娘や大納言藤原済時娘など十六人がこの例である。

(21)『御堂関白記』長和元年二月十六日条など。

(22)『小右記』長和元年十一月十四日条。

(23)『小右記』長和四年十二月二十日条。

(24)『左経記』寛仁二年十月十六日条。以下、威子の立后饗については本条参照。

(25)『小右記』長和三年正月十五日条。

(26)『栄花物語』巻六「かかやく藤壺」（女房六十人、童女六人、下仕六人）など多くなる例がある。なおこの日条では来た女から選ばれて一人十六人得選十人が妍子御匣殿の裏、御厨子所や大炊殿女官として入内に加わった入内儀式盛大に行われたが、これについては文章（威）巻十四「栄花物語」院政期になる。

(27) わずか六十八人の「挿子」（影子）が大半を占めている。考えられているのはそれは内裏入内した時の天皇（親王）の例による。そしては中宮定子や妍子の渡御初御初御匣殿の懺悔の女房たちに選ばれたためで、女官たち大量入内の儀礼には女房か大盛儀となるためらしいことが分かる。これについては文道

(28)『江家次第』巻十「執事」近代」
(29) ほかに『小右記』天元五年六月三十日条。一日条の立后の関連事記事にも、別記がある旨が記されている。
(30) 論文(5)
(31) 論文(5)
(32) 橋本義則「橋本註(4)書所収「初出は一九四八」饗宴安大津大夫透「一華節条様について」「一語節法の成立と意味

(33)『田村註(2)論文。
(34)『小右記』天元五年六月八日条、九月長保二年二月六日条、長保四年七月七日条。
(35)『貞信公記』延長五年五月二日条、正月一日条。

四二

(36) 典蔵・典書・典殿・典膳・典酒などの複数の後宮十二司職司が任命されていたことがわかる最後は朱雀朝である(『本朝世紀』天慶元年十一月十四日条)。

終章　　王権の中の后と后宮——まとめと展望——

本書では平安時代の后と王権について検討を行ってきた。序章で提示したように、各章で得られた成果をまとめ、最後に王権と后について総合的に考察したい。

まず第一章・第二章であるが、第一章では来歴から王権という像を描くため、十世紀末までの天皇権力構成員について述べた。后が王権に組み入れられたのは十世紀末に天皇の権力を集中させた中央集権国家の進展によって、母后が主体となり三者同居の内裏で天皇・母后・后が外戚を排した本来的な「内」として成立したからである。やがて本人意識を深めた天皇が九世紀後半に母后との距離感を縮めて内裏に居住したことが、内裏住人が血縁者であることの根本であり、中世まで続く同居する母后の内裏制限の根本原理を創出した。三者意識が意図的に醸成された結果としての内裏であり、内裏の藤原穏子による生成によって王権を安定させたとこれら十世紀前半の藤原穏子の政治的な結果として棋盤目状の内裏を焦点に、棋関制の原理が創出された。

内裏というシステムを契機として紐帯となった后であるが、日常的な居所としての「後見」を見出した王権安定化のシステムは、十世紀前半の藤原穏子によって深度を深める。母后が重要な皇太子を

王権の中の后と后宮

六三

含めた后所生の皇子女、后のミウチである摂関らが内裏後宮に集うことになる。現天皇と妻后以外には閉ざされた空間であった内裏は、十世紀末は、后のミウチという特権的な人々には開かれた空間となったのである。

　特に摂関は、後宮を掌握する母后権力を背景に、後宮直廬において除目など天皇権の一部を行使するようになる。これによって摂関は、他の貴族らとは隔絶した権威と権力を手にし、一方后にとっては、自分の意向を具現化するルートを、より確かに近くに得ることができたのである。つまり母后の内裏居住を契機に、天皇・后・摂関が「権力の環」をつくるという摂関期の特徴的な王権構造が確立したと評価できるのである。

　また、母后の後宮掌握により、母后一族が連続して妻后を出すことも可能になった。父兄弟を摂関にもつ妻后が「権力の環」を継承し、さらにその妻后が皇位継承者を産め、「環」が連続とリンクしていくことになる。「環」をつなげていくことができた一族が、紆余曲折はありながらも忠平―師輔―兼家―道長―頼通と続き、やがて摂関家として固定していくことになる。この后を要にしたシステムの確立が、摂関全盛期が到来した要因の一つと考えられるのである。

　第二章で考察をした摂関全盛期においては、母后権能が伸張していくのに比べて、妻后の場合はそれぞれに格差が生じていく。少しでも早く「権力の環」を作り、次代に向けて確固たるものにするために、天皇即位または元服後の早い段階、つまり皇位継承者の母となるかならない段階で、その時の権力者とゆかりの深い妻后が立てられるようになる。冷泉朝以降、妻后常置となる代わりに、妻后の地位は皇位継承、つまり次代の母后に直接はリンクしなくなり、母后と妻后は乖離していくことになる。これは一帝二后並立期に顕著となる。后腹の皇子であることが、皇位継承を保証するものにならなくなるのである。安定した皇位継承のために、貴族社会の容認のもと「環」を作る妻后は選択され、阻害要因になり得るもう一人の妻后は内裏に入ることすら難しくなる。一条朝の定子、三条朝の娍子

第三章では大后人御と「母后」の禁裏における空間構成が検討された。平安宮内裏を政務儀礼空間として優先する場合、天皇との同居は不可能になるが、一部有力な后妃からみて天皇との同居が不可能になるとはいえ、重要な環境として天皇が住むことは可能だった。第二・三章では「母后」が前代の「后」との関係から検討されるが、天皇との同居の先行研究で推測されてきた以外に、前代の場合、前天皇の内裏にあると見る以外に、前天皇の内裏にまた同居した場合は常居所が内裏にあった可能性が高い。一方「母后」が現天皇の内裏住居は可能であり、内裏当代天皇の母后は同居の場合もあったが、内裏外住であった結論づけた。

南北中心線で営まれるように天皇を基軸とする天皇人御は、天皇の動向を基盤とした平安宮内裏空間構成を示し、紫宸殿・仁寿殿礼空間としての禁裏が形成された（前殿、前殿に付随する後殿である仁寿殿を中心とし、校書殿、安福殿、後涼殿を脇殿として内裏四殿を囲む北側に位置する春興殿）

（1）

終章　王権の后管

妹系朱雀朝の后雀朝の后、槇子内親王とる后管が成立するはずがある。しかし、后のうち母后として天皇との血縁関係を最も明らかにできるのは、進化した人為的な恣意的と限定するなり一例として、自身が住む内裏にその同居を確定することになる。同居の結果、藤原道長に見られるように、自身が住む内裏に妻后を同居させていく官院政期后の相対的地位の低下があまり進行しないまま、母后と妻后の格差がひろがっていくことになる。現下の、摂関家の伸張や、妻后の家と産育が決してなされない后や妻に対する女后としての受けを通して、強かに婚姻の格差を受けての継続を受けていく后が、院政期後の官制として、その在位続く后から下、次の継続と参政は限定され、后の公権限定者としての地位は無くなり、

サキの居所から母系続くの血縁関係では、内裏への住居は広がりがあり、院政期の皇位の地位継承キ

香殿、西側の清涼殿・後涼殿、東側の綾綺殿・温明殿から成る天皇の生活空間、そしてその後方に位置する常寧殿とその南庭、後殿の貞観殿、脇殿四殿（弘徽殿・登花殿・麗景殿・宣耀殿）に分けられる。この北の空間が妻后一人に付随する空間である「后の宮」であった。

平安宮后の宮の主な特徴として、①正殿常寧殿と南庭は、天皇の政務・儀礼空間である紫宸殿と南庭の関係に准じたものが想定でき、南限を承香殿の境にある南廂、構造上離れているが後宮正門玄輝門を北限とした、広大な皇后の儀礼空間が想定できること、②そのため、われわれが知る常寧殿の馬道や、南庭の立蔀などは、后居所当時は存在しなかったと考えられること、③常寧殿は西側が儀礼空間としては不向きな塗籠となっており、ここが皇后の生活空間であったこと、④中宮庁や御匣殿・女官詰所などがあったと考えられる貞観殿をはじめ、皇后はもちろん天皇に奉仕する後宮女官のための空間を含むこと、⑤平安中期には天皇キサキの居所となる弘徽殿以下の四脇殿は、本来は后の宮内の殿舎であったことがあげられる。『延喜式』が載せる后の儀礼は、これらの后の宮の空間を広く使用していたが、中でも正月に天皇キサキと内裏女官が常寧殿と南庭において皇后に対して君臣の礼である「朝賀」を行うことは、皇后が、キサキを含む全内裏女性の頂点に位置していること、後宮の支配者であることを可視的に表現するものとして重要であった。

同時に、皇后の空間が天皇のそれより小さく後方に位置し、儀礼も矮小化されているものであることもまた重要であり、後宮を含む内裏空間すべて、さらには全男女官人の支配者はあくまで天皇であることも明示している。最終的な支配者である天皇のもとで皇后がキサキや女官に后権を及ぼし統率することが、桓武が嵯峨が中央集権化と天皇への王権の集中を企図して導入した、中国的な男女役割分担観念を具現化したものともいえるのである。それは奈良時代まで続いた共同統治者としての大后の系譜上に位置する皇后とは、一線を画するものであった。一方で、後宮にお

終章　王権の中の后の宮

ある統治者としての男位継承者の皇后は、当時としての皇后の地位は皇太子(女子)の地位に確立された皇后の担う役割を投影しつつ、常寧殿の観念を政治的安定に寄与するという意味に基づくものであるということを母たる内裏の空間の意味であるといえる。見「後見」をする母の時の役割を担い、常寧殿に集まり正月変更も行なわれる政治的意義の空間の人たちが内裏のみならず、六位以下内裏の居所を空間として理念的に成立する政治的国家的重要性を象徴するための居所を全女官人身分として他のキサキとは絶縁した本来の権威であるから明らかで

　第三章第一節で結論づけた常寧殿は天皇の后妃後宮の場所であるものの、天皇が内裏内居住となる場所として同居し、内裏内の后は内裏で終焉を迎えた場所でもある。母である后が内務を執ることにいたる形態として小さ内裏に住むのは天皇家族の一員として内居し、また妻后妃院の官人が政論を結ぶため常寧殿の母后たちの空間への奉仕する官人としての意味もあるが、母であるために常寧殿の空間に奉仕する官人のもちのある后の所在場所の東は別院に置かれた。東三条院の所在が検討し確認した所在が切り離されて清和院も紫院(東)を使用したと職御曹司(東)と別院に検討された。殿御職として天皇との一体として母后的に置かれたという貞観殿職と

実ともに合の登場では、朝賀もように続いた貞観殿後宮の朝堂としての賀の場所であるはない。内裏の官人のみでの三節で解体し、内裏観殿節会と内節の殿を使用しての政治的な場合あるから、天皇后が合となる形態と内裏殿内にて内裏小縮小したかれた。天皇家との一員である常寧殿は、その妻后院を取りまく時の内務を執る危機のためにあった場所でもあり、その意味での平安官の空間なる菅原官司の所在場所でもあった時期が十世紀前半期はほぼ棋関期まで続いた。しかし常寧殿は完全に推定され、常寧殿は院に切り離されたとすれば、その居所は常寧殿を象徴する場合は全女人から平安官の常寧殿は五節試舞姫節会に意識との后の宮を

長者曹司も持せなと内裏曹司の機能を使用してきた内裏観殿の機能として解体し政治の場と同居しなくなる。しかし、一つの殿舎ともあるが、常寧殿の同居と一緒しとしての内裏殿小縮小とした同居しての天皇家のメンバーとして内務大家として天皇家と同居する内裏内の紐帯としての実家の妹子と文家両方の時に良房の要求として機能した位から臣下藤氏併せた存在で

五三

あることがよくわかる。つまり天皇を助ける后の空間である后宮職院に入り政務を行うことで、良房はある意味で王権側に立つことができたのである。

これと同じことが後宮において繰り返されたのが、穏子と忠平の時代であった。さらなる権威を求めて母后ミウチは後宮直盧で政務を行うようになる。それはすでに后宮職院が、后との関係が希薄でも使用できるよう変化していたことにも関係していよう。后宮職院は職御曹司と名称を変え、皇太子や天皇、后をミウチにもたない藤氏長者も使用できる、大内裏内の便利な別邸へと性格を変えた。これは常寧殿が后と切り離された時期とも合致しており、やはりこの時期が后制度や摂関制度にとって画期となっていることがわかった。

第四章・第五章は儀礼を切り口とした考察である。第四章で扱った正月中宮大饗は、狭義の中宮＝妻后ではなく、妻后・母后を中心的に含む内裏にいる后、つまり現王権の中心に位置する后のための儀礼であることを明らかにした。資格を内裏にいることに制限したため、第三章でみたような、后権を制限された妻后は行えない。他方、選ばれた后は、支配層である公卿殿上人から拝礼を受け饗を賜う。このことは、これまで臣下との関係性が間接的であった母后にはより大きな意味をもたらし、天皇の臣下である内裏昇殿者との間に、君臣関係を構築することが可能となった。母后権威の原動力としての中宮大饗、それを可能にした内裏という場を居所にできる王権に関わる儀礼を行える特権的な后の姿が、明らかになったのである。

第三章の后の宮の検討において、平安初期の后権とは後宮を統率する内治が含まれたことを、その内部に天皇仕える女性官人を含む空間構成から明らかにした。その理念を具体的に伝える儀礼が、立后後初入内時の女房女官饗餞である。第五章では、これまで全く知られていなかったこの儀礼を見出し検討することで、キサキを含む後宮の主人としての妻后の権威を可視化する儀礼の存在を明らかにした。新后と男性官人が君臣関係によって結ばれることを宣

それを統率し変遷しながら、天皇と並び天皇を助ける存在として、共同統治権を得たと考えられる。それは日本皇后の立場に限定された実質的なものではあるが、古代の理念的な令制大宝令が表した少弐家の年長女性が「トジ」として家長を助けるという後宮統治の特別な一時期に生きた平安時代初期の皇后や女御内親王にあっては、中宮職や後宮職員令に規定されている皇后の内助の役割分担とは違う、中国的な男女役割観念を抱いていたとしても、内部における皇后の統率は女性であった。

一方で、安時代以降歴代の立后儀礼においては「政」の光明皇后の立后宣命に対する意味的上位者に立つ存在であった。それは具体的な何らかの政治参画を指すものではなく、「食国天下の政」を指す「レヘユム」の独知による抽象的な過ぎないとしても、他のキサキ以上の地位にあることの明確な地位設定であり、光明皇后以降の皇后が院政期に至るまで政治的関係において男君臣との関係に入れる后が内裏に納入された時に、婚姻関係を結ぶものが后が女官との関係性

係の両側を結ぶのが自分の側当中でも時々新たな儀礼が関係する皇后が立ち人言を指す儀礼はあり、当時の基本的な皇朝の後宮に大饗与すると意味からに自らが立つ女君を描き言するままそれをそれを仲年頭に覚え本儀礼を経ていが代々行す女房女官たちの相次に集成立した中官式第四章に規定するこれは後継儀礼が立ち認めされた中官大嘗でそれは中官大饗新たに正式とした新后と天皇藤原醍醐朝女性

の立場であるが、それでも他のキサキを圧倒する広大な空間と天皇に仕える女官を統括する、唯一無二の妻后としての存在意義を可視的に表現するものであった。その后の宮（皇后）は、天皇に准じた年中行事などの儀礼を小規模化して主催し、また女官朝賀を受けた。天皇の権能を侵すことなく助け、天皇に仕える女官らの後宮を治めるという「しりへの政」であった。それは理念に偏った部分はあったかもしれないが、それでも空間が存在し、儀礼が存在する以上、短期間であっても実態を伴ったものと考えられよう。

九世紀半ば以降、天皇母である后が手に入れた権能は、内裏に入れない天皇父と対照的に、内裏に居住して天皇の「後見」を行うことであった。内裏の天皇の傍らについて日常的に「後見」するからこそ、太政官中枢にいる自分の親族と天皇の橋渡しをし、密接なミウチ意識を醸成し、王権を安定させることが可能になる。天皇・母后（妻后）・摂関で「権力の環」を作ることで、新たに后に求められるようになった「しりへの政」＝后権であった。それゆえ母后居所には「しりへの政」をとるための場、天皇を助けることを象徴する場である、后の宮正殿の常寧殿となったのであろう。

しかし儀式を行う南庭と後殿脇殿などの殿舎と一体化して形成されていた后の宮は、実際には、それらの殿舎に天皇キサキが住むようになり、后宮職の場所も他の用途に使用されるなど、解体されていった。結局、十世紀前半には常寧殿は后居所でなくなり、五節儀礼の舞台となる。他方、天皇との関係性が最優先である后の居所は、弘徽殿や藤壺のように、天皇居所に近いことが最優先されるようになった。内裏にいる女房女官たちは天皇に仕える内女房、后に仕える宮女房や、それぞれのキサキの女房に分かれ、その間にだけ主従関係が存在するようになる。そこには後宮全体を治める「しりへの政」はもはやなく、后の宮の存在意義も全くなくなっているのである。

「しりへの政」は、しかし理念としては十一世紀にも残っていた。三条朝の二人の妻后の立后宣命が、道長によ

終章　王権の中枢としての后宮

第五章で述べたように、女房が図られて差別化していくのは、城子の立后により信仰の中宮を送りこむのみでは行ない得ないような、女官絡みの限界があったからである。天皇の妻として仕え奉仕する場合、あるべき理念として円融朝から最後の語り削られていくのは「いろごのみ」の政治が完全に終わりを告げ、理念的にも上皇が完全に消滅してしまい、院と語られたとしてもそれはあくまで研子の最初の人であるように、男子をもうけ、父として院政時代の国母となる可能性を残していた。内覧の内裏女房を処遇するまさに内覧女官として住む処した後、権力を握る後宮官の代のいろごのみが始まるとき、内裏が内裏の傍証にいうになる。まさしすると内裏女房を含む女房官女性たちすべてを統括する女官人を次の后に集められている[8]。

従来におけるよう、天皇生母の同宿というのは家族制度の変化により組織として働きかけの結局内裏と内宿した内裏の後の正妻として即位した院と同居するかどうかは、中世王家における貴族層の一部を吸い上げ血統的皇位継承をしたちの性格上皇位にあったしの性格上棋閥的紐帯を棋閥における棋閥の選び院と立妻という場合の論考から満考したもので栗山圭子氏が天皇同居したと院として国居する儀式となり礼成の時対象となる院御所と同居する院入内にするようになった条件にしたことで、院が母となるとしてもその三条院の文書長＝明治が選ばれる[9]。母関係で無関

果として期待す独自の后の命令を限として天皇の妻としての事仕えの上働き作り上げの組織としての命ではあった。下うる役割担を終終わりを告げる内裏女房官を招くと権力の低下を招いた後の院として後宮の時代と父して内裏女房官を招来するその後の伴侶となり天皇即位に対し院の后母の存在があったた三条院即位して院の存在なのは何故かとあるたる后の地位は無形位によって院は権能をゆえに

天)である王家にとって、完全なる王家の一員ではなく、摂関家にも足場を置く存在であるかもしれない天皇生母は、仮想敵となり得る。院にはどうしても手に入れることができない内裏居住という后権が、実態として制限される方向に向かうのは必然であろう。

そして、官司請負制度が重要な社会システムとなると、摂関が血縁からではなく、「家」として摂関を請け負うことが可能になった。摂関が手にしたのは家格としての、家業としての、天皇「後見」である。血縁に因らない、つまり紐帯としての母后を必要としない天皇「後見」制度が確立した時、母后は天皇にとっても、摂関にとっても、治天にとっても必要不可欠な存在ではなくなった。これ以降の后は、血統をつないでいくための生物学的な生母として、あるいはその血統を王家嫡流に位置づけるための養母・准母としての役割が主なものとなる。さらに個々人として政治的あるいは経済的に力をもった后がいても、多くは女院となることにより独自の財政基盤や命令系統をもつに至る。平安時代の后は、女官統率という権能とそれを象徴する后の宮という空間を失い、同居を前提とした「後見」による摂関政治システムの紐帯としての役割も失った。その権能の多くが消失した結果、王権中枢の政治勢力としての后の地位は大きく低下し、変容していくのであった。

以上、本書では、内裏の中の后の宮という空間から見える后の権能と后を紐帯とした政治システムの考察を行った。内裏空間とそこで行われる儀礼に特化することで、平安時代の后像が明確化した部分があると思うが、后の経済基盤や儀礼の展開、女院という地位との異同など積み残した点もまた非常に多い。それらの検討については今後の課題としたい。

終章　王権の中の后と后宮

註

(1) 伴瀬明美「院政期における后位の変化とその意義――中世的後宮の成立に関連して」(『日本史研究』四〇二、一九九六)。

(2) 栗林茂「平安後期における大嘗会の変容――天皇元服と大嘗会・御禊行幸」(『延喜式研究』二二、二〇〇六)。

(3) 「続日本紀」天平宝字八年七月甲子条にみえる天皇・母后との儀礼的交感を示すとされる大臣の所作にまで遡ると思われる。「母后と皇后――日本古代における皇后の地位」(西野悠紀子『日本古代の母后と皇后』青木書店、二〇〇五)。

(4) 『日本女性史研究文献目録』I～IV(東京大学出版会編、東京大学出版会、一九八三・一九八八・一九九四・二〇〇四)、『日本女性史研究文献目録』続(総合女性史研究会編、吉川弘文館、二〇〇九)。

(5) 岸俊男「光明立后の史的意義」(同『日本古代政治史研究』塙書房、一九六六)。

(6) 井上薫「聖武天皇の譲位と皇后の所在」(同『日本古代の政治と宗教』吉川弘文館、一九六一)。

(7) 梅村恵子「お妃たちと天皇」(『比較家族史研究』一三、一九九八)、河野信子編『女と男の時空――日本女性史再考』II 前近代――男のシンボルが有効な時代、一九九五)。

(8) 服部早苗「古代における皇后の位置―藤原道長にとっての皇后たち」(服藤早苗編『平安朝の女性と政治文化――宮廷・生活・ジェンダー』明石書店、二〇一七)。

(9) 栗山圭子「中世王家の形成と院政」(東京大学出版会、二〇一二)、樋口健太郎『中世王権の形成と摂関家』(吉川弘文館、二〇一八)など。

(10) 上島享『日本中世社会の形成と王権』(名古屋大学出版会、二〇一〇)、初出二〇〇五)。「中世前期の摂関家と天皇」(同『日本中世社会の形成と王権』)、初出二〇〇二)。

あとがき

　本書は、二〇一六年にお茶の水女子大学へ提出した博士学位請求論文「平安時代の后と王権」を加筆修正したものである。そもそもは二〇〇〇年に提出した修士論文がもとになっており、全体の論旨も構成もほぼ修士論文を踏襲している。つまり構想から刊行まで一八年、一部の論文発表からでも一〇年以上という実に長い年月がたってしまった。その間の日本古代の儀礼史・ジェンダー史・家族史等々の進展は目を見張るほどである。それらを踏まえた全面的な改訂はかなわなかったが、既発表論文に関しては註など一部を改稿した。ただし論旨についての変更はない。

　摂関政治という他に類を見ない政治形態が平安時代に生まれた。その実態を明らかにするためは天皇と外戚の結節点であるキサキについての検討が欠かせない。しかし傑出した個人を除くと史料が非常に少ない中で、制度として地位としての后を解明するためには、個人的資質に左右されないもっと客観的な視点が必要ではないか。そのために后の空間と儀礼から考えてみようと思ったが、本書のきっかけである。

　各章の初出は以下の通りである。

序　章　后研究の課題と本書の研究視角（新稿）

第一章　母后の内裏居住と王権―平安時代前期・中期を中心に―（原題「母后の内裏居住と王権」『お茶の水史学』四八、二〇〇四）

第二章　摂関最盛期における王権構成員居住法の考察―道長の後宮政策とその限界―（新稿）

第三章　常寧殿と中宮大饗と中宮の皇后―「拝礼」「中宮大饗」（原題―「後宮―女性と男性」）（新稿）

第四章　中宮殿と中宮大饗と中宮の皇后―「拝礼」「中宮大饗」（原題―「後宮―女性人と男性」）『国文学』學燈社、二〇〇二年五月、三一―三五頁

第五章　女房大饗と女房殿上―「女房大饗と女房殿上」『縁・饗・礼―森話社、二〇〇二年一〇月

終章　王権と後宮─女房人と男性官人―書き下ろし

　母の死のかなしみの中に、王権の中心と王朝の後宮のありようをまとめあげることができた。博士論文を提出したとき慶應義塾大学文学部卒業後、慶應義塾大学大学院博士課程在学中には就職して久我先生と離れたが、博士課程修了後、結婚、お産、お礼参りを繰り返し、学会の発表に出席させていただき、「歴史好きの研究者が野球好きなように、歴史学者になりたい」と私は先生のお話をお聞かせいただいた。「勉強するための研究会などに出席させていただいた。大学院生になっても多くの研究者の方々に大きな刺激的なお話をしていただいた。阪神・淡路大震災が起きた当時の現実の過激なきびしい報道に従ったときも、結局、仕事を辞めて、学部時代からの私にはある種の実感だから、あらためて、またいつか研究に戻ることができればと勉強へと変わっていらく、

　言ってくださったときはかなりの勇気がいったが、世界史や古典文学の番組を担当してきた慶應義塾大学文学部卒業の三宅和朗先生に「勉強しなさい」と言っていただけるのはありがたい。NHK入社後、小学校の教科書の選挙のときも歴史科目にあたり、研究者や高校野球の研究者にお話をお聞きすることもあり、大学院のお話などまでやらせていただいた。結局、学部時代の言葉も無いかすかな自分がわかりかわからぬ大学院への進学をすすめてくださった御礼のお茶をお持ちして大学女子大学九年在学女子大学大学院へのお茶の水女子大学大学院に古瀬奈津子先生を受け

　人生のおかげ期と三〇代の研究の中の信仰と王権の後宮と日々をまとめたものである。慶應義塾大学産を育てているときには、二度、研究生活の出直しができる。慶應義塾大学文学部卒業後、博士課程は何かが学籍を離れた休学だったが、博士課程は何年か学籍を離れ就職、留年、結婚、お産、お礼参りを繰り返し、九年在学女子大学大学院、お茶の水女子大学大学院に古瀬奈津子先生の国文学博士課程在学、結局、論文博士で博士号を取得した。子ども王朝史

を与えてくださった『小右記』講読会主宰の故黒板伸夫先生のおかげであった。夫の海外転勤に同行し、出産したりと、私が参加できなくなるたびに「また戻ってくるのを楽しみにしていますよ」と送り出しては温かく迎えてくださった黒板先生のお陰で古記録が好きになったと言っても過言ではない。さらにNHKの番組に出演していただいたご縁で、ご自宅での平安研究会に誘ってくださった服藤早苗先生からも大恩を受けた。本書に所収されている論文の多くは構想段階や学会発表前にこの研究会で報告をさせていただいている。また、同じような悩みを持つ同世代の女性研究者仲間を得たのもこの会であった。その最後尾をよたよた歩いている私がどれだけ励まされたかわからない。

さらには本書所収の論文を報告をさせていただいた三田古代史研究会や王権研究会、前近代女性史研究会などの場でもさまざまな方々に貴重なご助言を頂戴した。東京大学史料編纂所のゼミでご指導いただいた吉田早苗先生、修士論文・博士論文共に副査を務めてくださった安田次郎先生はじめお茶の水女子大学の諸先生方、その他すべての方のお名前を挙げることはかなわないが、直接、間接に多くの方々の学恩を蒙り、ご指導を賜ってきた。この場を借りて厚く御礼申し上げたい。

人生にはさまざまな出来事があり、特に女性にとってはいまだに研究に全力投球できる時期は学生時代と老後しかないことも多いと思う。いまの私は、夜の研究会や東京以外の学会へ行くことができず、自身の研究には子供たちの就寝後の夜中しかあてることができないような兼業研究者である。ただ、「好き」が「上手」につながるかはわからないが、「継続」にはつながるのではないかと思う。やりたいという気持ちさえあれば、細々と続けて一応の形にできるという一つの例になれば、望外の幸せである。

本書の刊行は、直接出版費の一部として独立行政法人日本学術振興会の平成二十九年度科学研究費助成事業研究成果公開促進費「学術図書」の交付を受けた。非常にありがたい反面、本年度中の刊行という制約ができてしまった。

深く感謝申し上げたい。そして本書の不足を加え由佳氏、
それに加えて本郷の重田秀樹氏に多大なご迷惑をおかけしてしまった。工程が遅れるために作業の遅さの
ため、吉川弘文館の堤葵志氏のおかりからお誘いものとなり、
申し上げるとともに、岡庭
深く感謝申し上げたい。

二〇二一年十一月

東海林亜矢子

索引

か行

倉林正次　181, 212
倉本一宏　9, 28, 29, 52, 114, 115
栗林　茂　10, 48, 138, 139, 142, 170, 182, 199, 213, 215, 237, 242, 244, 256
栗山圭子　11, 110, 218-220, 254, 256
黒板伸夫　1, 8, 116, 212
甲田利雄　181, 212
古藤真平　53
小林敏男　9
五味文彦　11

さ行

笹山晴生　51
佐藤長門　212
佐藤　信　9, 212
佐藤泰弘　146, 148, 172
末松　剛　10, 49, 61, 110, 111, 219
杉崎重遠　121
鈴木琢郎　50, 161, 177
鈴木景二　47
鈴木　亘　7, 11, 54, 128, 132, 140, 141, 144, 168-170

た行

高橋由記　122
高松百香　11
瀧浪貞子　7, 11, 55, 155, 175, 177
立花真直　177
田原光泰　175
玉井　力　9, 219
田村葉子　9, 182, 199, 200, 213, 217, 242-244
告井幸男　110, 219
角田文衛　5, 10, 47, 51, 52, 54, 55, 170, 243
所　　功　172
所　京子　158, 176

な行

中斎洋平　177
中林隆之　9, 151, 152, 173, 242
中町美香子　47, 53, 82, 105, 111, 113, 114, 116, 214-216
中本　和　181, 212

並木和子　10, 45, 53, 57, 171, 203, 217
西野悠紀子　4, 9, 10, 45, 47-49, 51, 57, 171, 217, 220, 256
西本昌弘　9, 48, 171, 218
仁藤敦史　9, 47, 48
仁藤智子　9, 212
野村育世　11, 218

は行

橋本義則　9, 10, 47, 48, 128, 132, 133, 138, 140, 144, 152, 154, 155, 157, 159, 168-171, 174, 175, 217, 220, 238, 242, 244
橋本義彦　173
服部一隆　117, 243, 253, 256
春名宏昭　9, 10, 47, 173, 242
伴瀬明美　11, 110, 117, 120, 122, 219, 256
樋口健太郎　11, 256
服藤早苗　10, 28, 39, 48, 49, 52, 53, 55, 113, 145, 148, 171, 172, 214, 216-220, 243, 244
藤森健太郎　5, 10, 39, 52, 54-56
古瀬奈津子　9, 10, 28, 52, 58, 216, 243

ま行

三崎裕子　9, 242
目崎徳衛　19, 47, 49, 51, 52

や行

山岸常人　128, 132, 133, 168, 169
山下克明　47, 49, 53
山下洋平　55, 216
山田彩起子　11, 56, 115, 120, 220
山本一也　10
山中　裕　171, 212
義江明子　9
吉川眞司　7, 10, 11, 27, 29, 49, 50, 52, 55, 57, 111, 177, 219, 220, 243

わ行

渡辺　滋　177

IV 研究者名

あ 行

饗場 弦　244
荒木敏夫　8, 9, 212
飯淵康一　118
井上温子　242, 256
井上 薫　173
今江広道　53
岩田真由子　56
上島 享　9, 110, 219, 256
梅村恵子　10, 48, 171, 220, 243, 256
遠藤基郎　256
大隅清陽　212, 216
太田靜六　118, 182, 213
大津 透　244
岡田荘司　217, 243
岡村幸子　7, 9-11, 48, 50, 53, 55, 57, 155, 156, 160, 161, 163, 171, 175, 203, 217

か 行

加藤友康　219
神谷正昌　9, 212
川本重雄　168, 169, 243
岸 俊男　2, 9, 256
鬼頭清明　9, 48, 151, 152, 174
木下正子　242

さ 行（藤原...）

藤原高子　23-26, 127, 148, 160-162
藤原行成　66, 72, 75, 76, 79, 80
藤原伊周　43
藤原伊周　62, 89, 90, 104, 134, 161, 165, 195
藤原実資　225, 234, 236, 237
藤原実頼　149, 163
藤原順子　20, 21, 28, 44, 148, 156, 204
藤原遵子　42, 70, 153, 164, 165, 192, 202, 207
藤原彰子（上東門院）　222, 224-230, 232-234, 236, 237, 239-241
藤原綏子　5, 39, 61, 63, 73-82, 84, 85, 87, 88, 91-100, 102-105, 110, 193, 194, 196, 204-207, 209, 233, 236, 240
藤原誠子　66-68, 83
藤原詮子（東三条院）　68, 83-85, 87-92, 100, 101, 106, 110, 195-197, 222, 230, 234, 247, 253
藤原尊子　5, 61-64, 67, 71, 74, 75, 94, 96, 160, 162, 192, 193, 204, 206
藤原尊子　65, 66, 76
藤原隆家　68, 89, 196
藤原忠平　4, 39, 40, 43, 161, 162, 247, 251
藤原定子　63-66, 68, 69, 75-78, 80, 92, 153, 157, 160, 162, 164, 193, 196, 247
藤原超子　67, 87
藤原教通　99, 104
藤原繁子　65, 66

藤原道隆　64, 68, 109, 196
藤原道長　39, 59, 60, 62, 65, 67, 71-74, 77-82, 87-93, 99-107, 109, 110, 193, 195-197, 205-208, 222, 233, 234, 247, 248, 253
藤原明子　20-26, 44, 127, 148, 152, 155, 160-163, 204, 250
藤原基経　4, 26, 30, 72, 161-163
藤原師輔　39, 163, 183, 247
藤原良房　4, 19, 23, 24, 28, 30, 72, 161, 163, 250
藤原頼忠　163, 164, 225, 226, 232
藤原頼通　90, 93, 98-100, 103, 104, 107, 207, 247
平城天皇　152
輔子内親王　42, 79

ま 行

正子内親王　17, 31, 127, 139, 155, 156, 160, 162
昌子内親王　237, 250
源倫子　67
源頼定　42, 70, 192, 194, 207
源頼氏　91, 98, 103, 107
文徳天皇　148

や 行

保明親王　162, 204
慶頼王　157, 162, 204

索引

ま行

舞姫参入儀　145-148
舞姫宿所　145-149, 250
『枕草子』
　乳母　65, 66, 78, 79, 84, 223, 226, 228, 229, 234-236, 240
御匣殿（女官）　64, 68, 75, 153, 157, 222
御匣殿別当　158, 159, 166
『御堂関白記』　38, 65, 66, 68, 76, 223
『村上天皇御記』　72, 87, 89, 90, 95, 193, 228, 233
　　149

ら行

立后後初入内　88, 230, 232-237, 239-241, 251
立后宣命　88, 167, 221, 222, 227, 228, 252, 253
立后大饗　227-230, 232, 233, 241, 251
『類聚三代格』　152

III　人名

あ行

敦康親王　73-76, 78-81
一条天皇　150
宇多天皇　160
円融天皇　162, 164
為平親王　41, 79

か行

花山天皇　148
桓武天皇　249
儀子内親王　24
康子内親王　35, 37, 38, 42, 79
光明皇后　2, 3, 18, 40, 126, 151, 152, 154, 252

さ行

嵯峨天皇　144, 249
資子内親王　42, 79
修子内親王　63, 64, 76, 80, 81
奨子内親王　99, 100, 196, 229
白河天皇　200
朱雀天皇　149
清和天皇　150
選子内親王　42, 80
宗子内親王　42, 80
尊子内親王　42
親仁親王（後冷泉天皇）　97

た行

醍醐天皇　149, 198, 201
隆姫女王　229
橘嘉智子　3, 17, 18, 74, 127, 139, 141, 151-156, 221, 237, 250, 252
恒貞親王　17
禎子内親王　88, 97, 104-107, 195, 236, 247
媞子内親王　200, 209

は行

班子女王　26, 27, 30, 46, 127, 148, 204
藤原顕光　89, 100, 101
藤原安子　37, 39, 41, 42, 46, 150, 156, 162, 163
藤原娍子　39, 93, 96, 98-100, 103, 105, 110, 194, 199, 205-207, 229, 230, 235, 236
藤原胤子　26
藤原乙牟漏　127
藤原温子　26, 30, 46, 81, 160, 181
藤原穏子　4, 5, 24, 26-27, 30-46, 61, 94, 127, 130, 132, 133, 136, 143, 149, 156, 157, 162, 182, 183, 192, 204, 206, 211, 239, 240, 246, 251, 252
藤原兼家　43, 61, 62, 67, 82, 150, 207, 247
藤原懐平　225, 234
藤原貴平　38, 39
藤原嬉子　96, 97, 103-105, 110
藤原義子　65, 76, 79, 82
藤原公任　225
藤原妍子　39, 83, 85, 87-92, 97, 98, 104-107, 109, 110, 193-197, 199, 206, 207, 222, 229, 233-235, 254
藤原元子　65, 73, 76, 77, 79, 82
藤原原子　64, 66, 68, 69, 83, 84
藤原嬪子　99, 195

II 事　項　3

【権力の濫】 1, 247, 248, 253
后宮職　3, 15, 24, 75, 127, 151-157, 159-164, 232, 250, 251, 253
【江冢次第】 141, 146, 147, 179, 195, 199, 227, 229, 230, 236
【皇后宮の退転】
皇后受賞儀礼　6, 14, 144, 166
皇太后大饗　4, 138, 139, 144, 237, 238, 240
皇太后藤原穏子御賀記　133
皇太夫人　107
【弘仁式】　4, 8, 20, 21, 25, 26, 61, 81, 151, 156, 157, 161, 192
五節　17, 137, 138, 141, 143
五節舞姫　130, 136, 145, 148-150, 165
御前試　13, 145
御前舞姫　145, 148, 149
小朝拝　198, 199, 201, 202, 211
婚姻入内時給禄　235, 236

さ　行

【西宮記】 130, 132, 133, 141, 146, 147, 160, 163, 179, 199, 200, 227, 228, 230
紫宸中台　3, 40
【小記目録】 105, 193
しりへの政　18, 45
昇殿者　88, 167, 221, 222, 229, 230, 233, 234, 242, 246, 252-254
【新儀式】 132-134, 229
菅原道真左降事件（昌泰の変）　27
【清涼記】 149
即位式　5, 20, 21, 25, 61, 91
【醍醐天皇御記】 35, 163
【大内裏図考証】 128, 130, 133, 134, 136, 141

【左経記】 42, 60, 63, 70-72, 74-80, 82, 84-89, 91-93, 95, 101, 102, 108, 150
里内裏　95, 98, 100
【左記】 199-203, 205-209, 211, 223, 227, 228, 230, 238, 239, 241, 251
常寧殿試（賬合試）　145, 146, 148, 150
【小右記】 62, 68, 76, 92, 95, 96, 98, 104, 134, 153, 164, 192, 196, 199, 205, 206, 224, 235, 236
直廬　7, 24, 39, 40, 43, 45, 91, 100, 161-163, 166, 247, 251

台盤所（大盤所）　79, 235, 240
対面儀　31, 68, 80
内裏焼亡（火災）　42, 60, 64, 66, 71, 72, 74, 80-82, 86, 90-93, 101, 128, 130, 135, 136, 162, 164
高御座　3, 5, 21, 61, 95
椅　63, 80, 83, 84, 91, 97
袴　42, 76, 98, 229
中宮大饗　7, 61, 91, 96, 第四章, 228, 230, 240, 241, 251, 252
中宮臨時客　194, 207-209
中国的男女（性別）役割分担　3, 15, 144, 159, 167, 210, 249, 250, 252
朝覲　4, 17, 18, 20, 61, 62, 96, 97, 203
帳台（御帳台）　130, 132, 133, 146, 147
長徳の変　64, 75
【貞信公記】 37, 39, 40, 163, 164
殿上淵酔　145
東宮大饗　67, 83, 179-183, 199-202, 204, 211
藤氏長者　161-163, 165, 166, 250, 251
童女御覧　145
同殿　35-37, 39, 63, 102, 200
同輿　21, 61, 95
豊明節会　145, 148, 149

な　行

尚侍（内侍）　38, 66, 85, 88, 98, 103, 229, 238, 240
事待（内侍）　138, 139, 142, 180, 223, 226, 235
典侍　65, 66, 222, 223, 226, 228, 229, 235, 240
内治　221, 229, 230, 238, 240, 241, 251, 252
女御宣下　66, 68, 76, 235, 236
女房女官饗（様）　36, 130, 132-134, 138, 144, 146, 147, 249
【年中行事御障子文】 149

は　行

拝　96, 205-207, 209
拝礼　4, 18, 96, 180, 198-211, 227-229, 239, 241, 251, 254
屋御座　37, 94, 130, 138, 141, 142, 144
【兵範記】 130, 134
【北山抄】 199, 227, 230
【本朝世紀】 37, 84

2　索　引

た　行

大盤所(台盤所)　79, 235, 240
平生昌邸(竹三条宮)　65, 76
高倉第　91, 106
中　殿　22, 82, 94, 95
土御門第(藤原綏子)　67, 68
土御門内裏(上東門第・京極殿)　62, 74, 78, 81,
　82, 88, 92-100, 104
洞院(班子女王)　27
登花殿　87, 92, 103, 104, 144, 153, 165, 249
東　宮　8, 15, 17, 19-23, 25-27, 35, 91, 135, 150,
　160, 163, 199
東宮(東)雅院　19, 160, 165
東宮北院　22, 26
春宮庁　160
東北院　97

な　行

長岡宮　127, 154, 156
梨壺(昭陽舎)　36, 38, 41, 42, 67, 69, 79, 80, 84,
　94, 105, 109
梨下院　19, 20, 43
南庭(常寧殿)　136, 138-146, 165, 166, 249, 250,
　253
南廂(常寧殿)　136, 139-144, 165, 249
二条院　38, 182
日華門　138, 142

は　行

縫殿寮　82, 153, 164

は　行

東五条第(宮)　20, 21, 31
東三条殿　62, 71, 74, 75, 77, 78, 80, 82-86, 88
東三条南院　67, 84, 85, 87
枇杷殿　82, 84, 85, 87-89, 91, 93, 97, 98, 106,
　107, 194, 196
藤壺(飛香舎)　15, 36-42, 77-81, 88, 91, 92, 95,
　99, 103, 105, 161, 162, 167, 234, 235, 253
藤原惟憲邸　97
藤原懐平邸　89-91
藤原行成邸(東院第)　75
藤原能信邸　101
藤原道綱邸(大炊御門第)　84
平城宮　126, 127, 152, 154

ま　行

御匣殿　158, 159, 249
源行任邸　97
馬　道　133, 134, 147, 249
木工寮　89

ら　行

綾綺殿　25, 36, 37, 149, 248
麗景殿　37, 38, 66, 67, 69, 105, 143, 144, 165,
　249
冷然院(冷泉院)　17-21, 74, 148, 156

Ⅱ　事　項

あ　行

阿衡の紛議　26, 30, 72
一帝二后　4, 87, 195, 247
上女房　223, 224, 226-230, 232-237, 239-242
後　見　5, 28, 29, 44, 61, 62, 80, 81, 85, 91, 96,
　108, 210, 246, 250, 253, 255
『雲図抄』　130, 134, 135, 146, 147
『栄花物語』　31, 41, 67, 68, 75, 77, 83, 97, 99,
　101, 103, 107, 236
『延喜式』　3, 17, 22, 137-143, 153, 154, 157-159,
　166, 202, 204, 237

応天門の変　23
『大鏡』　39, 101
『大鏡裏書』　161, 163

か　行

元日朝賀　3, 4, 198, 201, 205, 210, 238
后　腹　41, 42, 68, 76, 79-81, 102, 108, 109, 247
『儀式』　141, 142, 202
『九暦』　39, 157, 163, 183, 200
行　幸　20, 38, 61, 81, 95, 96
元　服　21-23, 37, 63, 67, 81, 84, 89, 95, 96, 99,
　103

索　引

* 項目は本文からのみの採録とし、註・史料・表からは採録していない。ただし、研究者名のみ註からも採録している。
* 人名欄については第一章・第二章は年代順になっているため、天皇・皇太子・太上天皇は採っていない。

I　場　所

あ　行

五節所　183, 224, 226, 249, 253
　　　127, 134, 147, 149-151, 165
一条院　71, 73-87, 91, 93-95, 99, 102
一条院別納（東院）　85, 86, 88, 104
一条第（源雅信→藤原道長）　85, 106
上御局　63, 75, 79, 82, 95
梅壺（凝華舎）　36, 37, 40-42, 46, 62-64, 69, 91, 92, 103-105, 109, 161, 162
温明殿　153, 248
椒庭左門（左腋庭門）　140, 142, 143
椒庭右門（右腋庭門）　140, 143
円融寺　60

か　行

高陽院　96-98
雷鳴壺（襲芳舎）　41, 69, 154
暗戸屋　65, 66
后町井　136
后町廊（南軒廊）　136, 143, 146, 147
玄輝門　35, 40, 41, 156, 162
桂芳坊　138-140, 142-144, 157, 165, 180, 182
后の宮　6, 7, 69, 126, 127, 141, 144, 145, 150-155, 158-160, 165-167, 249-253, 255
桐壺（淑景舎）　68, 69
后宮庁　151, 154, 155, 157-161, 164, 166, 167, 250
後涼殿　65, 66, 153, 248
弘徽殿
　　79, 80, 95, 96, 98, 103-105, 135, 136, 140, 141, 143, 144, 147, 156, 157, 164, 165, 167,

さ　行

醍醐院　17, 18
三条院　86, 106, 193
三条邸（藤原為任）　91, 101
三条宮（昌子内親王）　70
職御曹司（職事院・后宮職院・式など）　7, 24, 167, 196, 250, 251
仁寿殿　15, 17, 22, 25, 27, 36, 71, 108, 130, 134, 136, 139, 141, 142, 144, 145, 150, 248
四条宮（藤原遵子）　70, 164, 227
紫宸殿　17, 22, 95, 105, 132, 134, 136, 138-140, 142, 144, 148, 150, 158, 227, 248, 249
主殿寮　31, 38, 153
淳和院　17
貞観殿　7, 69, 127, 144, 154-161, 163, 165-167, 承香殿　37, 38, 65, 69, 77, 89, 92, 136, 143, 248
常寧殿　7, 15, 17, 19, 22, 24-27, 29-31, 36, 37, 44, 69, 第三章, 201, 226, 239, 248-251, 253
朱雀院　27, 36, 38, 60, 67, 86, 182
修理職　70
清涼殿　15, 19, 25-27, 36, 41, 42, 62-66, 69, 81, 86, 94, 95, 98, 103, 108, 145, 201, 227, 235, 248
音禧殿　68, 69, 105, 144, 166, 249
桑殿　24, 25

1

著者略歴

一九六九年　東京都に生まれる
一九九二年　慶應義塾大学文学部日本史学科卒業
二〇〇〇年　お茶の水女子大学大学院人間文化創成科学研究科博士後期課程単位取得退学
二〇一六年　お茶の水女子大学博士（人文科学）取得
　　　　　　（論文博士）
現在　お茶の水女子大学ジェンダー研究所特別研究員

〔主要論文〕
「摂関期の后母について」（黒板伸夫監修・三橋正編『平安朝の女性と政治文化―宮廷・生活・ジェンダー』明石書店、二〇一七年）
「『正月記』詰釈―長元四年正月条上―」（『源倫子を中心に―』八木書店、二〇〇八年）

平安時代の后と王権

二〇一八年（平成三十）二月一日　第一刷発行

著者　東（とう）海（かい）林（ばやし）亜（あ）矢（や）子（こ）

発行者　吉川道郎

発行所　株式会社　吉川弘文館
郵便番号一一三─〇〇三三
東京都文京区本郷七丁目二番八号
電話〇三―三八一三―九一五一〈代表〉
振替口座〇〇一〇〇─五─二四四番
http://www.yoshikawa-k.co.jp/

印刷＝株式会社 平文社
製本＝株式会社 誠製本
装幀＝山崎 登

© Ayako Shoji 2018. Printed in Japan
ISBN978-4-642-04642-8

JCOPY〈（社）出版者著作権管理機構 委託出版物〉
本書の無断複写は著作権法上での例外を除き禁じられています。複写される場合は、そのつど事前に、（社）出版者著作権管理機構（電話 03-3513-6969、FAX 03-3513-6979、e-mail: info@jcopy.or.jp）の許諾を得てください。